Mix, Burn & R.I.P.

Janko Röttgers lebt in Los Angeles und schreibt als freier Journalist u.A. für Telepolis, De:Bug und die Frankfurter Rundschau. 2001 erschien im dpunkt.verlag das von Armin Medosch und ihm herausgegebene Buch »Netzpiraten – Die Kultur des elektronischen Verbrechens.«
Seine Website: http://www.lowpass.de

➔ www.telepolis.de

Das Online-Magazin Telepolis wurde 1996 gegründet und begleitet seither die Entwicklung der Netzkultur in allen Facetten: Politik und Gesetzgebung, Zensur und Informationsfreiheit, Schutz der Privatsphäre, wissenschaftliche Innovationen, Entwicklungen digitaler Kultur in Musik, Film, bildender Kunst und Literatur, sind die Kernthemen des Online-Magazins, welche ihm eine treue Leserschaft verschafft haben. Doch Telepolis hat auch immer schon über den Rand des Bildschirms hinausgesehen: Die Kreuzungspunkte zwischen realer und virtueller Welt, die »Globalisierung« und die Entwicklung der urbanen Kultur, Weltraum und Biotechnologie bilden einige der weiteren Themenfelder. Als reines Online-Magazin ohne Druckausgabe nimmt Telepolis damit eine einzigartige Stellung im deutschsprachigen Raum ein und bildet durch seine englischsprachige Ausgabe und seinen internationalen Autorenkreis eine wichtige Vermittlungsposition über sprachliche, geografische und kulturelle Grenzen hinweg.

Janko Röttgers

Mix, Burn & R.I.P.

Das Ende der Musikindustrie

Verlag Heinz Heise

Janko Röttgers
roettgers@lowpass.de

Copy-Editing: Susanne Rudi, Heidelberg
Lektorat: Dr. Michael Barabas
Herstellung: Birgit Bäuerlein
Umschlaggestaltung: Helmut Kraus, Düsseldorf
Druck und Bindung: Koninklijke Wöhrmann B.V., Zutphen, Niederlande

Bibliografische Information Der Deutschen Bibliothek
Die Deutsche Bibliothek verzeichnet diese Publikation in der Deutschen Nationalbibliografie; detaillierte bibliografische Daten sind im Internet über http://dnb.ddb.de abrufbar.

ISBN 3-936931-08-9
1. Auflage 2003
Copyright © 2003 Heise Zeitschriften Verlag GmbH & Co KG, Hannover

Die vorliegende Publikation ist urheberrechtlich geschützt. Alle Rechte vorbehalten. Die Verwendung der Texte und Abbildungen, auch auszugsweise, ist ohne die schriftliche Zustimmung des Verlags urheberrechtswidrig und daher strafbar. Dies gilt insbesondere für die Vervielfältigung, Übersetzung oder die Verwendung in elektronischen Systemen.

Alle Informationen in diesem Buch wurden mit größter Sorgfalt kontrolliert.

Weder Herausgeber, Autor noch Verlag können jedoch für Schäden haftbar gemacht werden, die in Zusammenhang mit der Verwendung dieses Buches stehen.

Ein Vorwort

Anfang 2001 schockte Apple die Welt der Musikindustrie mit einer provokativen Werbekampagne: Um seine neue Reihe von iMacs mit CD-Brennern und firmeneigener Mediensoftware zu vermarkten, setzte der Computerhersteller auf eine einfache Losung: Rip. Mix. Burn. Die Plattenfirmen und ihre Lobbyverbände waren außer sich und sahen in der Kampagne einen direkten Aufruf zur Piraterie. Für tausende von Computernutzern war die Message jedoch klar. Rip, Mix, Burn – das war ihr alltäglicher Umgang mit Popkultur.

Genauer gesagt: Das war und ist Anfang des 21. Jahrhunderts Popkultur. Ganz so, wie der kleine Plattenladen um die Ecke ein Teil der Achtziger-Popkultur war und die Welt der Medienkaufhäuser und der ihnen widerstehenden Vinyl-Spezialitätenhändler ein Teil der Neunziger. Im neuen Jahrtausend wird mehr Musik übers Netz verbreitet als über jeden anderen Vertriebskanal. Tauschbörsen wie Napster und seine Nachfahren haben den Plattenläden und Saturn-Hansa-Märkten dieser Welt längst den Rang abgelaufen.

Ganz zwangsläufig geht diese Digitalisierung auf Kosten der alten Vertriebskanäle. Zwar haben Tauschbörsen-Anhänger lange behauptet, durch die neuen Medien eher mehr als weniger Platten zu kaufen. Für den Musikfan Mitte zwanzig mit großer CD-Sammlung und einer Musik-Sozialisation ohne Napster und Gnutella mag das durchaus stimmen. Doch derzeit wächst eine ganze Generation mit Tauschbörsen als primäre Quelle für ihre Ohrwürmer heran. Diese Kids besitzen keine Stereoanlage mehr, dafür aber riesige Festplatten voll mit MP3s – und ein dank neuer Technologien fein gewobenes soziales Netzwerk, über das ständig Medien getauscht werden. Rip, Mix und Burn sind für sie so alltäglich wie MTV und Gameboy.

Die ersten Auswirkungen dieser massenhaften Kaufverweigerung sind bereits deutlich spürbar: Plattenfirmen klagen über massiv einbrechende Verkaufszahlen. Kaufhäuser reduzieren ihr CD-Angebot. Tower Records, die größte unabhängige Musik-Einzelhandelskette der USA, steht vor dem finanziellen Aus. Die zum Best-Buy-Konzern gehörende Musicland-Kette schloss im Jahr 2002 160 Filialen in ganz Nordamerika. Wherehouse Music meldete Anfang 2003 Bankrott an. Musikhändler HMV schloss weltweit Filialen, darunter all seine Niederlassungen in Deutschland. Rip, Mix und Burn wird für die Musikwirtschaft damit zunehmend zu Burn, Mix und R.I.P. – sie muss mehr und mehr erkennen, dass sie das Netz nicht überleben wird.

Dieses Buch will die Ursachen der derzeitigen Krise beschreiben und nach Auswegen suchen. Die Geschichte der Musik im Netz soll nachgezeichnet und in einen gesellschaftlichen Kontext eingebettet werden. Bekanntestes Symbol dieser Geschichte ist Napster, die Tauschbörse mit dem Katzen-Logo. Millionen von Musikfans entdeckten dank Napster das MP3-Format wie auch das Tauschbörsen-Prinzip selbst. Gleichzeitig ist Napster ein geradezu tragisches Beispiel für das Scheitern des Versuchs, die Musikindustrie mit der »Rip, Mix und Burn«-Generation zu versöhnen. Bertelsmann wollte mit Hilfe der Tauschbörse zum Marktführer werden, Napster mit Bertelsmanns Hilfe sein Überleben sichern – und am Ende stand doch nur ein Bankrott, zahlreiche Entlassungen und ein paar wehmütige Erinnerungen. Die ersten beiden Kapitel dieses Buchs widmen sich diesem so einzigartigen Aufstieg, dem darauf folgenden tragischen Niedergang und der Frage: Hätte es auch anders kommen können?

Bertelsmanns Napster-Abenteuer stellt nicht den einzigen Versuch dar, auf das Tauschbörsen-Fieber zu reagieren. An mehreren Fronten ging und geht die Industrie mit Zuckerbrot und Peitsche gegen die Konsumenten vor, die plötzlich nicht mehr konsumieren wollen. Abo-Dienste versuchen, aus Musikfans zahlende Kunden zu machen – und kämpfen dabei nicht zuletzt auch mit den Regeln des Musikbetriebs selbst. Gleichzeitig führen die Plattenfirmen mit Unterstützung ihrer Lobbyverbände einen beispiellosen Krieg gegen Tauschbörsen-nutzende und CD-brennende Musikfans. Eine Zwischenbilanz dieser Bemühungen wird in den Kapiteln drei und vier gezogen. Kapitel fünf widmet sich den oft übersehenen Randerscheinungen dieser Konflikte. Kapitel sechs zeigt, warum die CD von Anfang an ein Medium mit Verfallsdatum war.

Zugegeben: Die Behauptung, die Musikindustrie sei am Ende ihrer Tage angelangt, mag ein wenig nach sensationslüsterner Spekulation klingen. Zweifler vermögen auch sinkende Verkäufe und boomende

Tauschbörsen nicht zu überzeugen. Krisen gab es schließlich schon früher, nicht wahr? Doch das Ende der Musikwirtschaft ist nicht allein durch den Abschied von einem Distributionsmodell gekennzeichnet. An seinem Ende angelangt ist auch eine Form des Wirtschaftens, die schon vor Napster nur für die wenigsten Sinn machte – nur gab es damals eben kaum Alternativen. Dem nun stattfindenden Abschied von lang und gern gepflegten Paradigmen widmen sich Kapitel acht und neun, nachdem Kapitel sieben die überraschende Frage klärt: Was hat eigentlich Nudelsuppe mit all dem zu tun?

Die darauf folgenden zwei Kapitel zeigen, wie sich die viel gescholtene Piraterie legalisieren ließe und welche Konsequenzen ein solcher Schritt für den Umgang unserer Gesellschaft mit Kulturgütern und Wissensressourcen hätte. Das letzte Kapitel schließlich gibt ausgesuchten Vordenkern der Musikindustrie und ihrer Kritiker Gelegenheit, ihre Vision einer zukünftigen Musikwirtschaft auszubreiten. Nicht alle diese Gedanken haben in diesem Buch Platz gefunden. Weitere Interviews finden sich auf der Website http://www.mixburnrip.de. Dort gibt es zudem aktuelle Ergänzungen sowie Raum für Nachfragen, Feedback und Widerspruch.

Zum Abschluss noch einige Worte des Danks: Dieses Buch wäre nicht möglich gewesen ohne Telepolis und auch den dpunkt.verlag mit all seinen Mitarbeitern. Danken möchte ich auch allen, denen ich im Rahmen meiner Recherchen Zeit für zahlreiche Interviews und Diskussionen stehlen durfte. Ein besonderer Dank gebührt in diesem Rahmen allen Freunden der Nudelsuppe (siehe Kapitel sieben). And finally I'm especially grateful to my partner Kimi Lee for helping me with this project and making so much more possible.

Janko Röttgers

Los Angeles, Mai 2003

Inhalt

1 Die Napster-Revolution   13

Wie ein College-Abbrecher das Ende der Musikindustrie einläutete 13
Vom College-Kid zum Weltveränderer 14
Die unerschöpfliche Jukebox 16
Lars Ulrichs ungewöhnlicher Besuch 18
Napsters Zukunft: Gnutella? 19
Kazaa: Europas Napster 22
Napsters Rettung in letzter Minute 23
Anmerkungen 25

2 Napsters Niedergang   27

Bertelsmanns vergeblicher Versuch, mit Tauschbörsen Geld zu machen 27
Bertelsmanns Napster-Coup 28
Der Einzug der Deutschen 31
Schlechte Nachrichten und ein großzügiges Angebot 33
Immer Ärger mit den Haustieren 35
Schweinelatein und Protestmärsche 37
Vom Beta-Test zum Totenbett 39
Eine verpasste Chance? 40
Anmerkungen 42

3 Auf der Suche nach der Jukebox   44

Von Tauschbörsen und Abo-Diensten 44
Auf zum Fehlstart 46
Napsters reiche Erben 47
P2P: Ein weltumspannendes Geschäft 48
Nicht Napster nacheifern 51
Ein Modell mit Zukunft? 54
Anmerkungen 56

4 Der Krieg gegen die Konsumenten 58

Kopierschutz, Klagen und korrupte MP3s:
Wie die Musikindustrie ihre Kunden vergrault 58
Die Kopierschutz-Falle 60
Immer Ärger mit den Hackern 62
Microsofts Forscher gegen Kopierschutz 64
Das Spiel mit der Angst 66
Mit Hacker-Methoden gegen MP3-Fans 69
Anmerkungen 73

5 Singende Senatoren, stickende Senioren und Lessig-lesende Hakker 75

Die Graswurzeln wachsen hören 75
Wie ein erzkonservativer Mormone zum Napster-Fan wurde1 76
Warum wir fürs Netz neue Medienbegriffe brauchen2 78
Was Netz-nutzende Seniorinnen mit Napster gemeinsam haben3 82
Was einen Hacker dazu bewegte, sich mit Microsoft anzulegen4 84
Wie MP3s zum Antikriegs-Medium wurden5 85
Anmerkungen 87

6 Ade, CD! 88

Kopierschutztechnologien helfen uns dabei,
Abschied von einem Medium zu nehmen 88
Eine Branche am Rande des Nervenzusammenbruchs 89
Kakteen und andere Stacheltiere 90
Philips hat die Nase voll 92
Unruhe im Einzelhandel 92
Abbiegen ohne Grönemeyer 93
Viel Ärger, wenig Nutzen 94
CD-Kopierschutz als Chance 95
Bootlegs und Beethoven 96
Das Ende einer Epoche 98
Anmerkungen 100

7 Das Nudelsuppen-Netzwerk 102

Wie ein Stammtisch die Online-Musikwelt verändert 102
Lieber ein ordentlicher Streit als Business-Smalltalk 104
Eine Evangelistin ohne Gläubige 106
Die Tücken der Öffentlichkeit 108
Anmerkungen 110

8 90 Prozent Ausschussware — 111
Eine Industrie mit struktureller Ungleichheit 111
Die Crux der verrechenbaren Kosten 112
Gut bezahlte Sklaverei 115
Geld verdienen wie Robbie Williams 116
Kleine Änderungen, große Folgen 118
Rod Steward hilft Garagenbands 119
Die wahre Musikindustrie 121
Anmerkungen 123

9 Das Indie-Netz — 125
Von Netzlabeln, Online-Vertriebs-Plattformen und P2P-Musikern 125
Am Anfang stand der Amiga 126
Von der Band-Homepage zum IUMA 128
Online-Musik als Geschäftsidee 129
Erfolgreich in der Nische: CDBaby 130
Ein paar Groschen für die Lieblingsband 133
Der Niedergang der kommerziellen Plattformen 134
Die Geburt der Netzlabel-Szene 136
Die Welt der P2P-Musik 138
Anmerkungen 140

10 Pauschalen nützen allen — 142
Wie sich Piraten in zahlende Kunden verwandeln lassen 142
Am Anfang stand ein verdorbener Magen 143
Die Lösung: Piraterie legalisieren? 145
Eine lächerliche Idee? 147
»Das Internet braucht keine Pauschalabgaben!« 147
Wer verwertet hier was? 149
Wer soll das bezahlen? 151
Die eigene Karriere als Mischkalkulation 152
Anmerkungen 153

11 Dies ist erst der Anfang — 155
Der Untergang der Musikindustrie als Vorbote
einer anderen Wissensgesellschaft 155
Ein Seismograph gesellschaftlichen Reichtums 157
Urheberrechts-Lizenzen und das semantische Web 158
Ein Pessimist mit Visionen 160
Anmerkungen 163

12 Club der Visionäre — 164

Über nichts lässt sich besser streiten als die Zukunft 164

Tim O'Reilly:
Bleibt offen 165

Ted Cohen:
Ein Problem beider Seiten 167

Smudo:
Eine Verkettung unglücklicher Umstände 170

Walter Gröbchen:
Ein MP3-File ist nur ein MP3-File 171

Mark Cuban:
Technologie und Veränderungen sind Chancen 174

Ian Clarke:
Das Internet ist P2P 175

Gerd Gebhardt:
Wer das Gesetz bricht, muss mit Folgen rechnen 176

Matt Black:
Mach es selbst 178

Hubert Gertis:
DRM klingt nach Walter Ulbricht 179

Don Joyce:
Copyright macht Kunst nutzlos 180

Die Napster-Revolution

Wie ein College-Abbrecher das Ende der Musikindustrie einläutete

Jede gute Technologie-Geschichte braucht heutzutage ein Wunderkind. Einen technikbegeisterten Jugendlichen, der im Handumdrehen die Welt verändert. Aufgewachsen vorzugsweise ohne Freunde oder wahlweise auch Eltern, fokussiert allein auf das Netz und das nächste große Ding. Einen jugendlichen Geek, ein Programmier-Genie mit blassem Milchgesicht und übermäßigem Pizza-Konsum. Einen typischen Teenage-Hacker eben.

Shawn Fanning schien schon früh wie geschaffen für diese Rolle. Sein Leben verdankt er einem unvorsichtigen Techtelmechtel seiner Mutter auf einem Rockkonzert in den Siebzigern. Aufwachsen musste Fanning ohne Vater, dafür mit vier Geschwistern und in permanenter Geldnot. Nachdem die Ehe seiner Mutter zerbrochen war, verbrachte er sechs Monate seiner Jugend bei Pflegeeltern. Alles in allem eine echte Bilderbuch-Jugend – zumindest für Geek-Wunderkinder, die sich aus der amerikanischen Unterschicht hochkämpfen müssen.

Die Chance zum Aufstieg ermöglichte Onkel John Fanning, der sich sein Geld mit einem Internet-Schach-Portal verdiente. Der technophile Onkel nahm ihn früh unter seine Fittiche und wurde dabei zu einer Art Eltern-Ersatz. In seinem Büro entdeckte Shawn die Welt des Netzes. Dabei interessierte ihn nicht die Glitzerwelt der Shopping-Portale und kommerziellen Communities. Angetan hatte es ihm die Halbwelt der Hacker, die sich weltweit über Chat-Netzwerke austauschten und in losen Zusammenhängen organisierten. Fanning tauchte begeistert ein in diese Welt und wurde schließlich Mitglied der Hacker-Crew w00w00. Die Gruppe war nur eine von unzähligen informellen Zusammenschlüssen, in deren Rahmen technikbegeisterte Hacker gemeinsam Sicherheitslücken im Netz ausfindig machten.

w00w00s Mitglieder waren über die ganze Welt verteilt, kannten sich meist nur durch virtuelle Treffen im Internet Relay Chat (IRC) – einem textbasierten Chatsystem, das technisch versiertere Netznutzer den bunten, kommerziellen Web-Communities vorziehen. Bekannt wurde w00w00 unter anderem durch die Aufdeckung einer kritischen Sicherheitslücke in AOLs Instant-Messaging-Software. Doch man widmete sich auch kleinen »Hacks«, technischen Späßen. Etwa, um auf IRC-Servern erweiterte Privilegien zu genießen. Shawn Fanning hörte in dieser Welt auf den Spitznamen Napster. »Es war eine sehr enge und geschlossen arbeitende Gruppe von 30 bis 35 Leuten«, erklärt das ehemalige w00w00-Mitglied Nocarrier alias John Ritter heute im Rückblick.

»Wir tauschten uns immer mit anderen Mitgliedern über die Projekte aus, an denen wir arbeiteten«, erinnert sich Ritter. »Und wenn wir wegen eines Problems nicht weiter kamen, war eigentlich immer jemand da, der uns helfen konnte.« Irgendwann Anfang 1999 erzählte Shawn Fanning seinen w00w00-Freunden von seiner neuesten Idee: Musicshare – einer Tausch-Software für MP3s. Für Fanning war es das erste Software-Projekt überhaupt, er konnte ein paar Tipps seiner w00w00-Kollegen also gut gebrauchen. »Manch einer schreibt ›Hello world‹ als erstes Programm. Nun, Shawns erstes Programm war Napster«, erklärt Jordan Ritter dazu heute lachend.[1] Ritter fand das Projekt interessant und half Shawn Fanning, wo es ging. Noch hatte er keine Vorstellung davon, dass Musicshare alias Napster einmal zum am schnellsten wachsenden Internetangebot aller Zeiten werden sollte. Eine Lawine auslösen würde, die eine ganze Industrie auf die Knie zwingt.

Vom College-Kid zum Weltveränderer

Angeregt zu seinem Projekt wurde Shawn Fanning von seinen Mitstudenten an der Bostoner Universität. Dort hatte er im Sommer 1998 als 18-jähriger sein Informatikstudium begonnen. Doch anstatt seine Zeit in den Hörsälen abzusitzen, nutzte er lieber die schnelle Anbindung des Studentenwohnheims ans Internet. Seinen Kommilitonen ging es ähnlich. Im Gegensatz zu Fanning interessierten sie sich nicht so sehr für das IRC mit seinen Plauderrunden und Hackergruppen. Die meisten zog es zu Angeboten wie Scour.com und Lycos, um dort nach digitalisierter Musik im MP3-Format zu suchen.[2]

Das Problem: Die meisten MP3s lagen auf obskuren privaten Webseiten, die schon nach wenigen Tagen wieder ihre Pforten schlossen – entweder, weil sie von der Musikwirtschaft dazu gezwungen wurden, oder weil die Provider einfach nicht Gigabyte über Gigabyte für ein paar Madonna-MP3s opfern wollten. Scour und Lycos reagierten als Webbasierte Suchmaschinen auf solche Änderungen viel zu langsam. Ihre Suchergebnisse waren oftmals völlig veraltet. Shawn Fanning überlegte sich, dass man eigentlich doch auch ohne zentrale Instanzen wie Web und Suchmaschinen auskommen könnte. Warum, so sein Gedanke, sollten sich nicht alle MP3-Fans zusammenschließen und ihre Dateien direkt untereinander austauschen – ganz so, wie er mit seinen Freunden im IRC Code und Ideen austauschte?

Dabei sollten Nutzer direkt auf die Festplatten anderer Musikfans zugreifen können. Das gemeinsame Nutzen von Ressourcen in Computernetzwerken war theoretisch bereits seit den Siebzigern bekannt. In der Sprache der Netzwerkarchitekten hieß es Peer to Peer, weil es Gleiche mit Gleichen vernetzte, anstatt auf übergeordnete Server zu vertrauen. Doch erst Shawns Musicshare-Software sollte es zu einem Massenphänomen machen. Im Herbst 1998 begann er mit der Konzeption und Programmierung des Projekts. Ab Januar 1999 arbeitete er pausenlos an der Software. Für sein Studium blieb bald keine Zeit mehr, also beendete er seine Uni-Karriere nach nur einem Semester.

Sein Onkel dachte gar nicht daran, ihn dafür zu maßregeln. Ganz im Gegenteil: Er erkannte das Potenzial in der Software seines Neffen und unterstützte ihn, wo es ging. John Fanning kaufte Shawn ein neues Notebook und überließ ihm praktisch sein Büro. Dort programmierte Shawn Tag und Nacht, abgeschirmt von der Außenwelt, verbunden nur mit seinen Freunden im IRC. Im Mai 1999 sorgte John Fanning dann für die Gründung der Firma »Napster Inc.«. 30 Prozent der Firma gehörten Shawn, siebzig seinem Onkel. Shawns erstes Programm, sein »Hello world«, war zu seiner Lebensausgabe geworden und sein Spitzname zu einem Markenzeichen.

Im Juni war es schließlich Zeit für einen ersten Beta-Test. Shawn veröffentlichte eine Vorab-Version der Anwendungssoftware im Web, erzählte davon seinen Freunden im IRC und wartete ab, was geschehen würde. Die Reaktion war umwerfend: Innerhalb weniger Tage luden tausende von Neugierigen die Software herunter. Shawn und sein Onkel waren überwältigt von diesem Erfolg. Doch leider ging es dem Napster-Server ähnlich. Die Software war einfach zu ressourcenaufwändig.

Shawn war an einem Punkt angekommen, an dem er Hilfe brauchte. Es war Zeit, Ernst zu machen mit Napster. Die Firma brauchte bezahlte Mitarbeiter. Kurzerhand wandte er sich an einige seiner w00w00-Freunde. Jordan Ritter sollte sich nach seinen Plänen um die Server-Architektur kümmern. Ritter erbat sich den obligatorischen Tag Bedenkzeit aus, willigte dann aber euphorisch ein.

»Alles war extrem aufregend, fast surreal, wie in einem Traum«, beschreibt Ritter diese Zeit heute. Ein kleines Team von Freunden formte Napster in wenigen Monaten zu der Tauschbörse, die bald Millionen von Nutzern anziehen würde. Im September wurde Version 2.0 der Anwendungssoftware im Netz veröffentlicht. Danach ging alles sehr schnell. Innerhalb weniger Wochen wurde Napster zu einem der am raschesten wachsenden Netzangebote aller Zeiten. Bald mehrten sich die Beschwerden von Universitäten, die ihre Netzwerke durch die weit verbreitete Napster-Nutzung belastet sahen. Im Oktober zog es die Firma nach Kalifornien, der Heimat der Internetwirtschaft.

Die unerschöpfliche Jukebox

Für seine Nutzer ging mit Napster ein Traum in Erfüllung. Die Zahl der verfügbaren MP3s wuchs schnell ins Unüberschaubare. Egal, ob Chart-Topper, obskurer Indie-Geheimtipp oder seit Jahren vergriffene Rarität – bei Napster gab es fast alles, und das zu einem verführerischen Preis: vollkommen umsonst. Napster war für seine Nutzer zu einer unerschöpflichen Jukebox geworden. Nicht wenige beschrieben ihren ersten Kontakt mit der Tauschbörse wie einen Rausch. Stundenlang wurde alles runtergeladen, was einem gerade einfiel. Megabyte über Megabyte wanderte auf die heimische Festplatte.

Grund für die wachsende Begeisterung war nicht zuletzt auch, dass Shawn Fanning mit Napster weit mehr als nur ein Programm zum Herunterladen von Musik geschaffen hatte. In Anlehnung an das von ihm und seinen w00w00-Freunden genutzte IRC-Netzwerk hatte er eine Reihe von Chat-Räumen in die Tauschbörse integriert. Wer wollte, konnte dadurch mit Gleichgesinnten über Musiker der siebziger Jahre reden oder auch Tipps über die neuesten Dance-Tracks austauschen. »Wir hatten so eine beeindruckende, begeisterte Gruppe von Leuten in den Chats«, erzählt Jordan Ritter rückblickend. »Sie wollten uns helfen, das System zu administrieren, Leute mit schlechten Manieren rauszu-

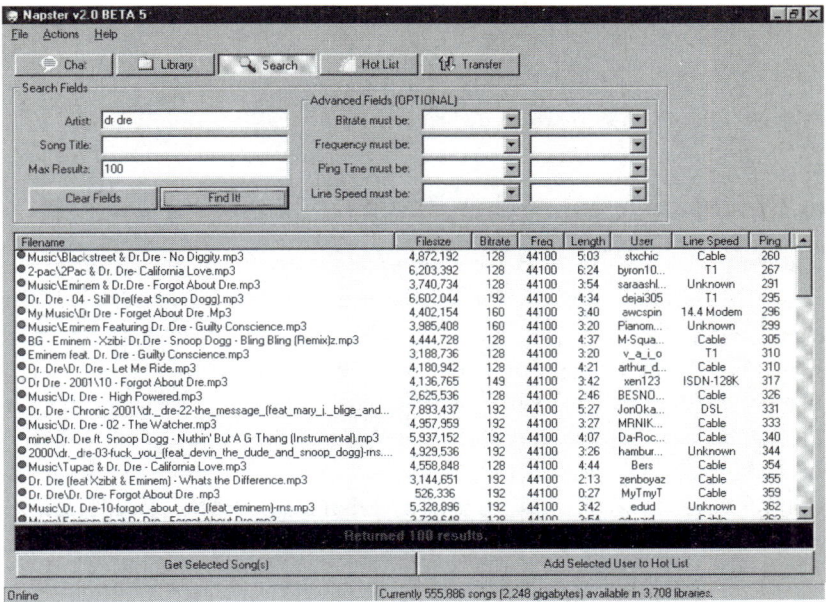

schmeißen.« Letztlich machte die Firma davon nur geringen Gebrauch, da man sich nicht noch weiter aufs rechtliche Glatteis wagen wollte. »Ich glaube nicht, dass Napster dies gut genug genutzt hat«, so Ritter.

Trotzdem fühlten sich nicht wenige Napster-Nutzer als Teil einer Gemeinschaft. Auch, weil es einfach spannend war, wenn jemand Wildfremdes – möglicherweise vom anderen Ende der Welt – auf die eigene Festplatte zugriff und einen Song herunterlud. Schließlich ging es hier um Musik, und Musik lebt seit jeher von Begeisterung und Austausch. Von freundlichen Fanatikern, die ihren gesamten Freundeskreis mit Mixtapes überschütten und stets versuchen, andere vom eigenen Lieblingssong zu überzeugen. Auf Napster gab es tausende davon. Lud man etwas von ihrer Festplatte, dann schickten sie einem Nachrichten wie »Hey, check auch mal den und den Song aus!«

»Das großartigste an Napster war, dass du gucken konntest, was andere Leute so treiben, was sie auf der Festplatte haben«, meint rückblickend auch Adrian Scott, einer der ersten Napster-Investoren.[3] Dabei half der Tauschbörse ein kleines, fast nebensächliches Feature. Anstatt gezielt nach Songnamen zu suchen, konnte man auch wahllos in den Verzeichnissen anderer Nutzer herumstöbern. So ließ sich herausfinden, was Fans der eigenen Lieblingsband noch so an Vorlieben hatten. War erst einmal eine besonders spannende Sammlung von MP3s ausgemacht, wurde der betreffende Nutzer auf die persönliche Freundesliste gesetzt. In Anlehnung an Instant-Messaging-Chat-Programme wie ICQ zeigte Napster damit immer, wann der eigene Freundeskreis online war.

Lars Ulrichs ungewöhnlicher Besuch

Mit Napsters Fangemeinde wuchs auch die Riege seiner Kritiker. Im Dotcom-Mikrokosmos der Firma nahm dies zuerst niemand so richtig ernst. »Wir dachten, wir wären unverwundbar«, meint Ritter dazu heute. Klar, man habe schon früh gehört, dass sich Musiker und Plattenfirmen über Napster aufregten. Aber intern überwog die Begeisterung für die eigene Technologie und das unglaubliche Wachstum. Daran konnte auch die Nachricht nichts ändern, dass die Recording Industry Association of America (RIAA) als Branchenverband der großen Plattenfirmen eine Klage gegen Napster vorbereitete. Zwar gab es Gespräche mit der RIAA, doch diese endeten ergebnislos. John Fanning hatte sich als rechtlichen Beistand jene Anwaltskanzlei besorgt, die schon den MP3-Player-Hersteller Diamond erfolgreich gegen die Plattenfirmen verteidigt hatte.[4] Man wähnte sich auf der sicheren Seite, glaubte, wie Scour und Lycos als Such-Anbieter keine Verantwortung für die über das System auffindbaren Inhalte zu haben.

Die RIAA sah das anders. Im November wandte sie sich mit der Forderung an Napster, den Tausch urheberrechtlich geschützter Werke sofort zu unterbinden. Rund einen Monat später folgte dann eine Klage wegen Copyright-Vergehens. »Bei Napster geht es um Piraterie, darum, ein Geschäft auf Kosten von Musikern aufzubauen«, erklärte der damalige RIAA-Vizepräsident Cary Sherman dazu gegenüber der Presse.[5] Mit der Klage forderte die RIAA 100.000 Dollar Schadensersatz für jeden über Napster getauschten Song. Insgesamt hätte sich die Schadensersatzsumme damit auf mehrere Milliarden Dollar belaufen.

Unterstützung bekam die RIAA von einer Reihe von Musikern. An die Spitze dieser Bewegung stellten sich im Frühjahr 2000 die Hardrocker von Metallica. Im April reichte die Band ihre eigene Klage gegen Napster ein. Einen Monat später besuchte Drummer Lars Ulrich gemeinsam mit dem Anwalt der Band Napsters Firmensitz. Im Gepäck: 13 Kisten, vollgepackt mit Ausdrucken von 335.435 Napster-Nutzernamen. Alle Aufgelisteten hatten nach Recherchen der Londoner Firma NetPD

Songs der Band über die Tauschbörse zum Download angeboten. Ulrich verlangte nun, die Accounts der Nutzer zu sperren. Napsters Rechtsanwalt erklärte dazu, man werde der Sperrung so bald wie möglich nachkommen. Der Prozess könnte jedoch erheblich beschleunigt werden, wenn die Namen in Datenform und nicht auf zehntausenden von Papierbögen vorlägen. Ein bisschen Lästern über die offensichtliche PR-Aktion der Band konnte sich Napster dann doch nicht verkneifen.

Viel mehr als Schlagzeilen waren dann auch für Metallica mit der Sperrungsforderung nicht drin. Die betroffenen Nutzer mussten sich einfach nur einen neuen Nutzernamen zulegen, und schon konnte das fröhliche Tauschen weitergehen. Etwa zeitgleich musste allerdings auch Napster eine erste Niederlage vor Gericht einstecken. Die zuständige Richterin wollte sich auf Napsters Suchmaschinen-Vergleich nicht einlassen und lehnte deshalb einen Antrag auf Einstellung des Verfahrens ab. Zu allem Überfluss meldete sich ein paar Tage später auch noch der Rapper Dr. Dre bei der Tauschbörse und forderte, 900.000 Kopien seiner Songs zu sperren.

Napsters Grundproblem lag in der Architektur der Tauschbörse. Um Community-Funktionen wie etwa den Chat sowie eine schnelle Suche möglich zu machen, setzte Napster auf ein semizentrales Peer-to-Peer-Modell, in dessen Mittelpunkt die Serverfarm der Firma stand. Sobald ein Nutzer Napster startete, setzte sich das Programm mit einem dieser Server in Verbindung. Damit ließ sich immer überblicken, wer gerade das System nutzte. Außerdem wurde so ein zentraler, temporärer Index aller angebotenen MP3s angelegt, der eine schnelle und unkomplizierte Suche ermöglichte. Doch Napsters Server waren auch der wunde Punkt, an dem die Firma angegriffen werden konnte. Zwar beteuerte Napster immer wieder, keine Kontrolle über die Nutzung seines Angebots zu haben. Für Kritiker der Tauschbörse war die Angelegenheit dagegen ganz einfach: Ohne die Server gab es kein Napster. Folglich musste man die Firma nur zur Aufgabe zwingen, und schon erledigte sich das Problem von selbst.

Napsters Zukunft: Gnutella?

Auch Tauschbörsen-Fans war diese Problematik bewusst. Als sich der Konflikt um Napster zuspitzte, suchte einer von ihnen nach einem technischen Ausweg. Was wäre, dachte sich Justin Frankel damals, wenn eine Tauschbörse einfach ganz auf zentrale Instanzen verzichten würde? Keinen Server, der abgeschaltet werden kann, keine Firma, die sich vor Gericht zerren lässt – das war Frankels Vision für eine Zukunft nach Napster. Also machte er sich an die Arbeit und programmierte Gnutella, das erste komplett dezentrale Tausch-Netzwerk.[6]

Gnutella funktioniert in etwa so wie das altbekannte Kinderspiel »Stille Post«. Sucht ein Nutzer eine bestimmte Datei, fragt er einfach die mit ihm verbundenen Netz-Nachbarn. Die gucken ihre Sammlung nach der entsprechenden Datei durch und leiten die Anfrage wiederum an ihre Nachbarn weiter. Wird einer der gefragten Nutzer fündig, setzt er sich direkt mit dem Suchenden in Verbindung und initiiert den Download. Am 14. März 2000 stellte Frankel eine erste Beta-Version der Software ins Netz. Kurze Zeit später erschien ein Hinweis auf der IT-News-Website Slashdot.org, und innerhalb weniger Stunden hatten bereits tausende das Programm heruntergeladen.

Justin Frankels Arbeitgeber AOL sah diese Entwicklung jedoch gar nicht gern. Frankel war im Netz dadurch bekannt geworden, dass er 1997 die MP3-Abspielsoftware Winamp veröffentlicht hatte. Innerhalb weniger Jahre hatte sich Winamp zum meistgenutzten MP3-Player unter Windows gemausert. Im Sommer 1999 kaufte AOL Frankels Firma Nullsoft für geschätzte 80 Millionen Dollar. Ein halbes Jahr später übernahm AOL den Medienriesen Time Warner und wurde damit auch zum Besitzer einer der größten Plattenfirmen der Welt. Die Firma fackelte deshalb nicht lange und zwang Nullsoft, das Gnutella-Programm von ihrer Website zu entfernen.

Doch Gnutella war längst nicht mehr zu stoppen: Innerhalb kürzester Zeit tauchte die Software auf zahlreichen anderen Webseiten auf. Schnell wuchs auch die Nutzerzahl und mit ihr wiederum die Attraktivität des Programms für Napster-Nutzer auf der Suche nach Alternativen. Nach nur zwei Tagen waren bereits Programme, MP3s und Videos im Gesamtumfang von 250 Gigabyte zum Download verfügbar. Wenig später wurde die Terabyte-Grenze durchbrochen.

Zudem machte sich eine engagierte Gruppe von Entwicklern daran, das Gnutella-Protokoll zu entschlüsseln. Ein wenig heimliche Nachhilfe von Nullsoft tat ihr übriges, und schon bald erschienen die ersten nicht auf Frankels Code basierenden Gnutella-Programme. Kein Wunder, dass Tauschbörsen-Fans von Gnutella begeistert waren. In einem damals weit verbreiteten Manifest hieß es zu dem P2P-Netzwerk, wegen seiner dezentralen Architektur könne es »hungrige Anwälte« und sogar einen Atomkrieg überstehen. »Es ist verlässlich und [...] überhaupt nicht aufzuhalten.«[7]

Nicht aufzuhalten erschien in dieser Zeit auch Napster. Aus dem Konflikt mit Metallica war die Tauschbörse als moralischer Sieger hervorgegangen. Die Zahl der Nutzer verdreifachte sich jeden Monat. Napster wuchs damit schneller als je zuvor ein Angebot in der Geschichte des Internets. Das Management der Tauschbörse rechnete damit, bis Ende des Jahres bis zu 75 Millionen Nutzer zu haben. Doch das Blatt sollte sich rasch wenden. Im Juli 2000 erließ Richterin Marilyn Hall Patel überraschend eine einstweilige Verfügung gegen die Tauschbörse. Patel machte sich die Position der Plattenfirmen voll und ganz zu eigen und verlangte, innerhalb von zwei Tagen den Tausch urheberrechtlich geschützter Musik einzustellen. Als Napster-Anwalt David Boies daraufhin einwandte, dass man damit die Tauschbörse komplett lahm legen müsse, erwiderte Patel: »Das ist Ihr Problem, Sie haben dieses Monster erschaffen.«[8]

Die Nachricht traf Napsters Nutzergemeinde wie ein Schlag. In Scharen suchten sie nach einem neuen Tauschdienst. Die Website des P2P-Angebots Scour Exchange musste kurzzeitig geschlossen werden, da sie dem Ansturm der Neugierigen nicht standhielt. Nicht anders ging es Gnutella. Innerhalb weniger Stunden war die Tauschbörse praktisch unbenutzbar. In einschlägigen Webforen beklagten unzählige Nutzer, überhaupt keine Verbindung zum Gnutella-Netz aufbauen zu können. Andere berichteten, dass ihre Suchanfragen plötzlich ergebnislos blieben. Hungrigen Anwälten mochte dieses Netzwerk gewachsen sein. Zigtausende tauschsüchtiger Netznutzer ließen es jedoch in kürzester Zeit komplett zusammenbrechen.

Für Jordan Ritter war dies keine große Überraschung. In seiner Zeit bei Napster hatte er eine Analyse der Gnutella-Netzwerkarchitektur erstellt und dabei festgestellt: »Gnutella ist buchstäblich ein Broadband-Killer, es kann problemlos die gesamte Internet-Infrastruktur in die Knie zwingen.«[9] Das Problem lag in der Methode, mit der Gnutella Suchanfragen weiterleitete: Wenn jeder einen Suchbegriff an eine Hand voll Nutzer übermittelte und diese die Anfrage wiederum an eine Hand voll anderer Nutzer weiterleiteten, dann wuchs die Zahl der Empfänger zwangsläufig exponentiell. Je größer das Netz war, desto früher kam es damit zum kompletten Datenstau.

Kazaa: Europas Napster

Niklas Zennstrom und Janus Friis werden diese Entwicklung mit Wohlwollen beobachtet haben. Just an dem Tag, an dem Napster in den USA seine einstweilige Verfügung aufgebrummt bekam, kündigten die beiden Internet-Unternehmer in Amsterdam den Start eines neuen Tauschbörsen-Netzwerks an. Kazaa sollte es heißen. Zennstrom und Friis wollten daraus so etwas wie ein europäisches Napster machen.[10] Der Clou ihrer Tauschbörse: Anders als Napster setzten sie nicht auf zentrale Server, doch im Unterschied zu Gnutella wollten sie auch nicht ein komplett dezentrales Netz aufbauen.

Im Kazaa-Netz übernahmen Rechner mit sehr guter Netzanbindung – beheimatet beispielsweise in Universitäten oder Firmen mit schneller Standleitung – die Rolle eines temporären Servers, auch Supernodes genannt. Ein normaler Nutzer baute lediglich eine Verbindung zu solch einem Supernode-Server auf. Der setzte sich wiederum mit anderen Supernodes in Verbindung und bildete eine zweite Netzwerkebene, über die Suchanfragen schnell und effektiv weitergeleitet werden konnten. Mit dieser Architektur war Kazaa so verlässlich wie Napster und gleichzeitig so wenig kontrollierbar wie Gnutella. Es gab keinen zentralen Schalter mehr, mit dem das gesamte Netzwerk heruntergefahren werden konnte.

Zennstrom und Friis hatten dieses Konzept im Frühjahr 2000 zusammen mit einem jungen Amsterdamer Programmierer namens Edwin Medselaar entwickelt. Unter anderen Umständen hätte Medselaar einen guten europäischen Gegenentwurf zu Shawn Fanning hergegeben. Fanning programmierte Napster auf einem Dell-Notebook, Medselaar schwor auf Apple-Produkte. Fanning war nach eigenem Bekunden großer Metallica-Fan, Medselaar sammelte seit Jahren elektronische Musik, insbesondere Früh-Neunziger-Acid-House. Fanning spielte Gitarre, Medselaar war als DJ in Amsterdams Clubs unterwegs und mischte zudem in ein paar Techno-Projekten mit. Fanning trug Baseball-Caps und Schlabbershirts, Medselaar dagegen schicke Trainingsanzüge. Keine Frage, Kazaas Chef-Programmierer war einfach hipper als der Napster-Teenager.

Doch die Kazaa-Entwickler hatten es nicht auf Publicity abgesehen. Schlagzeilenträchtige Auseinandersetzungen wie die mit Metallica überließen sie lieber ihren amerikanischen Kollegen. Friis und Zennstrom zeigten sich ausgesprochen medienresistent und konzentrierten sich stattdessen lieber auf die wirtschaftliche Seite des Unternehmens. Medselaar orchestrierte unterdessen abgeschirmt von der Öffentlichkeit die Programmierung der Tauschbörse. Bald zeigte sich, dass Kazaa tatsächlich keinen Vergleich mit Napster scheuen musste. Das Interface war praktisch selbsterklärend. Zudem waren mit Kazaa nicht nur MP3s, sondern auch Software und elektronische Bücher kinderleicht aufzufinden. Da das Tauschprogramm eine Datei von mehreren Nutzern gleichzeitig herunterladen konnte, landeten bei Breitband-Nutzern selbst ganze Hollywood-Filme in vertretbarer Zeit auf der heimischen Festplatte.

Während Shawn Fannings Tauschbörse sich Gefecht über Gefecht vor Gericht lieferte, wuchs mit Kazaa still und heimlich ein übermächtiger Konkurrent heran. »Wir erwarteten nicht, dass Kazaa so populär werden würde. Wir haben die Software nie beworben«, weiß Niklas Zennstrom im Rückblick zu berichten. Stattdessen habe man es eigentlich nur als Demo-Plattform für die darunter liegende Netzwerktechnologie namens Fasttrack entworfen, die an andere Firmen lizenziert werden sollte. »Bei Peer-to-Peer-Technologie geht es nicht um Teenager, die MP3s herunterladen«, erklärt Zennstrom. »Es ist die dritte Generation der Internet-Technologie.« Das Ziel der Fasttrack-Technologie sei immer gewesen, ein grenzenlos erweiterbares, verteiltes Netzwerk zum Vertrieb von Inhalten zur Verfügung stellen. Das könne auch Urhebern nutzen, so Zennstrom.

Napsters Rettung in letzter Minute

Diese zeigten sich jedoch bisher wenig begeistert von der immer größer werdenden Zahl der Tausch-Netzwerke und bekämpften sie verbissen. Napster konnte Ende Juli 2000 das Schlimmste immerhin noch einmal in letzter Minute abwenden. Kurz vor der Zwangsschließung setzte sich die Tauschbörse vor einem Berufungsgericht durch. Der Fall musste noch einmal neu aufgerollt werden, das Tauschen konnte vorerst weitergehen. Sehr zum Ärger der Plattenfirmen sorgten diese turbulenten Tage für solch einen Rummel, dass die Nutzerzahlen noch einmal deutlich anstiegen. So verzeichnete Napsters Website in diesem Monat fast fünf Mal so viele Zugriffe wie im Vormonat und schaffte es damit erstmals in die Top 50 der meistbesuchten Webangebote. In den Charts der Suchmaschine Lycos stieg Napster sogar auf Platz eins der meistgesuchten Wörter auf, und Justin Frankels Gnutella sicherte sich auf Anhieb einen beachtlichen siebten Platz.

Angespornt von diesem Boom starteten zahllose Entwickler auf der ganzen Welt ihre eigenen Tauschbörsen-Projekte. Im August 2000 wurde in New York die Firma Limewire LLC gegründet, die zu einem der wichtigsten Entwickler von Gnutella-Software werden sollte. Drei Monate später veröffentlichte ein gewisser Jed McAleb die erste Beta-Version einer Software namens Edonkey 2000 im Netz. Der irische Programmierer Ian Clarke startete sein Freenet-Projekt, das die Grundlage für eine unzensierbare, völlig anonyme Peer-to-Peer-Umgebung bilden sollte.[11]

Gleichzeitig wurde die Diskussion um Napster und ähnliche Tauschprogramme auch unter Musikern immer hitziger. An der Spitze der Gegner hatte sich Metallica mit seiner Sperrungsverfügung positioniert, gefolgt von Dr. Dre und seinem Schützling Eminem. Der weiße Rapper erklärte seinen Fans, er wolle am liebsten jeden P2P-Nutzer eigenhändig verprügeln. Zur Tauschbörse selbst erklärte er: »Wenn diese Napster-Scheiße noch größer wird, könnte sie den ganzen Zweck des Musikmachens vernichten.«[12]

Unterstützung bekam Napster dagegen unter anderem von The Offspring, Limp Bizkit und Chuck D. Der mit Public Enemy bekannt gewordene Rap-Star nutzte mehrfach seine eigene Internet-Plattform Rapstation.com, um für Napster Stellung zu beziehen. Außerdem stellte er sich der Napster-Verteidigung als Zeuge zur Verfügung. In seiner Aussage erklärte er unter anderem: »Ich habe absolut nichts dagegen einzuwenden, dass meine Musik über Napster getauscht wird.«[13] Die Tauschbörse sei für ihn vielmehr eine Art Radio des Digital-Zeitalters und damit ein willkommenes Promotion-Instrument. Zudem gehe es bei dem Prozess gegen Napster nicht nur um ein paar getauschte MP3s, sondern um die Zukunft des Musikvertriebs. Sollte es P2P-Netzwerken gelingen, dessen verkrustete Strukturen aufzubrechen, dann könnten unabhängige Bands davon nur profitieren: »Musiker sind nicht länger auf die Unterstützung der großen Plattenfirmen angewiesen, um am Musikbusiness teilzunehmen«, so Chuck D.[14]

Napster würde die Industrie verändern, das dämmerte langsam auch seinen Gegnern. Doch noch rechnete niemand damit, dass die beiden Seiten sich bereits viel näher standen, als es den Anschein hatte.

Anmerkungen

[1] »Hello world« ist eine der Grundübungen vieler Programmiersprachen-Einführungsbücher. Meist ist damit ein einfaches Programm gemeint, das nicht mehr bewerkstelligt, als die Zeichenfolge »Hello world!« auf dem Monitor auszugeben.

[2] Scour.com begann im Dezember 1997 als Web-basierte Multimedia-Suchmaschine. Nachdem Napster mit seiner Tauschbörse Millionen von Nutzer anzog, begann auch Scour, ein Tauschbörsen-Programm zu vertreiben. »Scour Exchange« machte sich schnell als »Napster mit Filmen« einen Namen, wurde aber auch genau so schnell von Plattenfirmen und Filmstudios verklagt. Ende 2000 ging der Firma aufgrund der rechtlichen Auseinandersetzungen das Geld aus, der Betrieb wurde eingestellt. Mittlerweile ist die Firma mit einem neuen Besitzer zu einer legalen Tauschbörse mit kopiergeschützten Inhalten geworden. MP3.Lycos.com fungiert nach wie vor unverändert als Web-basierte Suchmaschine für legale wie illegale MP3s.

[3] Scott versuchte sich nach Napsters Erfolg zwischenzeitlich vergeblich daran, ein legales P2P-Distributionsmedium für Filme namens Applesoup aufzubauen. Mittlerweile vernetzt er mit seiner Website Ryze.com Geschäftsleute – ganz ohne Download-Möglichkeit.

[4] Siehe dazu auch Kapitel 4: Der Krieg gegen die Konsumenten.

[5] Zitiert nach Rich Menta: RIAA sues Music Startup Napster for 20 Billion, MP3Newswire.net vom 9.12.1999, online unter: http://www.mp3newswire.net/stories/napster.html.

[6] Der Name Gnutella basiert auf dem rekursiven Akronym GNU, das in Langform für »GNU is not Unix« steht und seit 1984 für das frei entwickelte Unix-Derivat benutzt wird, sowie natürlich dem Brotaufstrich Nutella. Die Kombination ist offensichtlich ein Witz, zeigt jedoch, was Frankel mit Gnutella erreichen wollte: eine Tauschbörse, die von der Open-Source-Gemeinde weiterentwickelt wird und dabei so süchtig macht wie der bekannte Haselnussaufstrich.

[7] What is Gnutella? online verfügbar zum Beispiel unter: http://koeln.ccc.de/archiv/hackschiffseiten/information/what_is_gnutella.html.

[8] Zitiert nach Janko Röttgers: Napster wird stillgelegt, Telepolis, 27.7.2000, online unter: http://www.heise.de/tp/deutsch/inhalt/musik/8442/1.html.

[9] Jordan Ritter: Why Gnutella can't scale. No, really. Online unter: http://www.darkridge.com/~jpr5/doc/gnutella.html.

[10] Ursprünglich gehörte zu diesem Plan auch die Idee, Rechteinhaber für die Verwendung ihrer Musik zu entschädigen. Dabei gingen Friis und Zennstrom davon aus, wie Radios nur Geld an die Verwertungsgesellschaften, nicht jedoch an die Plattenfirmen abführen zu müssen. Die niederländische Gema-Schwester Buma/Stemra wollte sich jedoch auf einen solchen Deal

nicht einlassen und strengte stattdessen eine Klage gegen die Firma der beiden Entwickler an. Im März 2002 unterlag die Verwertungsgesellschaft jedoch vor Gericht mit dem Versuch, Zennstrom und Friis für die Handlungen ihrer Nutzer verantwortlich zu machen. Mittlerweile hat Kazaa den Eigentümer gewechselt und strebt ein etwas anderes Modell einer Urhebervergütung an. Mehr dazu in Kapitel 10.

[11] Siehe dazu auch das Interview mit Ian Clarke im Kapitel 12.
[12] Eminem disses Napster, Dotmusic vom 19.5.2000, online unter: http://www.dotmusic.com/news/technology/May2000/news13968.asp.
[13] Declaration of Chuck D in Support of Defendand Napster's Opposition to Plaintiff's Motion for Preliminary Injunction, 26.7.2000. Online unter: http://news.findlaw.com/hdocs/docs/napster/napster/dec_chuckd.pdf.
[14] Ebd.

Napsters Niedergang

Bertelsmanns vergeblicher Versuch, mit Tauschbörsen Geld zu machen

»Seien wir ehrlich: Napster ist cool.« So richtig konnten die Besucher der Kölner Musikmesse Popkomm ihren Ohren nicht trauen, als Bertelsmanns Chef Thomas Middelhoff ihnen im August 2000 diese Weisheit verkündete. Klar, auch an der Popkomm war der Wandel nicht spurlos vorbeigegangen. Deutschland befand sich in der letzten Hochphase des Dotcom-Booms. Wer sich aufs Messeparkett wagte, spürte dies deutlich: Rund 25 Prozent der Aussteller stammten aus der Internetwirtschaft. Überall warben MP3-Plattformen, Online-Shops und virtuelle Plattenfirmen um Aufmerksamkeit. Einige Dotcoms hatten gleich so viel in ihren Messestand investiert, dass sie die klassischen Platzhirsche MTV und Viva mühelos in den Schatten stellten.

Digital war unübersehbar, Alltag war es für die meisten Vertreter der klassischen Musikwirtschaft aber noch lange nicht. Die »Neuen« wurden kritisch beäugt. Hinter vorgehaltener Hand schlossen einige bereits Wetten darüber ab, wer von ihnen denn bald Pleite gehen würde. Das Internet war vielen Musikwirtschafts-Insidern immer noch suspekt, und daran hatten Napster und Co. nicht eben einen geringen Anteil. Tags zuvor hatte ihnen Thomas Stein von Bertelsmanns Plattenfirma BMG noch erklärt, er erwarte sich von dem Urteil gegen Napster »einen Meilenstein im Kampf gegen den Musikdiebstahl im Internet.«[1] Und jetzt wollte ihnen ausgerechnet Steins Chef weismachen, Napster sei eine tolle Sache?

Doch Thomas Middelhoff ließ sich davon nicht weiter irritieren. »Sie werden diese Technologie nicht mehr stoppen können«, erklärte er seinen Zuhörern fröhlich grinsend. Er prophezeite, die traditionellen Geschäftsmodelle der Branche würden durch das Internet kollabieren –

und schien daran offenbar seinen Spaß zu haben. Das Netz sei von der Industrie viel zu lange unterschätzt worden. Jetzt hätten die Tauschbörsen die Branche aufgeschreckt, aber leider auch in eine Verteidigungsposition gebracht. Middelhoff ließ jedoch keinen Zweifel daran, dass er Abwehr nicht für das richtige Rezept im Umgang mit Napster hielt. »Filesharing wird es immer geben. Die Musikindustrie ist aufgefordert, daraus ein legales Geschäft zu machen.«

»Die Napster-Nutzer sind keine Kriminellen«, verkündete er zudem. Wer viel Musik aus dem Netz lade, gehöre auch zu den Vielkäufern im Plattenladen. Dann verließ Middelhoff den Text seines Manuskripts und verstieg sich für einige Momente in den wohl merkwürdigsten Teil seiner Rede. Man solle sich einmal vorstellen, forderte der Bertelsmann-Chef seine Zuhörer auf, wie viel Napster als börsennotiertes Unternehmen wert sei. Wohlgemerkt: Zu diesem Zeitpunkt verdiente Napster lediglich ein paar Dollar mit dem Verkauf von T-Shirts. Die Tauschbörse selbst brachte dem Unternehmen keinen einzigen Cent. Doch Middelhoff war sich sicher: Mit seinen 37 Millionen registrierten Nutzern käme Napster an der Börse schnell auf mehrere Milliarden.

Spätestens zu diesem Zeitpunkt hatte Middelhoff viele seiner Zuhörer komplett verloren. Verwirrt ließen sie den Rest der Rede an sich vorbeirauschen, hörten kaum noch zu, als Middelhoff zum Schluss noch ernst vor rechtsextremer Musik warnte – nur, um dann wieder zu seinem Gewinner-Lächeln zurückzukehren und zu fragen: »Gibt es denn etwas Schöneres, als in diesen Tagen im Musikbusiness zu sein?«[2] Was war bloß mit diesem Mann los?

Bertelsmanns Napster-Coup

Ganz einfach: Wie Millionen anderer Nutzer war auch Thomas Middelhoff vom Napster-Fieber erfasst worden. Anders als der gewöhnliche MP3-Fan schielte er dabei jedoch auf das wirtschaftliche Potenzial des Unternehmens. Napster war für Middelhoff so etwas wie ein zweites AOL. Bei dem US-Internet-Provider hatte er schon einmal den richtigen Riecher gehabt und frühzeitig in dessen Europa-Expansion investiert. Der Netzboom und das Wachstum AOLs verschafften Bertelsmann schließlich Milliarden. Middelhoff wollte dies nun mit den Millionen von Tauschbörsen-Nutzern wiederholen.

Seit dem Sommer 2000 versuchte Bertelsmann deshalb, in Verhandlungen mit Napster einzutreten. Das schlagende Argument: Der Medienriese hatte Geld, das die Klagen-geplagte Tauschbörse dringend brauchte. Napster wiederum hatte Millionen von Musikfans, die Bertelsmann gerne zu Kunden machen wollte. In den Wochen nach der Messe arbeiteten Bertelsmanns E-Commerce-Manager mit Hochdruck daran, die Zusammenarbeit unter Dach und Fach zu bringen. Intern hieß das Projekt »Thunderball« – ganz so wie ein James-Bond-Film aus dem Jahr 1965, in dem böse Terroristen die Welt mit einer entführten Atombombe erpressen.

Anders als im Film ging die Bombe diesmal allerdings hoch. Am 31.10.2000 verkündete Bertelsmann zur Überraschung der gesamten Branche, mit Napster kooperieren zu wollen. Auf einer improvisierten Pressekonferenz traten Middelhoff und sein Kollege Andreas Schmidt von Bertelsmanns Internet-Einheit BeCG gemeinsam mit Shawn Fanning und dem damaligen Napster-CEO Hank Barry vor die Kameras. Middelhoff erklärte: »Wir haben einen Weg gefunden, in Zukunft ein Abonnement-basiertes Modell zu betreiben.«[3] Napsters Hank Barry ergänzte: »Dies stellt eine Chance für die gesamte Musikindustrie dar, neue Märkte zu erschließen und dabei die Interessen der Musiker und der Konsumenten gleichermaßen zu bedienen.«[4] Dann überreichte Shawn Fanning Middelhoff zum Dank für sein Engagement ein Napster-T-Shirt. Der posierte damit breit grinsend vor der Kamera. Fanning stand lachend daneben, Schmidt schnappte sich ebenfalls ein Shirt und nahm Barry in den Arm. Vier feixende Jungs mit ihrem neuen Spielzeug – das Bild ging um die Welt.

In einem internen Rundschreiben erklärte Middelhoff seinen Mitarbeitern am gleichen Tag, dieser Schritt gäbe Bertelsmann die Chance,

Führer im Weltmusikmarkt wie auch im E-Commerce-Business zu werden. »Die Partnerschaft mit Napster stellt einen Meilenstein für die Musikindustrie und den digitalen Vertrieb von Musik übers Internet dar«, so Middelhoff. Napster biete die größte Musik-Datenbank der Welt an. Zwar werde das System bisher zumeist illegal genutzt, doch man wolle Napster den Übergang zu einem rechtmäßigen Geschäftsmodell ermöglichen. »Die Herausforderung besteht darin, die Offenheit, Vielfalt und den Komfort des Systems zu erhalten und gleichzeitig die berechtigten Interessen von Musikern und Plattenfirmen zu berücksichtigen.« Middelhoff lud ausdrücklich alle Labels ein, Napsters zukünftiges Modell zum Vertrieb ihrer Inhalte zu nutzen. Fast mahnend setzte er hinzu: »Eins ist sicher: Filesharing-Technologien werden auch in Zukunft genutzt, egal, wie der Napster-Prozess ausgeht.«[5]

Wie Napsters Zukunft denn nun im Detail aussehen sollte, blieb an diesem Tag jedoch weitgehend unbeantwortet. Klar war, dass die Tauschbörse zu einem legalen Abo-Dienst umgebaut werden sollte. Fest stand auch, dass Napster einen Kredit von Bertelsmann bekommen würde. Im Gegenzug sicherte sich Bertelsmann die Möglichkeit, die Tauschbörse nach einer gelungenen Transformation mehrheitlich zu übernehmen. Außerdem hatte der Medienkonzern erklärt, die Klage gegen Napster fallen lassen zu wollen, sobald die Umwandlung zu einem legalen Angebot vollbracht sei. Darüber hinaus gab es widersprüchliche Gerüchte und nur wenige Details.

Die Reaktionen auf den Coup waren denn auch gemischt. RIAA-Präsidentin Hillary Rosen befand, dies sei eine willkommene Entwicklung. Gleichzeitig erklärte sie: »Die heutige Ankündigung beendet nicht das Gerichtsverfahren.« Sie bezeichnete den Prozess als wichtige Botschaft an Technologie-Entwickler und Venture-Kapitalisten. Dessen Essenz: Wer nicht nach den Spielregeln spielt, wird bestraft – daran ändert auch eine Kooperation mit dem größten Medienkonzern der Welt nichts. »Ich bin froh, dass Napster diese Botschaft verstanden hat«, so Rosen.[6]

Middelhoff zeigte sich dennoch siegesgewiss. Gegenüber der New York Times erklärte er, er habe die Chefs der anderen Medien- und Entertainment-Konzerne davon überzeugen können, dass man an Filesharing nicht mehr vorbeikomme. Doch der Sony-Vorsitzende Nobuyuki Idei nutzte das Wall Street Journal zum Widerspruch. In Bezug auf ein Napster mit Abo-Gebühr erklärte er: »Thomas glaubt, dass dies ein realisierbares Business-Modell ist, aber ich bin davon nicht überzeugt.«[7]

Nicht ganz überzeugt waren offenbar auch einige Führungskräfte im eigenen Haus. In einem Memo an seine Mitarbeiter gab sich BMGs CEO Strauss Zelnick noch vorsichtig zuversichtlich: »Wir hoffen, dass dieses neue Business-Modell die Unterstützung der anderen Musikkonzerne gewinnen und ein wertvolles Promotion-Tool für die gesamte Musikindustrie wird.«[8] Intern soll der Deal allerdings für einige Verstimmungen gesorgt haben. So wird berichtet, dass sich die Verhandlungen mit Napster nur deshalb so lange hinzogen, weil die BMG mit einem ersten Ergebnis nicht einverstanden war und verlangte, die Klage bis zum Ende des kostenlosen Tauschens aufrechtzuerhalten. Kurz nach dem Napster-Deal verließen Strauss Zelnick sowie fünf weitere BMG-Manager das Unternehmen. Mit Napster hatte offiziell keiner dieser Abgänge zu tun – doch für Beobachter war klar: Bei der BMG hing seit Middelhoffs Coup der Haussegen schief.

Abgänge gab es auch bei Napster. Einen Tag bevor Thomas Middelhoff vor den Kameras mit Shawn Fanning scherzte, reichte Jordan Ritter seine Kündigung ein. Ein symbolträchtiges Datum, könnte man meinen. Ritter will heute allerdings von den damaligen Konflikten nichts mehr wissen und gibt sich versöhnlich. Eine persönliche Entscheidung sei das gewesen, erklärt er rückblickend, und fügt hinzu: »Ich begann mich abzunutzen.« Trotz seines exponentiellen Wachstums war Napster immer noch das kleine Startup mit insgesamt fünfzig Angestellten. Der Kreis derer, die sich um die technische Seite der Tauschbörse kümmerten, war seit der Gründung der Firma praktisch kaum gewachsen. »Wenn drei oder vier Leute für eine Nutzerbasis von 30 Millionen verantwortlich sind, verlierst du wirklich deine Energie und deinen Enthusiasmus – egal, wie aufregend es ist.« Die anhaltenden juristischen Auseinandersetzungen taten ihr Übriges. »Wenn du immer wieder verklagt wirst, frisst es dich irgendwann auf«, so Ritter.

Der Einzug der Deutschen

Dafür hatte Napster mit Bertelsmann auch eine ganze Reihe von neuen Freunden gewonnen. Für einen juristisch einwandfreien Neustart würde Napster die Lizenzen der Plattenfirmen benötigen. Um diese zu gewinnen, brauchte man Kopierschutzmechanismen. Zahlreiche Digital-Rights-Management-Unternehmen umworben Napster, um ihre Lösungen anzubieten. Interessanterweise gehörte dazu auch eine Firma, die offiziell Distanz zu der Tauschbörse wahrte: Im November 2000 reiste eine Reihe von Sony-Ingenieuren aus Tokio nach Kalifornien, um Napster das firmeneigene OpenMG-Kopierschutzsystem ans Herz zu legen.

Wie alle existierenden Rights-Management-Systeme hatte dieses jedoch eine entscheidende Schwäche: Es basierte darauf, dass eine Firma ihre eigenen Inhalte schützte und dann seinen Kunden Zugriff darauf gab. Napster plante jedoch, den alten Tauschbörsengedanken beizubehalten. Nutzer sollten die Möglichkeit haben, Inhalte selbstständig in das System einzuspeisen – jedenfalls, wenn Napster für diese Inhalte die nötigen Rechte besaß. Im Falle eines klassischen DRM-Systems hätte dies bedeutet, die komplette Sicherheitstechnik in die Hände des jeweiligen Nutzers zu legen – ein Risiko, das niemand eingehen wollte. Stattdessen entschied sich Napster dafür, gemeinsam mit der Bertelsmann-Tochter Digital World Services (DWS) einen komplett auf die Napster-Architektur angepassten Kopierschutz zu entwickeln. Im November arbeiteten beide Firmen gemeinsam einen grundsätzlichen Plan für das neue Sicherheitssystem aus, wenig später schickte DWS einige Programmierer direkt in die Napster-Zentrale. Deren Auftrag: die Implementierung eines Public-Key-Kryptographiesystems, wie man es beispielsweise von der E-Mail-Verschlüsselungssoftware PGP kennt.[9]

Das neue Napster sollte dem alten Tauschbörsen-Modell so ähnlich sein wie möglich. Vereinfacht lässt sich der damalige Ansatz ungefähr so beschreiben: Gibt ein Nutzer A eine MP3-Datei über das System zum Tausch frei, dann bleibt sie auf seiner Festplatte auch erst einmal als MP3-Datei erhalten. Will nun ein anderer Nutzer B diese Datei herunterladen, dann schickt er Nutzer A seinen öffentlichen Schlüssel. Dessen Rechner verschlüsselt damit den Song individuell für Nutzer B und wandelt ihn dabei ins Napster-eigene NAP-Dateiformat um. Nachdem dieser sich den Song heruntergeladen hat, entschlüsselt sein Napster-Programm ihn nur temporär für jede Wiedergabe. Eine Weitergabe des Songs außerhalb der Tauschbörse wäre zwecklos, da niemand außer B darauf zugreifen kann.

Innerhalb der Napster-Belegschaft waren diese Pläne allerdings höchst umstritten. Gerade die Programmierer konnten sich nur schwer an den Gedanken gewöhnen, vom Konzept der anarchischen Tauschbörse ohne jeden Kopierschutz Abschied zu nehmen. In manch einem Meeting kam es zu lautstarken Diskussionen. »Die Deutschen«, wie das DWS-Team bei Napster genannt wurde, hatten es dabei wahrlich nicht leicht. Manch einer warf ihnen ein zorniges »Musik muss frei bleiben«

an den Kopf. Insgesamt zeigte sich die Belegschaft gegenüber den Bertelsmann-Plänen sehr skeptisch.

Die Geschäftsführung wiederum war zwar sehr an einem Abo-Modell interessiert, in vielen Punkten jedoch eher unbedarft. »Die Firma war es gewöhnt, dem Endkunden gegenüber keine Verpflichtungen zu haben«, erklärt dazu im Rückblick Christian Twellmann, der ab Dezember für DWS bei Napster arbeitete. Seine zu diesem Zeitpunkt rund 40 Millionen Nutzer hatte die Tauschbörse mit einem Programm an sich gebunden, das ganz offenherzig als Beta-Version bezeichnet wurde. Unfertig, zum öffentlichen Test freigegeben für Millionen. Über Fehler machte man sich nicht wirklich Gedanken, irgendjemand würde sie schon finden. »Jetzt sollten aus all diesen Nutzern plötzlich Kunden werden«, so Twellmann. Die wahre Bedeutung dieses Unterschieds schien bei Napster noch niemand so richtig zu verstehen.

Erschwerend kam das schnelle Wachstum der Firma hinzu. In nicht viel mehr als einem Jahr war aus Shawn Fannings »Hello World«-Projekt ein Unternehmen mit 50 Angestellten geworden. Als dann das Geld von Bertelsmann eintraf, wurden noch einmal rund 30 Personen eingestellt. Das Management zeigte sich von dieser Situation überfordert. Plötzlich existierten für viele Dinge keine klaren Ansprechpartner mehr. Im Angesicht der Möglichkeit, bald Millionen mit Abonnements einzunehmen, wurden zudem aus kleinen Differenzen heftige Grabenkämpfe. Für Napsters Mitarbeiter und das DWS-Team wurden damit selbst einfache Entscheidungen zum Gegenstand von Machtspielen. Letztlich habe man sich zur eigenen Sicherheit auch für kleinste Änderungen immer erst eine Bestätigung per E-Mail einholen müssen, weiß Christian Twellmann zu berichten. Die Stimmung innerhalb der Firma sei in dieser Zeit sehr gereizt gewesen. »Da flogen die Fetzen«, so Twellmann.

Schlechte Nachrichten und ein großzügiges Angebot

Im Februar 2001 musste die Tauschbörse eine weitere Schlappe vor Gericht einstecken. Das Berufungsgericht, das Napster rund sieben Monate zuvor in letzter Sekunde gerettet hatte, gab Richterin Patel nun doch in den meisten Punkten recht. Dabei bemerkten die Richter auch, dass Napster bereits zu einem wichtigen Faktor in dem sich herausbildenden Online-Musikmarkt geworden war: »Die Zugriffsmöglichkeit auf kostenlose Downloads über das Napster-System schadet notwendigerweise den Versuchen der Copyright-Inhaber, für die gleichen Downloads Geld zu verlangen.«[10] Napsters Verteidigungs-Argumente wurden im Urteil des Gerichts fast vollständig zurückgewiesen.

Allerdings stellten die Richter auch fest, dass die einstweilige Verfügung zu weit ausgelegt gewesen sei. Sie verlangten, dass auch die Plattenfirmen ihren Teil zu einem Copyright-freundlichen Napster-System beitragen sollten – etwa, indem sie die Tauschbörse genau darüber unterrichteten, welche ihrer Songs unberechtigt über Napster getauscht würden. Napsters Schicksal lag mit der Entscheidung des Berufungsgerichts abermals in den Händen jener Richterin, die der Firma einige Monate zuvor vorgeworfen hatte, mit der Tauschbörse ein Monster erschaffen zu haben. Keine guten Aussichten also.

Die Belegschaft der Tauschbörse begegnete solchen Nachrichten zunehmend mit Teilnahmslosigkeit. Zwar gab es jedes Mal ein allgemeines Aufatmen, wenn ein Gerichtstermin noch Chancen offen ließ. Doch insgesamt setzte sich eine fatalistische Stimmung durch. Vielen war bereits klar, dass die Plattenfirmen einen übermächtigen Gegner darstellten, gegen den man nicht gewinnen konnte. Napsters Nutzer dagegen reagierten auf das Urteil abermals mit einem fanatischen Ansturm auf die Tauschbörse. Die Server liefen auf Hochlast, Napster verzeichnete Besucherrekorde. Einige MP3-Fans berichteten sogar frustriert, sich wegen der Überlastung des Systems gar nicht erst einloggen zu können.

Middelhoff hatte Anfang des Jahres 2001 vollmundig angekündigt, bereits zum ersten Juli mit dem Abo-Angebot starten zu wollen. Doch die dafür nötigen Lizenzen der anderen Plattenfirmen hatte er noch nicht, und die Gerichtsentscheidung gab den Verhandlungen einen weiteren Dämpfer. Bertelsmanns Problem: Die Musikwirtschaft wollte sich auf Gespräche erst einlassen, wenn der unkontrollierte Austausch von MP3s über das System gestoppt war. Die Nutzer würden jedoch bei jeder Betriebsunterbrechung schnell zu einer anderen Tauschbörse abwandern. Um sich aus dieser Klemme zu befreien, wagten Napster und Bertelsmann kurz nach Verkündung des Urteils einen ungewöhnlichen Vorstoß.

Auf einer gemeinsamen Pressekonferenz erklärten Middelhoff und Barry, der Musikindustrie eine Milliarde Dollar für die Lizenzierung ihrer Kataloge anzubieten. Das Geld sollte über fünf Jahre hinweg aufgeteilt werden. Die großen Labels würden demnach 150 Millionen Dollar pro Jahr bekommen, 50 Millionen Dollar sollten in die Taschen kleinerer Indie-Labels wandern. Einzige Gegenbedingung: die Einstellung des Gerichtsverfahrens. Bertelsmanns E-Commerce-Chef Andreas Schmidt erklärte dazu: »Es ist an der Zeit, dass die Industrie ihre Waffen im Interesse der Konsumenten und Musiker niederlegt.«[11] Middelhoff pflichtete ihm bei und nannte Napsters Umbau eine große historische Chance für die gesamte Branche.

Die Reaktion der Industrie war erwartungsgemäß ablehnend. Sony erklärte, es sei offensichtlich, dass Napsters Vorschlag für eine Industrie, die jährlich 40 Milliarden Dollar umsetze, keinen Sinn mache. RIAA-Präsidentin Hillary Rosen empfahl der Firma, doch lieber dem Gerichtsurteil zu folgen, anstatt Geschäftsverhandlungen über die Medien zu führen. AOL Times Warners COO Richard Parsons erklärte kurz und bündig: »Sie müssen den Betrieb einstellen – dann können wir verhandeln.«[12] Zugegeben, die Summe schien schon etwas dubios, roch geradezu nach einem PR-Coup. Noch war völlig unklar, wie viele Napster-Nutzer denn tatsächlich die von der Firma anvisierten monatlichen Abo-Beiträge von fünf bis zehn Dollar zahlen wollten. Um wirtschaftlich auch nur halbwegs Sinn zu machen, hätte sich Napster nach diesem Vorschlag auf Anhieb drei bis vier Millionen Nutzer sichern müssen – für eine Firma mit weniger als 100 Mitarbeitern ein praktisch aussichtsloses Unterfangen.

Immer Ärger mit den Haustieren

Zu allem Überfluss hatte Bertelsmann in dieser Zeit noch mit einem ganz anderen Problem zu kämpfen. Ende Februar berichtete die Hamburger Wirtschaftszeitung Net Business, der Medienkonzern entwickle neben Napster insgeheim noch eine zweite Tauschbörse namens Snoopstar. Für Bertelsmann kam die Meldung inmitten der schwigerien Verhandlungen mit den Plattenfirmen mehr als ungelegen. In einer offiziellen Stellungnahme wiegelte man deshalb ab, erklärte, bei Snoopstar habe es sich nur um ein vorübergehendes Experiment gehandelt. Doch die Nachricht von Bertelsmanns geheimem P2P-Experiment hatte sich längst um die ganze Welt verbreitet, war über Nacht zur PR-Katastrophe geworden. Was war geschehen?

Snoopstar: Eine Mischung aus Napster und Middelhoff

Bertelsmann hatte insgeheim seit dem Sommer 2000 an einer eigenen Tauschbörsen-Strategie gearbeitet. Unter Aufsicht der Bertelsmann-Tochter BeCG wurde dazu in Hamburg die Snoopstar GmbH als unauffälliges P2P-Forschungslabor gegründet. 15 Mitarbeiter, die meisten von ihnen Programmierer, sollten dem Medienkonzern in Sachen Tauschgeschäften auf die Sprünge helfen. Sie analysierten für Bertelsmann die Technologie hinter Napster, installierten testweise gar zwei so genannte Open-Napster-Server, um deren Funktionsweise besser zu verstehen. Als Logo wählte das Unternehmen einen breit grinsenden Hund, der gleichermaßen an Napsters Katze wie auch an Napster-Fan Thomas Middelhoff erinnerte.

Im August 2000 stellte Snoopstar dann einen jungen Hamburger Tauschbörsen-Programmierer namens Mark Essien an. Essien hatte zuvor in Eigenregie einen Gnutella-Client namens Gnumm programmiert, auf dessen Grundlage dann bei Snoopstar eine eigene Tauschsoftware entwickelt wurde. Diese Arbeit ging still und heimlich auch nach der Kreditvergabe an Napster weiter. Snoopstar sollte so etwas wie Bertelsmanns Notfall-Lösung sein. Eine Reserve, die man aktivieren wollte, wenn Napster geschlossen worden oder gar Pleite gegangen wäre. Für solch einen Fall sah der Plan der Gütersloher vor, sich als einflussreichster Kreditgeber den wertvollen Namen der Tauschbörse zu sichern und sie mit Snoopstar-Technik wiederzubeleben.

Anfang Februar 2001 veröffentlichte Snoopstar schließlich eine erste Beta-Version seiner Software. Dabei handelte es sich um ein Multi-Netzwerk-Programm, mit dem sich mehrere Tauschbörsen gleichzeitig durchsuchen ließen. Der Test war auf 1000 Teilnehmer begrenzt, dennoch berichtete der IT-Newsticker heise.de über das als »Power-Napster für Dauer-Sauger« bezeichnete Angebot. Einer der heise.de-Leser bemerkte schließlich, dass Snoopstar offenbar zu Bertelsmann gehörte, und fragte sich: »Was das nun wieder zu bedeuten hat?«[13]

Bei Bertelsmann war die Antwort darauf klar: nichts Gutes. Zwar war Snoopstar-Mitarbeitern bewusst, dass ihre Verbindung zu Bertelsmann nicht lange ein Geheimnis bleiben würde. »Vielleicht haben das einige Leute bei Bertelsmann nicht realisiert«, bemerkt ein ehemaliger Snoopstar-Mitarbeiter dazu heute. Beim Gütersloher Medienkonzern bekam man plötzlich kalte Füße und wies die Hamburger P2P-Tochter an, das Experiment so schnell wie möglich zu stoppen. Dank eines zentralen Aktivierungsservers konnten die verbreiteten Testprogramme kurzerhand abgeschaltet werden. Innerhalb weniger Tage entfernte die

Firma zudem jeden Hinweis auf ihre Geldgeber aus dem Netz. Doch als heise.de abermals über Snoopstars Programm berichtete, war die Bertelsmann-Verbindung bereits offenkundig. Bis zur unheilvollen Net-Business-Schlagzeile waren es dann nur noch ein paar Schritte. Bertelsmann erklärte daraufhin das Snoopstar-Experiment offiziell für beendet, und die firmeneigene P2P-Schmiede ging erst einmal auf Tauchstation.

Schweinelatein und Protestmärsche

Am 5. März 2001 entschied Richterin Marilyn Hall Patel, dass Napster unberechtigt angebotene Stücke aus seinem Angebot herausfiltern müsse. Die Plattenfirmen sollten dazu Listen mit zu sperrenden Songs an die Tauschbörse übermitteln. Napster handelte prompt. Innerhalb von zwei Wochen sperrte die Tauschbörse 1,3 Millionen Dateien. Einige gewiefte Napster-Nutzer reagierten auf die Filterungen, indem sie die Dateinamen bewusst veränderten – etwa durch eine Umwandlung in die Kinder-Geheimsprache »Pig Latin«. Das Schweinelatein ließ aus Madonna.mp3 Adonnam.mp3 werden, und aus Metallica.mp3 Etallicam.mp3 – und schon konnten die gefilterten Dateien wieder ungehindert ausgetauscht werden. Napster reagierte darauf mit neuen Sperrungen, was die Nutzer wiederum zu neuen Tricks anregte. Einige Nutzer lieferten sich so über Wochen kleine Katz- und Maus-Spiele mit Napsters Technikern. Zwischenzeitlich beschäftigte die Tauschbörse mehr als 50 Personen allein damit, unberechtigte Musik aus dem Angebot auszufiltern.

Viele Nutzer reagierten auf die Filterungen, indem sie sich nach Alternativen umschauten. Doch nicht jeder wollte Napster kampflos aufgeben. Einige besonders engagierte Fans versuchten, die Tauschbörse in ihren Auseinandersetzungen mit der Musikwirtschaft mit E-Mail-Kampagnen und Briefen an Kongressabgeordnete zu unterstützen. Die Tauschbörse nutzte dies aus, indem sie ein »Napster Action Network« schuf. Anfang April mobilisierte sie ihre engagiertesten Fans darüber zu einem »Marsch auf Washington«, um dort während einer Kongressanhörung zum Thema Musik im Netz für Napster zu demonstrieren. In klassischer Aktivisten-Manier wurden dazu Teach-Ins und Solidaritätskonzerte organisiert.

Doch auch der große öffentliche Zuspruch konnte nicht verbergen, dass Napster seine besten Tage bereits hinter sich hatte. Die Washingtoner Anhörung machte mehr als deutlich, dass sich auch der Fokus der

Politik längst verschoben hatte. Im Zentrum standen nun die Bemühungen der großen Plattenfirmen, ihre eigenen Download-Plattformen aufzubauen. RIAA-Präsidentin Hillary Rosen ging sogar so weit zu verkünden: »Napster war aufregend. Aber das sind Geschichten von gestern.«[14] Immerhin konnte die Tauschbörse Worte der Unterstützung von Sheryl Crow verbuchen. Die Musikerin erklärte: »Mein anfänglicher Widerstand gegenüber den neuen Online-Services basierte darauf, dass diese im Rahmen des Begriffs der Piraterie debattiert wurden. Mit diesem Label versehen sorgten [die Angebote] verständlicherweise für eine Welle der Panik in der Künstler-Community. Aber ich habe mittlerweile realisiert, dass diese so genannte Piraterie der Mehrheit der Künstler sogar geholfen hat.«[15]

Napster nutzten solche Worte des Zuspruchs nur noch wenig. Über Wochen lieferte sich die Tauschbörse Auseinandersetzungen mit den Plattenfirmen über die Effektivität der Filter. Schließlich kam der 1. Juli. Eigentlich hätte dies für Napster der Tag eines Neuanfangs sein sollen. Thomas Middelhoff hatte wiederholt erklärt, zu diesem Datum den Abo-Betrieb starten zu wollen. Stattdessen zog Napster an diesem Tag den Stecker, um einer gerichtlich angeordneten Schließung zuvorzukommen. Zwar konnten sich die Nutzer noch einloggen, doch der zentrale Suchindex war komplett abgeschaltet. Zwei Wochen später entschied dann Richterin Patel, dass Napster seinen Betrieb nicht wieder aufnehmen dürfe.

Ende Juli wagte Bertelsmann einen letzten verzweifelten Versuch, das Steuer doch noch herumzureißen. Napsters CEO Hank Barry wurde durch Konrad Hilbers ersetzt, der sich zuvor als Manager bei Bertelsmanns Plattenfirma BMG seine Brötchen verdient hatte. Gegenüber dem Stern-Magazin gab sich Hilbers noch ganz siegesgewiss: »Napster ist nicht tot. Der Name ist sehr wertvoll, und wir arbeiten mit Hochdruck daran, daraus ein funktionierendes Unternehmen zu machen.«[16] Doch intern hatte Hilbers mit gravierenden Problemen zu kämpfen. Zwar war die neue Napster-Software praktisch einsatzbereit, auch die DRM-Komponente funktionierte einwandfrei. Dafür bereiteten die Filterfunktionen dem Unternehmen nach wie vor Probleme.

Grundsätzlich sollte Napster nach seinem Neustart mit einer dreiteiligen Filterliste arbeiten. Sobald ein Nutzer eine MP3-Datei in das System einspeisen wollte, wurde von dieser ein so genannter akustischer Fingerabdruck erstellt.[17] Die dabei gewonnenen Daten sollten dann den Abgleich mit drei internen Filterlisten ermöglichen. Fand sich der Song auf der »weißen Liste« wieder, dann durfte er über Napster verbreitet werden. Tauchte er dagegen in der »schwarzen Liste« auf, dann war er eindeutig nicht lizenziert und wurde gesperrt. Eine »graue Liste« umfasste zudem alle Songs, deren Status nicht geklärt war und die vorerst nicht zum Tausch angeboten werden konnten.

In der Praxis funktionierte diese Filtertechnik jedoch längst nicht so einwandfrei, wie man es sich bei Napster wünschte. In Zusammenarbeit mit verschiedenen Firmen versuchte man immer wieder, das System zu perfektionieren – doch zu viele Songs wurden falsch erkannt. Diese Probleme machten Napster für die anderen Plattenfirmen zu einem unsicheren System. Zudem war durch die Umstrukturierung der Führungsspitze Bertelsmanns Einfluss noch weiter gewachsen. Die Konkurrenz befürchtete deshalb, sich im Falle einer Zusammenarbeit einem übermächtigen Gegner auszuliefern, und investierte stattdessen lieber in ihre eigenen Online-Plattformen.

Vom Beta-Test zum Totenbett

Anfang Januar 2002 startete dann endlich der lang ersehnte Beta-Test für das neue, legale Napster-System. 20.000 auserwählte Nutzer konnten dazu auf einen begrenzten Katalog von 110.000 Songs zugreifen. Musik der großen Plattenfirmen war nicht darunter, nur einige Indie-Labels hatten sich zur Zusammenarbeit mit der Tauschbörse entschlossen. Die meisten Songs stammten aber von den Download-Anbietern Vitaminic.com und IUMA.com und waren dort auch als kostenlose MP3s verfügbar. Die Beta-Tester zeigten sich denn auch eher enttäuscht von dem neuen System. Einer bemerkte damals, Napster sei von der Bedienung her wie früher – nur leider ohne interessante Musik.

Auch nach dem Beta-Test schien Napsters Zukunft völlig ungewiss. Die Verträge mit den großen Plattenfirmen ließen weiter auf sich warten. Anfang 2002 mehrten sich zudem die Zeichen dafür, dass Bertelsmann langsam Geduld und Geld auszugehen drohten. Im April entließ die Tauschbörse deshalb 30 Mitarbeiter. Ein Streit zwischen den früheren Napster-Investoren und Bertelsmann tat sein Übriges, um den Stern der stillgelegten Tauschbörse weiter sinken zu lassen. Im April versuchte Bertelsmann in einer letzten Verzweiflungstat, Napster komplett zu übernehmen. Der Vorstand lehnte jedoch ab.

Am 14. Mai war es dann schließlich soweit. Napster-CEO Konrad Hilbers erklärte seinen Rücktritt, Shawn Fanning tat es ihm als CTO gleich. Die verbliebenen Angestellten begannen, ihre Sachen in Kisten zu packen. Dann wurden sie in einen der Konferenzräume der Firma gebeten. In der Mitte des Raums stand ein Tisch, darauf ein Telefon mit auf Maximum gedrehtem Lautsprecher, durch das die gesichtslose Stimme eines Vorstandsmitglieds zu hören war. Dieses stellte sie vor die Entscheidung, sofort zu gehen und eine Abfindung zu kassieren oder unbezahlten Urlaub zu nehmen, bis das Schicksal der Firma geklärt war. Die meisten entschieden sich für den Scheck.

Einige Tage später meldete Napster schließlich Konkurs an. Daraufhin versuchte Bertelsmann ein letztes Mal, die Firma komplett zu übernehmen – nur um dies wenig später vor Gericht verboten zu bekommen. Zu groß sei der Einfluss Bertelsmanns auf die Tauschbörse gewesen, so der zuständige Richter, um einen für Konkursverfahren erforderlichen fairen Verkauf zu gewährleisten. Bertelsmann hatte zu diesem Zeitpunkt insgesamt rund 92 Millionen Dollar in die ehemals so populäre Tauschbörse gesteckt.[18]

Schließlich sicherte sich der CD-Brennsoftware-Anbieter Roxio Ende November 2002 Napsters Überreste. Ein Großteil der Technologie war schon vorher bei einer Versteigerung unter den Hammer gekommen, darunter auch rund 200 Server sowie unzählige Tassen, T-Shirts und Mousepads mit dem Katzenlogo. Roxio erwarb zudem Napsters Patente, die Domain und alle Markenrechte. Nach eigenem Bekunden plant die Firma, Napster als legales Angebot wieder aufleben zu lassen. Zuerst soll es dabei nur um den Verkauf von Downloads gehen, eine P2P-Komponente könnte möglicherweise später folgen. Doch selbst wenn Roxio aus Napster irgendwann einmal eine legale Tauschbörse machen sollte, wird Napster damit nicht mehr sein als ein kostenpflichtiges Angebot unter vielen – verzweifelt darum bemüht, den Millionen von Tauschbörsen-Nutzern zu verkaufen, was sie anderswo umsonst bekommen.

Eine verpasste Chance?

Middelhoffs Traum dagegen ist gescheitert. Er wollte aus Napster ein legales Geschäft machen, ein börsennotiertes Unternehmen mit Millionen von zahlenden Kunden. Hatte er sich von der Zahl der Napster-Nutzer blenden lassen? Hatte er den Widerstand der anderen Plattenfirmen unterschätzt? Hatte Bertelsmann für solch ein Experiment einfach nicht die nötige Geduld besessen? Anzeichen für ein Scheitern gab es schon frühzeitig. Doch spätestens als im November 2001 der BeCG-Chef Andreas Schmidt seinen Job hinschmiss, schien auch Middelhoffs Traum endgültig gestorben zu sein. Schmidt galt als der Drahtzieher hinter dem Napster-Deal. Mit seinem Abgang endete bei Bertelsmann auch das Internet-Zeitalter, aus dem ins Netz expandierenden Weltkonzern wurde wieder das Familienunternehmen im globalen Dorf.

Damit hieß es auch bei Snoopstar Abschied nehmen. Insgeheim hatte man bei Bertelsmanns Hamburger P2P-Schmiede auch nach dem zum PR-Debakel ausgeuferten Beta-Test vom Februar 2001 weitergearbeitet. Der Snoopstar-Client wurde verfeinert, weitere Tausch-Netzwerke wurden integriert. Zudem entwickelte man eine eigene Serverlösung, um Napster im Fall der Fälle ohne Probleme kurzfristig komplett ersetzen zu können. Aus technischer Perspektive sei die Arbeit recht erfolgreich verlaufen, so ein Insider. Doch spätestens im Frühjahr 2002 war klar, dass P2P bei Bertelsmann keine Zukunft haben würde. Im Sommer wurde das Hamburger P2P-Forschungslabor deshalb komplett aufgelöst.

Der Traum vom Geschäftsmodell Tauschbörse war mit Napsters Konkursantrag auch offiziell endgültig ausgeträumt. Was blieb, waren viele offen Fragen. Hatte die Musikindustrie mit Napsters Niedergang eine Chance verspielt? Hätte man früher handeln, den Rechtsstreit rechtzeitig beilegen müssen? Hätten sich mit ein bisschen mehr Engagement Millionen von Nutzern in zahlende Kunden verwandeln lassen? Hätte die Branche vielleicht einfach nur ein paar Sicherheitsbedenken über Bord werfen müssen, um die MP3-verwöhnte Kundschaft an sich zu binden? Im Nachhinein bleiben Zweifel angebracht. So erfolgreich Napster als Tauschbörse war, so dilettantisch trat es als Unternehmen auf. Ein viel zu schnelles Wachstum trug dazu bei, dass gar keine Chance blieb, die eigene Situation zu reflektieren. Die internen Machtfehden und der ständige Druck der Gerichtsverfahren taten ihr Übriges, um die Firma in eine unausweichliche Situation zu führen – je populärer Napster bei seinen Nutzern wurde, desto unwahrscheinlicher wurde es, jemals eine wirtschaftliche Perspektive zu finden.

Adrian Scott, seines Zeichens einer der ersten Investoren der Tauschbörse, meint heute sogar, dass Napster selbst bei einem Sieg vor Gericht möglicherweise keine Chance gehabt hätte. Über Napsters kurzes Leben urteilt er im Rückblick: »Es war eine harte Zeit für die gesamte Geschäftswelt. Selbst von den Angeboten, die auf der richtigen Seite des

Gesetzes blieben, gingen die meisten Pleite.« Scott hält es durchaus für möglich, dass einem legalen Napster das gleiche Schicksal gedroht hätte. Gab es also nie eine Chance für die Musikindustrie, mit Tauschbörsen Geld zu machen? »P2P ist eine Technologie, keine Lösung aller Probleme«, gibt Scott zu bedenken.

Möglicherweise lag darin Middelhoffs wunder Punkt. Er sah Tauschbörsen als Wundermittel zum Erlangen der E-Commerce-Vorherrschaft an. Nüchtern betrachtet gibt es aber kaum Gründe, warum ein von Bertelsmann kontrollierter Napster-Service der Branche mehr gebracht hätte als ein mit ähnlichen Kosten- und Kopierschutzparametern arbeitendes Web-Download-Angebot. Von Verfechtern der Technologie wird gerne eingewendet, dass sich mit P2P die Distributionskosten erheblich senken lassen. Doch Napsters CEO Konrad Hilbers erklärte im Januar 2002, Distribution trage bei einem Abo-Angebot höchstens zu zehn Prozent der Gesamtbetriebskosten bei. Allein das Marketing koste bereits drei Mal so viel.

Abgesehen von der P2P-Komponente versprach Napster der Industrie lediglich zwei Dinge: einen zugkräftigen Namen und eine Millionen-Gefolgschaft. Doch die Nutzer begriffen bald, dass Napster für sie nur eine Option unter vielen war.

Anmerkungen

[1] Zitiert nach Thomas M. Stein: Die Zukunft der Musikindustrie, Eröffnungsrede zur Popkomm 2000, 17.8.2000, online unter: http://www.bmg-company.de/live.bmg.de/company/de/press/speeches/articles/06938/index.html.

[2] Das Manuskript der Rede ist komplett nachzulesen unter http://www.bertelsmann.de/documents/de/Middelhoff_Popkomm_deutsch_August_2000.pdf. Bemerkenswert ist, dass – trotz aller Napster-Begeisterung – Shawn Fanning im Manuskripttext noch konsequent falsch geschrieben auftaucht. Während der Rede wich Middelhoff mehrmals vom Text des Manuskripts ab.

[3] Zitiert nach Warren Cohen: With ›Project Thunderball‹ Bertelsmann Locked Up Napster and Stunned Its Peers, Inside.com, 31.10.2000, online unter: http://www.inside.com/product/Product.asp?pf_id={446B7877-EA36-41E8-87E5-7162415AAD8F}.

[4] Ebd.

[5] Memo from Bertelsmann chairman, Thomas Middelhoff, 31.10.2000, online unter: http://napsterdiscuss.weblogs.com/stories/storyReader$163.
[6] Rosen Statement on Bertelsmann AG & Napster Announcement, 31.10.2000, online unter: http://www.riaa.org/News_Story.cfm?id=346.
[7] Bertelsmann tries to tune into Web but finds it to be a jarring experience, Wall Street Journal, 12.4.2001.
[8] Memo to all BMG employees from Strauss Zelnick, 31.10.2000, online unter: http://www.geek.com/news/geeknews/oct2000/gee20001031002757.htm.
[9] Mehr zu PGP findet sich auf der Website http://www.pgpi.org.
[10] Das komplette Urteil des Berufungsgerichts findet sich online unter http://www.ce9.uscourts.gov/web/newopinions.nsf/4bc2cbe0ce5be94e88256927007a37b9/c4f204f69c2538f6882569f100616b06?OpenDocument.
[11] Zitiert nach: Napster makes public business model for new service, Presseerklärung vom 20.2.2001.
[12] Zitiert nach: Dan Goodin: The Billion-Dollar Gambit, The Industry Standard, 5.3.2001, online unter: http://www.thestandard.com/article/display/0,1151,22442,00.html.
[13] Beitrag des Nutzers »Grind« zur Meldung »Power-Napster« für Dauer-Sauger, heise.de, 5.2.2001, online unter: http://www.heise.de/newsticker/data/fro-05.02.01-000/.
[14] Mehr dazu auch unter: Janko Röttgers: Die Zukunft des digitalen Entertainments, Telepolis, 4.4.2001, online unter: http://www.heise.de/tp/deutsch/inhalt/musik/7297/1.html.
[15] Zitiert nach Patrick Ross/John Borland: Desperado storms Capitol Hill, Cnet News, 3.4.2001, online unter: http://news.com.com/2100-1023-255228.html?tag=bplst.
[16] »Napster ist nicht tot«, Interview mit Konrad Hilbers, Stern, 9.8.2001.
[17] Als akustischer Fingerabdruck wird gemeinhin die Identifizierung eines Songs aufgrund einer Analyse seiner Klangeigenschaften bezeichnet.
[18] Der Streit um Bertelsmanns Napster-Engagement ist damit noch lange nicht vorbei. Zum Redaktionsschluss dieses Buchs im Mai 2003 reichte die zum Vivendi-Konzern gehörende Plattenfirma Universal eine Milliardenklage gegen Bertelsmann ein. Die Begründung: Der deutsche Medienkonzern habe mit seinen Millionen-Investitionen den Tausch über Napster mehr als ein halbes Jahr lang finanziert. Bereits im April 2003 klagten die beiden bekannten Songwriter und Musikverleger Jerry Leiber und Mike Stoller aus dem gleichen Grund gegen Bertelsmann.

3

Auf der Suche nach der Jukebox

Von Tauschbörsen und Abo-Diensten

Während sich Bertelsmann an Napster die Finger verbrannte, suchten auch die anderen großen Plattenfirmen nach legalen Alternativen. Tauschbörsen schienen ihnen zu riskant, doch der Grundgedanke des Bertelsmann-Engagements gefiel ihnen schon: Pauschale Abos sollten Musikfans zu monatlich zahlenden Kunden machen. Pionier auf diesem Gebiet war der Streaming-Media-Softwareanbieter Real Networks. Bereits Mitte der Neunziger hatte die Firma damit angefangen, Musik ins Netz zu bringen. Lange bevor das MP3-Format populär wurde, hatte sich Real Audio als Standard-Format für Internet-Streams etabliert. Bereits damals träumte Firmenchef Rob Glaser davon, Musik im Netz per Abo zu vertreiben. Doch die Industrie wollte zu diesem Zeitpunkt von solch unsicheren Unterfangen noch nichts wissen.

Im August 2000 startete Real Networks schließlich auf eigene Faust mit einem Streaming-Video-Abo-Service. Für zehn Dollar im Monat versprach das Angebot seinen Nutzern unter anderem Live-Konzerte, Nachrichten und Sport-Events. Insbesondere die Übertragungen der NASCAR-Rennen zogen zahlreiche Neugierige in ihren Bann. Nach nur vier Monaten verkündete Real, bereits mehr als 125.000 zahlende Kunden zu haben. Wenig später sicherte sich die Firma zudem die Online-Rechte für die NBA-Basketballspiele und voyeuristische Blicke ins US-amerikanische Big-Brother-Haus. US-Fernsehzuschauer waren es von ihren Kabelanbietern gewöhnt, für exklusive Inhalte mehr zu zahlen, und zückten willig die Kreditkarte. Allein Big Brother hat Real nach eigenen Angaben 25.000 Abonnenten eingebracht.

Angesichts solcher Zahlen wollten dann auch die Plattenfirmen nicht länger abseits stehen. Im März 2000 sicherte sich Glaser einen ersten Vertrag mit der Warner Music Group. Gemeinsam mit deren Mutterfirma AOL und anderen Plattenfirmen wollte er einen Service aufbauen, der Konsumenten den Download kopiergeschützter Musik zu einem monatlichen Festpreis erlaubte. Anfang 2001 konnten schließlich auch Bertelsmanns BMG und die EMI mit an Bord geholt werden. Gleichzeitig arbeiteten Universal und Sony gemeinsam an einem Pressplay genannten Konkurrenzprodukt.

Doch warum eigentlich zwei Plattformen? Einerseits wollte sich natürlich jeder das größte Stück des Kuchens sichern. Andererseits standen die Major-Labels unter strenger Beobachtung amerikanischer wie auch europäischer Wettbewerbswächter. Im Jahr 2000 hatte AOL mit der britischen EMI über eine Fusion verhandelt. Die Pläne waren bereits weit fortgeschritten, scheiterten jedoch an dem Widerstand der europäischen Wettbewerbshüter rund um EU-Kommissar Mario Monti, der in der Wirtschaft daraufhin wegen seiner Macht nur noch Super Mario genannt wurde. Anfang 2001 versuchte sich Bertelsmanns BMG an einer Übernahme der EMI, wurde aber ebenfalls von Super Mario und seinen US-Kollegen gestoppt.

Nun sollten fünf Firmen, die gemeinsam mehr als 80 Prozent des Weltmusikmarkts kontrollieren, ein Joint-Venture formen? Jeder in der Branche wusste, dass sich die Wettbewerbshüter darauf nicht einlassen würden – jedenfalls nicht, solange es kaum Konkurrenz gab. Also teilte man sich lieber auf und versuchte peinlichst, jeden Eindruck der Wettbewerbsbehinderung zu vermeiden. Angeblich sollen die Manager von EMI, BMG und Warner Music sogar in unterschiedlichen Zimmern gesessen haben, als sie über die Gestalt des Musicnet-Angebots verhandelten – verbunden nur über Rob Glaser, der mit Kompromissvorschlägen von Raum zu Raum lief.

Dennoch kamen Musicnet und Pressplay bald in die Kritik. Sie wären nicht daran interessiert, unabhängige Labels und Musiker zu lizenzieren und mit anderen Plattformen zusammenzuarbeiten, erklärten Kritiker. So berichtete ein Manager des Online-Radioanbieters Echo.com, Musicnet habe von seiner Firma Vorauszahlung von 750.000 Dollar verlangt, um überhaupt in Verhandlungen einzutreten. Prompt nahmen Wettbewerbshüter auf beiden Seiten des Atlantiks Ermittlungen auf.[1]

Zum Glück gab es auch positive Nachrichten. Die Analysten des Wirtschaftsinstituts Jupiter verkündeten im Sommer 2001, der Online-Musikhandel werde jedes Jahr um 43 Prozent wachsen. Zwar prognostizierte Jupiter für 2001 nur zwei Millionen Dollar Jahreseinnahmen aus Abo-Angeboten. Im Jahr 2006 würden Musikfans dafür jedoch satte 1,2

Milliarden Dollar ausgeben. Zudem schien sich Mitte des Jahres Napster mit seiner Abschaltung endgültig erledigt zu haben. Es konnte also losgehen mit dem Abo-Zeitalter.

Auf zum Fehlstart

Mit einigen Monaten Verzögerung war es dann schließlich Anfang Dezember so weit. Musicnet startete als erstes Online-Musik-Abo der großen Plattenfirmen. Als Vertriebspartner fungierte der Mitbesitzer Real Networks. Musicnet-CEO Alan McGlade erklärte anlässlich des Launches: »Der Start unseres Konsumentenangebots ist ein großartiger Meilenstein für unsere Firma.«[2] In ersten Reaktionen zeigten sich die meisten Konsumenten jedoch wenig überzeugt. Zu groß waren die Einschränkungen des Angebots im Gegensatz zur freien Welt der Tauschbörsen. Anfangs stellte Musicnet für einen Preis von 10 Dollar gerade einmal den Zugriff auf 100 Streams und 100 Downloads pro Monat zur Verfügung. Das Brennen von CDs war nicht möglich, Besitzer mobiler MP3-Player blieben ebenfalls außen vor.

Zudem versuchte Musicnet, den Kunden den Abo-Gedanken mit dem Holzhammer beizubringen. Die Lektion: Wer Songs runterlädt, besitzt sie nicht. Dementsprechend konnte ein Musicnet-Nutzer auch immer nur auf 100 Tracks gleichzeitig zugreifen. Wer im zweiten Monat seiner Mitgliedschaft 100 neue Titel herunterlud, musste die alten löschen. Technische Fehler und ein Katalog mit großen Lücken taten ein Übriges, um das Angebot so unattraktiv wie möglich erscheinen zu lassen. Intern soll sogar CEO Alan McGlade erklärt haben, der Service sei in dieser Form nicht überlebensfähig.

Rund zwei Wochen später folgte die Konkurrenz von Universal und Sony mit ihrem Abo-Angebot – und einer kleinen Überraschung: Pressplay-Nutzer sollten gegen einen Aufpreis die Möglichkeit haben, begrenzt Titel auf CD zu brennen. Für die Musikindustrie stellte dies einen bedeutenden Paradigmenwechsel dar. Erstmals verzichteten zwei große Labels auf die komplette Kontrolle ihrer Inhalte und schenkten ihren Kunden Vertrauen. Schließlich ließen sich die CDs problemlos ins MP3-Format umwandeln. Die Konsumenten zeigten sich davon jedoch wenig beeindruckt. Zu kompliziert waren die Preisstrukturen, zu klein der Katalog und zu vorsichtig der Vertrauensvorschuss: Nur zwei Tracks pro Musiker ließen sich brennen, ein ganzes Album konnte also nicht per

Knopfdruck auf die Silberscheibe gebannt werden. Die Musik zahlreicher Musiker stand zudem gar nicht erst zum Brennen zur Verfügung. Für Tauschbörsen-verwöhnte Musikfans ein inakzeptables Angebot.

Trotzdem zeigten sich die Manager beider Plattformen nach außen hin zuversichtlich. Sobald Napsters Nachfolger erst einmal geschlossen seien, würde man Musikfans schon vom Abonnieren überzeugen können, hieß es vielfach. Dass es Kazaa und Co. bald an den Kragen ging, daran bestand bei Pressplay und Musicnet kein Zweifel. Pressplays damaliger CEO Andy Schuon erklärte dazu gegenüber Newsbytes: »Wir müssen diese Piraten-Angebote ausschalten. Das ist ein kritischer Punkt. Wir gehen davon aus, dass diese Angebote abgeschaltet werden.«[3]

Napsters reiche Erben

Eine sehr optimistische Annahme. Die Klage gegen Napster hatte mitnichten zu einem Erliegen der P2P-Szene geführt. Als die Tauschbörse im Frühjahr 2001 damit begann, die Inhalte der großen Labels auszufiltern, sahen sich zigtausende von MP3-Fans nach Alternativen um. Profitieren konnten davon nicht nur Kazaa und Gnutella, sondern vor allen Dingen auch eine junge P2P-Firma namens Musiccity. Deren Gründer Steve Griffin hatte zuvor vergeblich versucht, die Welt des Golf-Sports mit der des Cyberspace zu verknüpfen. Doch anscheinend gab es nicht genügend Kunden für Golf-Caddies mit GPS-Empfängern – also sattelte er um. Anfang 2001 nahm Griffin rund 30 so genannte Open-Napster-Server in Betrieb.

Napsters Protokoll war rund ein Jahr zuvor per Reverse Engineering entschlüsselt worden. Seitdem hatten immer wieder Filesharing-Fans eigene Napster-Server aufgesetzt, die nicht mit dem Netzwerk der Firma verbunden waren. Der Vorteil: Die Server ließen sich mit der gewohnten Software der Tauschbörse nutzen, waren aber nicht von der Firma und ihren gerichtlichen Problemen abhängig. Musiccitys Serverfarm sollte schnell zu einem der größten Open-Napster-Netzwerke werden. Nachdem Napster zum Filtern gezwungen wurde, liefen Griffins Server praktisch ununterbrochen am Rand der Leistungsgrenze. Im April 2001 lizenzierte er deshalb Kazaas Tausch-Software von den Fasttrack-Entwicklern Friis und Zennstrom und begann, sie unter dem Namen Morpheus zu vermarkten.[4] Enttäuschte Napster-Nutzer machten Morpheus schnell zum beliebtesten P2P-Programm.

Als Napster dann schließlich den Betrieb ganz einstellte, existierten mit Morpheus und Kazaa bereits Alternativen, die ihren Nutzern weit mehr boten als das Original. Der Tausch war nicht mehr allein auf MP3s beschränkt. Auch Bücher, Software und ganze Filme fanden in diesen Netzwerken ihren Weg von Festplatte zu Festplatte. Die Downloads waren zudem schneller und zuverlässiger als im Napster-Netz, und das MP3-Angebot war größer denn je. Im September 2001 verkündete die Marktforschungsfirma Webnoize, dass über die vier größten P2P-Netzwerke bereits mehr Dateien ausgetauscht würden als je zuvor über Napster. Zwei Monate später war bereits allein das Fasttrack-Netzwerk mit Kazaa und Morpheus größer als Napster.

Die Plattenfirmen reagierten darauf Anfang Oktober 2001 mit einer Klage gegen Kazaa und seine Lizenznehmer Grokster und Musiccity. Unterstützt wurden sie dabei von acht großen Hollywood-Studios, die ihre Rechte durch den Tausch von Blockbustern über das P2P-Netz verletzt sahen. »Wir können nicht still sitzen, während diese Angebote weiterhin illegal operieren, insbesondere zu einem Zeitpunkt, an dem neue legitime Angebote starten«, erklärte dazu RIAA-Präsidentin Hillary Rosen.[5]

Anders als im Verfahren gegen Napster hatten die Plattenfirmen dieses Mal jedoch mit einer ganzen Reihe von Schwierigkeiten zu kämpfen. Die dezentrale, komplexe Architektur machte es schwer, konkrete juristische Angriffspunkte zu finden. In einem internen Papier musste die RIAA zugeben, nicht besonders viel über die interne Funktionsweise des Netzwerks zu wissen. Die Autoren des Strategiepapiers empfahlen deshalb, direkt mit Friis und Zennstrom zu verhandeln. Die beiden seien »zwei junge Technologie-Entwickler, deren primäres Interesse in der Entwicklung ihrer Technologie« liege, hieß es darin etwas ungelenk.[6] Deshalb könne man versuchen, sie durch eine Klage unter Druck zu setzen und sie zu einer Kooperation gegen Musiccity und Grokster zu überreden.

P2P: Ein weltumspannendes Geschäft

Bald sollte sich herausstellen, dass die RIAA-Berater Friis und Zennstrom offenbar ein wenig unterschätzt hatten. Völlig überraschend erklärten die beiden Tauschbörsenbetreiber im Januar 2002, Kazaa verkauft zu haben. Neuer Besitzer war die im pazifischen Steuerparadies

Vanuatu gegründete und bis dahin völlig unbekannte Firma Sharman Networks. Die Strategie der Musik- und Filmwirtschaft war damit ganz offensichtlich gescheitert. Um den Prozess zu retten, brauchten sie zudem dringend eine Antwort auf die Frage: Wer um alles in der Welt war Sharman Networks?

Je mehr sich die Urheberrechtsinhaber in die Materie vertieften, desto komplexer wurde das Geflecht von Firmen um Kazaa. Sharman Networks war offenbar mit Hilfe einiger unbekannter Investoren eigens für die Übernahme von Kazaa gegründet worden. Vanuatu habe man aus Steuergründen als Firmensitz gewählt, beteuerte Sharman-CEO Nikki Hemming. Für das Tagesgeschäft der Firma wurde zudem ein weiteres Unternehmen namens LEF Interactive in Sydney aus dem Boden gestampft. »Sie tun alles, was sie können, um nicht ausfindig gemacht zu werden«, erklärte dazu ein verstimmter Vertreter des australischen Gema-Pendants APRA gegenüber dem Wired-Magazin.[7]

Sharman Networks und seine Partner bildeten dabei nur einen Teil der weltweiten Kazaa-Verflechtungen. Auch Zennstrom und Friis machten es den Ermittlern der Musikindustrie nicht eben leicht. Drei Monate nach ihrem überraschenden Verkauf des Kazaa-Programms meldete die für die Entwicklung und Lizenzierung der Tausch-Technologie zuständige Firma Fasttrack Konkurs an. Für die Vermögenswerte der Firma gründeten Zennstrom und Friis jedoch gleich wieder ein neues Unternehmen namens Joltid – benannt nach dem Koffein-Softdrink Jolt, der unter Hackern als süßer Wachmacher beliebt ist. Joltid war zwischenzeitlich auch als Blastoise bekannt, Heimat des Unternehmens ist Großbritannien.

Doch damit nicht genug. Während ihrer Ermittlungen fanden die Plattenfirmen zudem heraus, dass Friis und Zennstrom ihre Anwendung bereits seit dem Sommer 2000 von einer kleinen Softwareschmiede namens Bluemoon erstellen ließen. Ungewöhnlich daran: Bluemoon war in der estnischen Hauptstadt Tallin beheimatet. Der von Friis und Zennstrom angestellte Chefentwickler Edwin Medselaar saß hingegen in Amsterdam, hunderte von Kilometern entfernt von den Programmierern. Koordiniert wurde die Arbeit über ständige ICQ-Chatsessions. Kazaas Gegner witterten darin sofort einen weiteren Versuch, sich möglichen Gerichtsverfahren zu entziehen.

Laut Niklas Zennstrom war der Grund für die Zusammenarbeit mit der estnischen Firma jedoch viel simpler. Er und sein Partner Janis Friis hatten die Entwickler während ihrer Zeit beim europäischen Internetportal Everyday.com kennen gelernt. Zennstrom gründete dieses Portal 1999 im Auftrag eines europäischen Telefonkonzerns, und Bluemoon übernahm die Programmierung. Ein Grund für die Zusammenarbeit sei gewesen, dass die Löhne in Estland einfach niedriger seien. Den Hauptausschlag habe aber die Qualität der Arbeit gegeben. »Das Kernteam bestand aus den besten Entwicklern, denen ich in meiner elfjährigen Karriere begegnet bin«, so Zennstrom.

Großbritannien, die Niederlande, Vanuatu, Australien, Estland – das Kazaa-Geflecht schien die ganze Welt zu umspannen. Doch das war noch längst nicht alles. Der ebenfalls im Dezember 2001 von der Musikindustrie verklagte Fasttrack-Lizenznehmer Grokster ist auf der Südseeinsel Nevis inkorporiert, wird aber angeblich von einer kalifornischen Familie betrieben. Die Grokster-Domain wiederum ist über eine Adresse in Florida angemeldet. Im Dezember 2002 outete sich dann schließlich der Tauschbörsen-Betreiber Imesh als weiterer Fasttrack-Lizenznehmer. Natürlich ist auch Imesh nicht in den USA beheimatet, sondern in Israel.

Zu allem Überfluss handelte sich die Industrie im Kampf gegen Fasttrack dann auch noch eine Reihe von Niederlagen vor Gericht ein. Im März 2002 entschied ein Amsterdamer Gericht, dass Kazaas Betreiber in den Niederlanden nicht rechtlich belangt werden können. Das zuständige Berufungsgericht stellte in seinem Urteil fest, dass Kazaa für legale Zwecke nutzbar sei und zudem keinen direkten Einfluss auf die Handlungen seiner Nutzer habe. Ähnlich entschied rund ein Jahr später ein Richter in Los Angeles im Verfahren gegen den Fasttrack-Lizenznehmer Grokster. Zwar sei es offensichtlich, so der zuständige Richter, dass die meisten Nutzer Grokster zum Herunterladen urheberrechtlich geschützten Materials benutzten. Doch anders als im Falle von Napster könne Grokster dies nicht kontrollieren und trage damit keine Verantwortung für diese Copyright-Verletzungen.[8]

Die Nutzer zeigen sich mittlerweile allgemein unbeeindruckt von solchen Entscheidungen und tragen stetig zum weiteren Wachstum des Netzwerks bei. Zum Redaktionsschluss dieses Buchs nutzten etwa viereinhalb Millionen Menschen rund um die Uhr gleichzeitig Kazaa und Co. Damit ist Fasttrack mehr als doppelt so groß wie Napster zu seinen besten Zeiten. Selbst wenn das Verfahren gegen alle weltweit verstreuten Beteiligten erfolgreich sein sollte, muss dies für Kazaa, Grokster und Imesh nicht das Ende bedeuten. Das von den Tauschbörsen genutzte Netzwerk ist dezentral aufgebaut, sollte also auch ohne Betreiber überleben. Zudem gibt es mittlerweile ein ganzes Heer von Hackern, die eigene Versionen der beteiligten Programme herausgebracht haben. Sollte die offizielle Fasttrack-Software ab morgen nicht mehr funktionieren, wären sie sicher gerne bereit, ihre Entwicklungen als Alternativen anzubieten.

Schließlich gibt es neben Kazaa zahllose weitere Tausch-Programme. Allein die Edonkey-Tauschbörse und ihr Nachfolger Overnet werden von knapp einer Million P2P-Fans gleichzeitig genutzt. Gnutella vereint rund 100.000 Nutzer auf sich. Eine mindestens ebenso große Zahl von Nutzern greift auf Netzwerke wie Winmx, Piolet oder Direct Connect zu. Zudem tummeln sich immer noch rund 200.000 Nutzer in diversen kleineren und größeren Open-Napster-Netzwerken. Insgesamt dürften zur Drucklegung dieses Buchs rund sieben Millionen Menschen rund um die Uhr mit Filesharing beschäftigt sein. Nichts deutet darauf hin, dass dieser Trend sich in absehbarer Zeit stoppen lässt.

Nicht Napster nacheifern

Keine Frage: Im Wettstreit um die Gunst der Musikfans haben die Tauschbörsen die Nase vorn und die kommerziellen Angebote das Nachsehen. Spricht man Musicnet-CEO Alan McGlade auf diesen Trend an, antwortet er ausweichend. »Es wird immer eine Randgruppe von Power-Usern geben, die einen Weg finden, sich ihre Sachen umsonst zu besorgen«, gibt er zu. »Wahrscheinlich haben diese Leute bereits eine große Menge von Downloads, wahrscheinlich bezahlen sie generell für die meisten Dinge im Netz nichts.« Für Musicnet seien diese P2P-Fans jedoch nicht von Bedeutung. »Das ist nicht unsere Ausgangs-Zielgruppe«, so McGlade. Man habe eben nicht den tauschenden College-Studenten im Auge, sondern Leute mit weniger Zeit und mehr Geld. Leute mit Unrechtsbewusstsein. »Manch einer möchte einfach nicht klauen«, gibt sich McGlade überzeugt.

Wenn der eigene Service erst einmal etabliert sei, werde man schließlich auch Tauschbörsennutzer von seinen Vorteilen überzeugen können. Früher oder später würden sich diese sowieso für andere Sachen interessieren als Kazaa und Gnutella, meint McGlade. Einen netten Vergleich dafür hat er auch parat: »In College-Wohnheimen gibt es wahrscheinlich immer ein Münztelefon, das einer der Studenten manipuliert hat, so dass alle Ferngespräche umsonst sind. Jeder nutzt dieses Telefon. Du weißt eigentlich, dass es nicht richtig ist, dass man dies eigentlich nicht tun sollte. Aber als Student hast du eben wenig Geld, kannst dir keine Ferngespräche leisten – also benutzt du es. Aber du verbringst deshalb nicht den Rest deines Lebens damit, Telefone zu manipulieren.«

Ist die Welt der Tauschbörsen also nichts weiter als ein gigantisches Pubertäts-Problem? Werden ihre Nutzer automatisch zahlen, wenn sie erst einmal erwachsen sind und ein festes Einkommen haben? Tim Quirk glaubt nicht, dass sich das Problem so einfach von selbst auflösen wird. Die Schwäche von Musicnet und Pressplay sei, dass sie sich zu eng am Napster-Modell orientierten. »Ich fand Napster zwar großartig, aber gleichzeitig auch frustrierend«, beschreibt Quirk seine eigenen Erfahrungen im Rückblick. »Mein Problem damit war, dass ich mir oft alles runterlud, was mir gerade einfiel. Dann saß ich da und starrte auf den Monitor. Ich wusste, dass es da noch mehr gab. Aber ich wusste einfach nicht mehr, was ich wollte.« Wer mit Tauschbörsen konkurrieren wolle, müsse den Konsumenten etwas anderes bieten, so Quirk. Einen Mehrwert eben.

Nun muss man wissen, das Tim Quirk nicht eben unparteiisch ist. Er arbeitet als Chefredakteur bei Listen.com, einem direkten Konkurrenten von Pressplay und Musicnet. Fast zeitgleich mit den beiden Bezahl-Diensten der Musikindustrie startete sein Arbeitgeber mit einem eigenen Abo-Angebot namens Rhapsody. Im Gegensatz zur Konkurrenz setzte Listen.com mit Rhapsody von Anfang an auf ein unbegrenztes »All you can eat«-Paket für knapp zehn Dollar pro Monat – und verzichtete dabei komplett auf Downloads. Stattdessen bietet Rhapsody mehr als 20.000 Alben als On-demand-Stream in CD-Qualität an.

Von allen Online-Abos ist Rhapsody damit wahrscheinlich das mit dem rigidesten Digital-Rights-Management. Die Nutzer haben gar keinen Zugriff mehr auf Dateien, können sie damit auch nicht knacken. Doch die Sicherheit tritt während des Gebrauchs in den Hintergrund und das Fehlen der Dateien wird sogar zum Vorteil: Niemand muss sich mehr um Backups und zu kleine Festplatten Gedanken machen oder auf CDs nach dem gewünschten Track suchen – die Musik ist einfach immer verfügbar. Dabei konzentriert man sich auf die Vernetzung der Titel, anstatt sie auf einzelne Files zu reduzieren. Jede Platte verweist auf weitere Alben, so dass Rhapsody-Nutzer in ein Netz von Musik-Verweisen eintauchen können.

Rhapsody führt damit vor, wie Online-Musikangebote einmal aussehen könnten. Völlig losgelöst vom physischen Produkt und seinen Metaphern, Musik als Service zum monatlichen Festpreis. Natürlich ist auch Rhapsody nicht frei von Fehlern. Größtes Manko des Angebots ist der

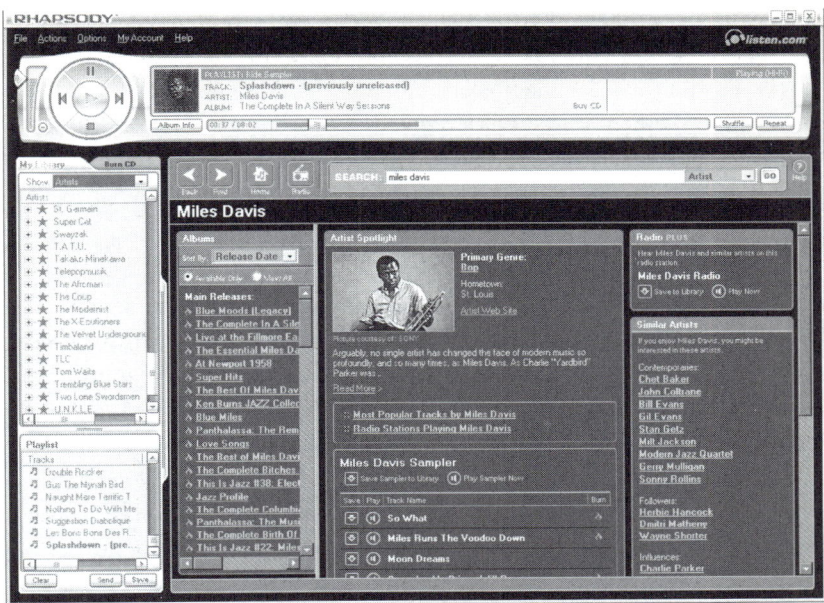

Rhapsody – Ein Modell für die Zukunft?

bisher sehr eingeschränkte Katalog. Zwar gibt es einige Highlights im Repertoire des Angebots, wie etwa die mehr als 70 Miles-Davis-Platten. Oder auch: »Alle Platten, die The Clash jemals aufgenommen haben«, wie Tim Quirk schwärmend bemerkt. »Das war es, was mich glücklich gemacht hat.« Doch neue Alben werden oft nur mit Verzögerung in das Angebot übernommen, und in einigen Fällen ausgerechnet ohne die bekannten Hit-Singles. Nicht selten hängt dies damit zusammen, dass die Plattenfirmen ihre Alben nicht oder nur unwillig lizenzieren. In anderen Fällen verfügen die Labels selbst nicht die nötigen Lizenzen. So besitzt Madonna die meisten ihrer Aufnahmen selbst. Michael Jackson hat sich zusätzlich zu seinen eigenen Master-Tapes gleich auch noch alle Aufnahmen der Beatles gesichert. Bisher haben sich sowohl Jackson als auch Madonna nicht darauf eingelassen, ihre Archive für die Online-Angebote zu öffnen. Wer Beatles-Songs aus dem Netz laden will, wird deshalb weiterhin nur bei Kazaa und Co. fündig.

»In gewisser Weise verstehe ich die Position der Labels ja«, meint Tim Quirk dazu. »Sie ist nur völlig rückwärts gewandt. Das gilt nicht für die Majors. Ich habe mit einer Menge lokaler Indie-Labels verhandelt, um ihre Kataloge über Rhapsody verfügbar zu machen. Auch das ist hart.

Leute, für die 2000 verkaufte Platten Platin ist, fürchteten, dies würde ihre CD-Verkäufe bedrohen. Sie hatten auch ganz weltfremde Vorstellungen hinsichtlich der Lizenzbedingungen. Wollten, dass sie jedes Mal, wenn jemand einen Song über Rhapsody hört, das gleiche Geld bekommen wie beim Verkauf einer CD. Das ist einfach völlig unsinnig.«

Ein Modell mit Zukunft?

Abo-Angebote erfordern einen Umdenkprozess auf allen Seiten. Mit ihnen beginnt für die gesamte Branche ein neues Zeitalter. Anstatt Kisten durch die Lande zu schicken und auf verkaufte Stückzahlen zu schielen, geht es nun um eine dauerhafte Bindung des Kunden. Diese Lektion müssen nicht nur die Labels lernen. Auch bei den Abo-Anbietern selbst hat es eine Weile gedauert, bis man das eigene Geschäft so richtig verstanden hatte. Anfangs boten sowohl Pressplay wie auch Musicnet ihren Kunden lediglich den Zugriff auf 100 Downloads. Tim Quirks Kommentar dazu: »Der Gedanke, Leute für limitierten Zugang bezahlen zu lassen, erscheint mir verrückt.« Im Sommer 2002 gab sich Pressplay überzeugt und stellte auf »All you can eat« um. Die Konkurrenz folgte halbherzig im Frühjahr 2003 mit der Einführung des AOL-Musicnet-Clients. Real Networks ging das offensichtlich nicht schnell genug. Im April 2003 kaufte Rob Glaser Listen.com, um dessen Rhapsody-Angebot in sein eigenes Abo-Repertoire zu integrieren.[9]

Langsam nähern sich die Anbieter damit einem Modell an, das tatsächlich funktionieren könnte – dem des Service-Anbieters in einer Welt, in der Musik immer und überall verfügbar ist. »Das Verhalten der Musikhörer verändert sich«, meint Alan McGlade. »In gewisser Weise mag Musik mehr zum Konsumgut werden, aber dafür werden Leute möglicherweise weit mehr Musik hören. Wir werden sehen. Aber unsere Branche befindet sich eindeutig in einer Übergangszeit.« Dem kann auch Tim Quirk zustimmen. »Die Redaktion hier besteht aus einem Haufen von Musik-Junkies mit tausenden von CDs«, berichtet er aus seinem Alltag bei Listen.com. »Sobald du anfängst, mehr und mehr Musik zu kaufen, wirst du begreifen, dass es nie einen Punkt gibt, an dem du das Gefühl hast, alles zu haben. Es gibt immer noch eine Platte, die du als Nächstes haben willst. Wo Napster hingedeutet hat und was Rhapsody ermöglicht, wenn wir erst einmal alle Lizenzen zusammenhaben, ist, dass in Zukunft mehr Leute sein werden wie die Redaktion hier. Mehr und mehr Leute werden feststellen, dass es keine tausende von Dollars mehr kostet, so eine Sammlung aufzubauen. Es kostet dich nur zehn Dollar im Monat und damit hast du Zugang zu allem – dann wirst du mehr und mehr Musik hören und feststellen, wie wichtig und wertvoll Musik wird, wie sie zu einem ständigen Teil deines Lebens wird.«

Mit der Realität des Abo-Geschäfts hat diese Vision bisher allerdings wenig zu tun. Konkrete Zahlen zu seinem Kundenstamm will keiner der Anbieter nennen. Nach Schätzungen von Brancheninsidern liegen diese jedoch allesamt irgendwo zwischen 10.000 und 50.000 zahlenden Abonnenten. Listen.coms CEO Sean Ryan erklärte kurz nach dem Start seines Angebots, Rhapsody brauche zwischen einer halben und einer Million Kunden, um in die schwarzen Zahlen zu kommen. Musicnet-CEO Alan McGlade dazu: »Meiner Auffassung nach brauchen wir mehr als eine Million Abonnenten, um erfolgreich zu sein. Aber das ist bei weitem nicht genug, um etwas im Musikgeschäft zu bewegen. Da braucht es Milliardeneinnahmen, damit wir ein Massenmarkt werden, den Leute als erfolgreich ansehen.«

Selbst wenn der Kundenstamm in den nächsten Jahren rapide anwachsen sollte, zweifeln einige Kritiker daran, dass die Abo-Angebote jemals profitabel sein werden. Mehr Kunden bedeuten in der Online-Welt eben auch mehr Kosten – insbesondere, wenn man Musik verkauft. Diese Erfahrung musste der Abo-Pionier Emusic.com bereits schmerzlich machen. Emusic hat sich in den letzten drei Jahren erfolgreich als Nischen-Anbieter profiliert. Für zehn bis 15 Dollar pro Monat bietet die Firma ihren Kunden einen unbegrenzten Zugriff auf mehr als 240.000 MP3s an. Die meisten verfügbaren Titel stammen aus den Repertoires kleinerer Indie-Labels, doch seit einiger Zeit lizenziert auch Universal ältere Aufnahmen für Emusics »All you can eat«-Buffet. Durch den Verzicht auf jeglichen Kopierschutz und ein gutes Gespür für musikalische Nischen hat sich Emusic eine engagierte Fangemeinde von rund 70.000 zahlenden Abonnenten erarbeitet. Die Nutzer des Angebots schätzen insbesondere die Vertrauensbeziehung mit Emusic – für ehrliches Geld bekommen sie ungeschützte Dateien im Vertrauen, damit nichts Unrechtmäßiges anzustellen.

Um so mehr fühlten sich zahlreiche Emusic-Nutzer auf den Schlips getreten, als sie im Herbst 2002 per E-Mail eine Kündigung zugeschickt bekamen. Mit massiven Downloads hätten sie gegen die Vertragsbedingungen und den Geist des Angebots verstoßen, hieß es darin. Vielen Nutzern war das unverständlich: Wie konnten sie zu viele MP3s heruntergeladen haben, wenn Emusic ihnen doch »unlimitierte Downloads« versprach? Emusic musste schließlich einlenken und die meisten Kündigungen wieder zurücknehmen. Gleichzeitig erklärte Emusic-Manager Steve Grady den betroffenen Kunden, wer mehr als 2000 Titel pro Monat herunterlade, verhalte sich unverhältnismäßig und müsse weiterhin mit einer Kündigung rechnen.

Emusics Dilemma: Allein der US-Verwertungsgesellschaft Harry Fox muss die Firma acht Cent pro heruntergeladenen Song zahlen. Zusätzlich sind mit den Downloads noch Zahlungen an die Verwertungsgesellschaften ASCAP, SESAC und BMI sowie an die Plattenfirmen verbunden – von den Kosten für Bandbreite, Lizenzgebühren für das verwendete Audioformat und Ähnliches ganz zu schweigen. Um für Emusic rentabel zu sein, dürfte ein Abonnent nicht viel mehr als 100 Titel im Monat herunterladen. 2000 dagegen sind geradezu ruinös. So verhinderte denn auch nur ein Verkauf der gesamten Firma an Vivendi Universal eine Pleite im Frühjahr 2001.

Emusics Schwierigkeiten sind beispielhaft für das Grundproblem einer ganzen Reihe von Firmen: Sie tasten sich langsam vor, entwickeln sich – und müssen dann doch feststellen, dass die Branche noch nicht so weit ist. Um Kunden zu gewinnen, müssen die Abo-Angebote Abschied nehmen von den alten Begrenzungen des Musikbusiness. Für ihre monatlichen Beiträge wollen die Kunden unbegrenzten Zugriff auf alle Inhalte. Doch die komplexen Rechte und Lizenzbedingungen des Musikbusiness machen solche Angebote heutzutage praktisch unmöglich – zumindest, wenn sie profitabel operieren wollen. Um im Netz funktionierende Strukturen anzubieten, muss sich die Musikwirtschaft ganz offensichtlich komplett neu erfinden und von alten Paradigmen und Eigentumsmodellen Abschied nehmen.

Anmerkungen

[1] Diese dauerten zum Redaktionsschluss dieses Buchs noch an. Neben Pressplay und Musicnet gibt es inzwischen drei bis vier andere Abo-Anbieter. Ernsthafte Konkurrenz stellt davon jedoch nur einer dar. Zudem hat sich Sony mittlerweile finanziell an Musicnet beteiligt, und alle fünf großen Labels beliefern die beiden Services mit ihrer Musik.
[2] Musicnet-Presseerklärung vom 4.12.2001.

[3] Kevin Featherly: Subscription Service Heads Find Lots Of Common Ground, Newsbytes, 17.1.2002.
[4] Zu Friis, Zennstrom und ihrem Fasttrack-Netzwerk siehe auch Kapitel 2. Der Vollständigkeit halber sei angemerkt, dass Morpheus seit März 2002 nicht mehr Teil des Fasttrack-Netzwerks ist. Stattdessen greifen die neueren Morpheus-Versionen auf das Gnutella-Netzwerk zu.
[5] Motion Picture and Recording Industries File Suit Against MusicCity and Others, RIAA-Presseerklärung, 3.10.2001, online unter: http://www.riaa.org/PR_Story.cfm?id=456.
[6] Internal RIAA legal memo regarding KaZaA, MusicCity & Grokster, Dotcomscoop, 25.9.2001, online unter: http://www.dotcomscoop.com/article.php?sid=39.
[7] Todd Woody: The Race to kill Kazaa, Wired 02/2003, online unter: http://www.wired.com/wired/archive/11.02/kazaa.html.
[8] Die RIAA ist bereits gegen diese Entscheidung in Berufung gegangen. In einem ähnlichen Verfahren gegen Kazaa gab es zudem noch keine Entscheidung. Der Ausgang beider Verfahren war zu Redaktionsschluss dieses Buchs noch nicht abzusehen.
[9] Die Zukunft von Reals Musicnet-Angebot ist damit ungewiss. Dieses war bis zum Redaktionsschluss dieses Buchs nur mit einer Begrenzung auf 100 Titel pro Monat erhältlich. Zum Aufkauf von Listen.com berichtete das Branchenmagazin Billboard von Gerüchten, dass Real sich aus Musicnet zurückziehen wolle. Pünktlich zum Redaktionsschluss des Buchs kaufte zudem der Softwareanbieter Roxio Pressplay für 40 Millionen US-Dollar. Im Gegenzug sicherten sich Universal und Sony Anteile an der Softwareschmiede. Die britische EMI ist bereits seit dem Juni 2001 an Roxio beteiligt.

Der Krieg gegen die Konsumenten

Kopierschutz, Klagen und korrupte MP3s: Wie die Musikindustrie ihre Kunden vergrault

»Guten Abend. Wir hoffen, sie genießen die vierundvierzigste jährliche Grammy-Preisverleihung.« Mit diesen Worten eröffnete Michael Greene am 27. Februar 2002 die größte Glamour-Show der Musikbranche. Normalerweise sind die Grammys ein guter Anlass, mal alle schlechten Nachrichten zu vergessen und sich ganz darauf zu konzentrieren, wer denn das am tiefsten ausgeschnittene Kleid hat, die schlechteste Frisur oder die am besten gespielte Überraschung. »Ich hätte nie damit gerechnet, dass ich einmal hier oben stehen würde ...« Die ganze Feier ist ein kollektives gegenseitiges Auf-die-Schulter-Klopfen. Brav danken die Stars und Sternchen ihren Managern, die Songwriter ihren Musikern. Weil es dazu auch noch jede Menge gute Musik gibt, dankt das Publikum es ihnen Jahr für Jahr mit traumhaften Einschaltquoten. Und alle sind glücklich, wenigstens für einen Abend.

An jenem Abend hatte Greene allerdings geplant, mal allen so richtig die Stimmung zu verderben. Seinem staunenden Publikum erklärte er, das Verhältnis zwischen Fans und Musikern sei schwer gestört. Einen Schuldigen dafür hatte Greene gleich auch ausgemacht: »Der hinterhältigste Virus mitten unter uns ist fraglos das illegale Herunterladen von Musik aus dem Netz«, erklärte er dramatisch. An dieser Stelle erntete Greene erste Zwischenrufe aus dem Publikum, ließ sich davon aber nicht abbringen und fuhr fort: »Es hat viele Namen und seine Verteidiger bieten uns unendlich viele Entschuldigungen an. Der illegale Gebrauch von Tauschbörsen und das Umwandeln von CDs [ins MP3-Format] ist weit verbreitet, außer Kontrolle und ohh, so illegal.«

Mittlerweile begann das Publikum, Greene auszubuhen. Doch der hatte sich bereits in Fahrt geredet, war nicht mehr zu stoppen. Um sich nicht nur auf hehre Worte zu beschränken, hatte sich Greene etwas Besonderes ausgedacht. Er hatte drei College-Kids engagiert, die drei Tage lang damit verbracht hatten, Musik aus dem Netz zu laden. An diesem Abend waren sie mit ihren Computern präsent und sollten Greene helfen, Bilanz gegen das Böse zu ziehen. »Hey Gang«, begrüßte er sie jovial, um dann eine interessante Rechnung aufzumachen: »In wenigen Tagen haben sie fast 6000 Songs heruntergeladen. Das sind drei Kids. Wenn man das jetzt mit Millionen von Studenten und anderen Computernutzern multipliziert, wird das Problem klar.«

Für alle, die nicht auf Anhieb drei Kids mal 6000 Dateien mal Millionen von Studenten im Kopf rechnen konnten, lieferte Greene gleich noch eine konkrete Zahl nach: »Die RIAA schätzt, dass jeden Monat 3,6 Milliarden Songs illegal aus dem Netz geladen werden.« Um diesem Problem gewachsen zu sein, so Greene, brauche man neue Gesetze und ehrlichere Fans. Nach einem Appell, Musik nur von legalen Websites herunterzuladen, schloss Greene seine merkwürdige Rede und bekam ein wenig lauwarmen Applaus.

Im Nachhinein musste Greene eine Menge Kritik für seinen Spielverderber-Auftritt einstecken. Besonders peinlich für Greene: Einer der drei beteiligten Studenten outete sich gegenüber der New York Times und berichtete von Ungereimtheiten beim Download-Marathon. Numair Faraz erklärte, die meisten MP3s seien gar nicht von Tausch-Netzwerken oder illegalen MP3-Web-Angeboten heruntergeladen worden, sondern über AOLs Instant-Messaging-Dienst. Faraz weiß dazu heute im Rückblick zu berichten, man habe ihn und die anderen zwei Downloader zuerst angewiesen, nur P2P-Dienste zu nutzen. »Letztendlich mussten sie feststellen, dass Kazaa nicht so gut funktionierte, wie sie dachten, also sagten sie: ›Ladet einfach überall herunter.‹«

Doch neben solchen Kleinigkeiten war etwas anderes grundsätzlich falsch an Greenes Grammy-Rede. Er hatte davon gesprochen, dass Musikwirtschaft und Fans immer weiter auseinander driften – nur, um kurz darauf eben jene Fans als hinterhältige Diebe zu bezeichnen, die Musikern ihren Lebensunterhalt stehlen. So unpassend ein derartiger Rundumschlag auf der Grammy-Jubelfeier war, so bezeichnend war und ist er doch für die Gemütslage der gesamten Branche. Anstatt Fans und Konsumenten zu umwerben, hat man sich darauf verlegt, sie zu beschimpfen und mit Schuldzuweisungen zu überschütten.

Mit harschen Worten wie dieser Grammy-Rede und öffentlichen Kampagnen wie dem unseligen »Copy kills Music«-Feldzug[1] macht man

Stimmung gegen jene, die es doch eigentlich für sich zu gewinnen gilt. Mit Kopierschutzmechanismen werden die eigenen Produkte unattraktiv gemacht, um ihren Missbrauch zu verhindern. Mit falschen Dateien und Hackermethoden wird ein aussichtsloser Kleinkrieg gegen Netznutzer geführt, die sich davon nur noch mehr angespornt fühlen. Nicht einmal vor dem Verklagen der eigenen Kundschaft wird mehr zurückgeschreckt. Fast scheint es so, als habe sich die Branche auf einen letzten Kampf eingeschworen – den gegen die eigenen Kunden.

Die Kopierschutz-Falle

Bevor Napster digitale Musik populär machte, war sie nur ein Hobby von wenigen Technik-Freaks. Zwar waren mit dem CD-Format praktisch alle Tonträger digital und damit ohne weiteres kopierbar. Doch kaum ein Konsument schien wirklich daran interessiert zu sein, sich im Schneckentempo MP3-Dateien aus dem Netz zu laden, um sie dann über die schlechten Lautsprecher seines Computers anzuhören. Das schien sich zu ändern, als Diamond Multimedia 1998 den ersten portablen MP3-Player ankündigte. Plötzlich sahen sich die Plattenfirmen mit einem modernen Walkman konfrontiert – einem schicken Endgerät, das Musik aus dem Netz sexy aussehen ließ.

Als Reaktion darauf verklagten die Plattenfirmen kurzerhand Diamond Multimedia. Die Idee, ein Endgerät verbieten zu wollen, nur weil es digitale Audiodateien wiedergab, war natürlich schlichtweg absurd. Im Oktober 1998 entschied das zuständige Gericht dann auch, keine einstweilige Verfügung gegen Diamond zu erlassen. Die Recording Industry Association of America (RIAA) versuchte in den folgenden Monaten, aus der Niederlage das Beste zu machen und einigte sich außergerichtlich mit Diamond. Teil dieser Einigung war die Übereinkunft, in Zukunft gemeinsam Kopierschutzlösungen zu erarbeiten. Auf Initiative der RIAA wurde dazu im Dezember 1998 die Secure Digital Music Initiative (SDMI) gegründet. In ihr sollten Plattenfirmen gemeinsam mit Geräteherstellern eine Lösung für die zunehmende unkontrollierte Verbreitung von MP3-Dateien finden. Insgesamt umfasste die Gruppe rund 180 Firmen.

Dabei war der Initiative klar, dass sich nicht von heute auf morgen das gesamte Musikgeschäft gegen Piraterie sichern ließ. Sicherheitstechnologien mussten erst einmal entwickelt und getestet, gesicherte Musik musste erst einmal auf den Markt gebracht werden. All das würde Zeit kosten. Um dennoch möglichst bald erste Erfolge zu verzeichnen, einigte man sich auf ein Konzept mit zwei Phasen. Während der ersten Phase sollten Geräte auf den Markt gebracht werden, die selbst noch keinen ausgefeilten Kopierschutz besaßen, jedoch jederzeit um solche Technologien erweiterbar waren.

Phase zwei sollte dann mit dem Vertrieb SDMI-geschützter Musik beginnen. Würde ein Konsument versuchen, solch einen geschützten Song auf einem Phase-1-kompatiblen Gerät abzuspielen, dann würde dieses das Abspielen verweigern und stattdessen um ein Software-Update bitten. Einmal auf den neuesten Stand gebracht würde das Gerät dann die Legitimität eines SDMI-geschützten Songs überprüfen können. Im Falle eines legal erworbenen Downloads sollte eine Wiedergabe problemlos möglich sein, illegale MP3s würden dagegen gar nicht erst abgespielt. Dabei sollte SDMI mit jedem möglichen Datenformat funktionieren. Soweit zumindest die Theorie.

In der Praxis traten bald die ersten Probleme zu Tage. So war eigentlich angekündigt worden, dass Konsumenten schon zu Weihnachten 1999 SDMI-kompatible Geräte unter dem Tannenbaum haben könnten. Doch interne Probleme verhinderten das rechtzeitige Fertigstellen der entsprechenden Spezifikationen. Zu Problemen führten vor allen Dingen Differenzen zwischen den Plattenfirmen auf der einen und den Geräteherstellern auf der anderen Seite. Jim Burger saß damals als Anwalt der Computer Industry Group mit am Verhandlungstisch. Anfangs sei das Verhandlungsklima sehr aufrichtig gewesen, urteilt er heute im Rückblick. Doch bald habe sich herausgestellt, dass die Musikindustrie die falschen Prämissen gehabt hätte. »Leider wollten die Plattenfirmen die CD sicher machen, anstatt ein neues Distributionsmodell zu entwickeln«, so Burger. »Doch etwas, was bereits ungeschützt veröffentlicht wurde, lässt sich nicht nachträglich absichern.«

Dafür seien mobile Player auch nur ein erster Schritt gewesen. »Eine gute Ausrede, um zum Computer zu gelangen«, nennt Burger die digitalen Walkmans heute. Innerhalb inoffizieller Gespräche hätten Vertreter der Plattenfirmen schnell deutlich gemacht, was sie eigentlich wollten: Computer, die keine MP3-Dateien mehr abspielen. Offiziell wurde dies nie zum Gegenstand der SDMI-Verhandlungen. Dafür sahen sich die Vertreter der Computerindustrie im Sommer 1999 plötzlich mit einem Lizenzvertrag konfrontiert, der sie dazu verpflichtet hätte, ihre Endgeräte gegen das Brechen des SDMI-Kopierschutzes abzusichern. Hätte dann ein Konsument seinen Dell-Computer dazu genutzt, ein SDMI-Musikstück widerrechtlich zu vervielfältigen, wäre die Firma dafür haftbar zu machen gewesen.

Immer Ärger mit den Hackern

Schließlich erschienen im Sommer 2000 die ersten Phase-1-kompatiblen Geräte. Doch die Einigung auf einen technischen Standard für Phase zwei stand immer noch aus. Unter den Vertretern der Gerätehersteller machte sich Unruhe breit. Um den Prozess zu beschleunigen, entschied sich die Initiative zu einer Art öffentlichem Beta-Test. Auf einer eigens eingerichteten Website wurden im September 2000 die Hacker der Welt dazu aufgerufen, verschiedene SDMI-Technologien zu knacken. Im Falle eines Erfolgs sollte es eine Belohnung von 10.000 Dollar geben. In der Hackerszene führte der Aufruf zu Protesten. »Ich werde mich nicht an dem Plan ihrer Organisation beteiligen, die totale Kontrolle über Musikaufnahmen an sich zu reißen. Ich werde nicht dabei helfen, Programme zu testen, die die Privatsphäre verletzen und das Recht des privaten Gebrauchs behindern«, erklärte etwa der bekannte IT-Journalist und Linux-Experte Don Marti.[2] Marti und andere forderten die Hackerszene auf, den Wettbewerb zu boykottieren.

Dennoch beteiligten sich hunderte von Neugierigen an dem Wettbewerb – und das offenbar ziemlich erfolgreich: Bereits kurz nach dessen Ende berichtete das Onlinemagazin Salon.com, alle vorgestellten Technologien seien geknackt worden. »Wir waren nicht überrascht«, kommentiert James Burger diesen Ausgang des Tests heute. Innerhalb der Musikindustrie klingelten jedoch die Alarmglocken. Gerüchte von hektischen Krisensitzungen machten die Runde. SDMI-Sprecher dementierten und erklärten, es sei noch viel zu früh für ein endgültiges Ergebnis.

Zwei Wochen nach dem Ende des Tests meldete sich eine Gruppe von Forschern unter Leitung des Princeton-Professors Edward Felten zu Wort. Die Wissenschaftler behaupteten, alle vorgestellten Wasserzeichen gehackt zu haben. Zudem kündigten sie an, die Ergebnisse ihrer Angriffe bald im Netz zu dokumentieren. Daraufhin meldete sich der Wasserzeichen-Hersteller Verance bei Felten und erklärte, mit einer öffentlichen Dokumentation verstoße er gegen den Digital Millennium Copyright Act, der Anleitungen zum Umgehen von Kopierschutzmaßnahmen verbietet. Drohungen gab es bald auch von der RIAA. Felten müsse im Falle einer Veröffentlichung mit einer Klage rechnen, ließ ihn der Lobbyverband wissen.

Solche Einschüchterungsversuche schreckten die beiden französischen Hacker Julien Stern und Julien Beuf jedoch nicht ab. Im Januar 2001 veröffentlichten sie auf ihrer Website eine Dokumentation ihrer SDMI-Hacks.[3] Wenige Tage später trat SDMI-Direktor Richard Chiariglione zurück, um sich erklärtermaßen mehr seinem Job bei der Telecom Italia zu widmen. Gut möglich, dass er außerdem die Nase gestrichen voll hatte von SDMI. Das Konsortium befand sich zu diesem Zeitpunkt in einer schweren Krise. Die Plattenfirmen wollten an dem ursprünglichen Schlachtplan festhalten, das Lager der Technologieunternehmen sah durch den Test jedoch die Ziele der Initiative grundsätzlich in Frage gestellt.

Felten indes ging im Juni 2001 in die Offensive und verklagte die RIAA, SDMI sowie eine Reihe von beteiligten Firmen, um endlich freie Hand für die Veröffentlichung seiner Forschungsergebnisse zu bekommen. Die machten schnell einen Rückzieher und erklärten, niemals eine Klage gegen Felten und seine Kollegen angestrebt zu haben. Man habe Felten nur vor möglichen Konsequenzen warnen wollen und sich dabei offenbar im Ton vergriffen. Der Prozess endete schließlich mit einer Einstellung. Feltens Team nahm die Erklärungen der RIAA zum Anlass, die Ergebnisse ihres Hacks schließlich im Oktober 2001 der Öffentlichkeit vorzustellen.

SDMI verabschiedete sich im Frühjahr 2001 endgültig von der Bildfläche. Nachdem Chiarglione abgedankt hatte, traten die Konflikte zwischen Hardware-Herstellern und Plattenfirmen immer offener zu Tage. Es konnte keine Einigkeit mehr darüber erzielt werden, mit welcher Technologie die ambitionierten Ziele der Gruppe verwirklicht werden sollten. Im Mai erklärte die SDMI-Gruppe deshalb, es gäbe derzeit »keinen Konsens für die Annahme einer Kombination der vorgeschlagenen Technologien«.[4] Seitdem gibt es keine weiteren Lebenszeichen des Zusammenschlusses.

Im Rückblick glaubt James Burger heute, SDMI hätte mit einem anderen Ansatz gelingen können. »Es ist sehr schwer, Inhalte im digitalen Zeitalter zu schützen«, weiß er. Doch wenn es erst einmal einen Markt für ein Produkt gebe, würden Konsumenten auch einen moderaten Schutzmechanismus akzeptieren. Letztlich spiele es dann auch gar keine Rolle, wie perfekt dieser sei. »Der Kopierschutz für DVDs ist seit fast drei Jahren gebrochen, und dennoch verbuchen die Filmstudios damit Rekordumsätze.«

Microsofts Forscher gegen Kopierschutz

Die Musikwirtschaft sah und sieht jedoch auch nach dem SDMI-Debakel keinen Grund, ihre Strategie grundsätzlich zu überdenken. An Stelle von industrieweiten Standards setzt man seitdem notgedrungen auf individuelle Lösungen. Kopiergeschützte CDs sollen den Konsumenten davon abbringen, sich eigene Compilations zu basteln oder Kopien für seine Freunde zu brennen.[5] Mit proprietären Kopierschutzformaten wie Liquid Audio oder Windows Media soll die Nutzungsweise von Dateien strikt limitiert werden: Abspielbar sind sie dann nur auf einem PC, nur mit einem Programm oder nur innerhalb eines streng limitierten Zeitraums.

Ganz ausgestorben ist auch die Idee des Kopierschutzes im Endgerät nicht. Ende 2000 berichtete das britische Onlinemagazin »The Register« von einem Entwurf, der vorsah, Kopierschutzfunktionen in jede Standard-Festplatte einzubauen. Nach den Plänen wären selbst simple Backup-Funktionen ohne Kopierschutz-kompatible Software unmöglich geworden. Das für den Vorschlag verantwortliche Industrie-Konsortium »4C Entity«, bestehend aus IBM, Toshiba, Intel und Matsushita, dementierte sofort. Dennoch sorgten die Pläne für Aufruhr in der Computerpresse. Engagierte Kopierschutzgegner riefen zu Hardware-Boykott-Aktionen auf, und schließlich wanderte die Idee in den Giftschrank.

Ein knappes Jahr später meldete sich dann US-Senator Ernest Hollings mit einem Gesetzentwurf zu Wort, der SDMI und Co. geradezu harmlos aussehen ließ. Hollings Ziel: Jedes digitale Endgerät sollte mit zertifizierter Kopierschutztechnologie ausgerüstet werden. Dabei war der Begriff des digitalen Endgeräts ausgesprochen vage gefasst. So fielen darunter alle Geräte, die geeignet waren, urheberrechtlich geschützte Werke wiederzugeben oder anderweitig zu verarbeiten. Außerdem sollte das Gesetz gleich auch auf Software-Produkte ausgedehnt werden.

Internetwirtschaft, Gerätehersteller und Netznutzer liefen gegen Hollings Pläne Sturm. Princeton-Professor und SDMI-Hacker Ed Felten protestierte auf seine Weise: Er listete auf seiner Webseite Geräte auf, die nach Hollings Plänen mit Kopierschutztechnologie ausgerüstet werden müssten. Dazu gehörten auch sprechende Hunde-Halsbänder – schließlich gaben diese Klänge wieder, die aller Wahrscheinlichkeit nach urheberrechtlich geschützt waren. Felten forderte deshalb: »Bekämpft Piraterie – reguliert Hunde-Halsbänder!«[6] Bald mussten auch Hollywood und die Plattenfirmen einsehen, dass der fleißige Senator übers Ziel hinausgeschossen war. Sie kündigten ihre Unterstützung auf, worauf Hollings den Gesetzentwurf fallen ließ.

Neuer Schwung in die Diskussion um technische Erziehungshilfen kam schließlich im November 2002, als vier Wissenschaftler ein Vortragsdokument über Digital Rights Management veröffentlichten. Peter Biddle, Paul England, Marcus Peinado und Bryan Willman argumentieren darin, dass Tauschbörsen nicht mehr gestoppt werden können. In dem Aufsatz heißt es dazu wörtlich: »Peer-to-Peer-Netzwerke und Filesharing scheinen Teil des Mainstreams zu werden – sowohl für illegale wie auch legale Nutzungsformen.«[7] Zwar gebe es begrenzte juristische und technische Handhabe gegen Netzwerke wie Gnutella und Kazaa, doch letztlich könnten sich deren Teilnehmer immer in kleine, unkontrollierbare Zusammenhänge zurückziehen. Etwa, indem sie ihre Musik über Instant-Messaging-Chatprogramme tauschen oder kopierte CDs im Freundeskreis weitergeben. Gegen diese informellen Strukturen gebe es praktisch keine juristische Handhabe.

Auch technischen Maßnahmen gegen solche Freundeskreis-Piraterie stehen die Autoren in ihrem Aufsatz kritisch gegenüber. DRM-Software werde fast immer geknackt, Wasserzeichen seien ebenfalls nicht dauerhaft sicher. Wer schließlich Computer-Hardware in SDMI-Manier gegen Copyright-Verletzungen absichern wolle, müsse mit dem Widerstand der Verbraucher rechnen: »Versuche, die Öffentlichkeit zum ›Updaten‹ ihrer Hardware zu zwingen, wären nicht nur aufdringlich, sondern nicht durchsetzbar«, heißt es dazu in dem Papier.[8] »Solche Pläne sind zum Scheitern verurteilt.«[9] Der Unterhaltungsindustrie raten die Forscher deshalb, lieber auf Kopierschutztechnologie zu verzichten. Diese könne sogar kontraproduktiv sein und Konsumenten in die Arme der Raubkopierer treiben. Wer mit Tauschbörsen und ähnlichen Strukturen konkurrieren wolle, müsse dies zu den Bedingungen der Tauschbörsen tun und seine Kunden mit »Nutzungskomfort und niedrigen Preisen an Stelle von zusätzlicher Sicherheit«[10] gewinnen.

Der Clou: Die vier Autoren waren allesamt angesehene Microsoft-Forscher. Bei dem Redmonder Software-Riesen waren sie unter anderem für die Konzeption des Kopierschutz-freundlichen Palladium-Systems verantwortlich.[11] Von Microsoft gab es zu dem Papier erwartungsgemäß nur abwiegelnde Stellungnahmen. Spricht man etwa Andy Moss, Microsofts Director of Technical Policy auf den Aufsatz an, wird er nicht müde zu betonen, dass es sich dabei nicht um die Meinung seiner Firma handelt. Doch auch er gibt zu: »Tauschbörsen werden wir nicht mehr los, und wir glauben auch nicht, dass uns dies mit Piraterie gelingen wird.« Seine Firma habe sich deshalb frühzeitig von zu rigiden Kopierschutzmechanismen für ihre Software verabschiedet. Stattdessen setze man nun darauf, ein vernünftiges Verhältnis von Verkaufszahlen und Piraterie zu erreichen.

Das Spiel mit der Angst

Zugegeben, Musik ist nicht das Gleiche wie Software, und Microsoft arbeitet anders als Universal Music oder die Warner Music Group. Während Bill Gates seine Forscher für – manchmal unliebsame – Ratschläge hat, lassen sich die Manager der Plattenfirmen von ihren Anwälten beraten. Deren Credo wiederum ist eindeutig: Wenn wir die Kunden nicht mit Technologie auf den Pfad der Tugend zwingen können, müssen wir sie eben verklagen. Juristisch gegen Tauschbörsennutzer vorzugehen ist jedoch gar nicht so einfach. P2P-Netzwerke kümmern sich dummerweise wenig um Ländergrenzen. Wer soll zum Beispiel haftbar gemacht werden, wenn ein niederländischer Internetnutzer über eine israelische Tauschbörse eine nur in den USA erschienene Platte von der Festplatte eines Kanadiers lädt? Nicht nur, dass ein und derselbe Song in verschiedenen Ländern unterschiedlichen Plattenfirmen »gehören« kann – die Länder haben möglicherweise auch ganz unterschiedliche Urheberrechte.

Zwar gibt es weltweit Versuche, diese Rechtsnormen anzupassen.[12] Doch selbst aktuelle Urheberrechtsabkommen befassen sich meist kaum mit so neumodischen Dingen wie Tauschbörsen. So kommt es, dass es weltweit ein Sammelsurium von widersprüchlichen Regelungen und nicht getesteten Gesetzen gibt. In vielen Staaten Europas gilt der Download einer MP3-Datei keinesfalls als illegal, deren Angebot jedoch schon. In den USA wiederum streiten sich Juristen darum, ob gewisse Nutzungen einer Tauschbörse als legal gewertet werden könnten.[13]

Die Nutzer wiederum scheren sich wenig um das Kleingedruckte und tauschen, was das Zeug hält. Auch wenn ihr Handeln illegal sein sollte, wissen sie sich sicher in der anonymen Masse. Schließlich können die Plattenfirmen schlecht Millionen von Nutzern verklagen. Schon lange geistert deshalb die Idee durch die Branche, an einigen wenigen ein Exempel zu statuieren. Wenn man schon nicht gegen die Masse selbst vorgehen kann, dann soll doch wenigstens die Illusion geweckt werden, es könnte jeden treffen. Jederzeit.

Bereits in den vergangenen Jahren gab es immer wieder Schlagzeilen, die eine Bestrafung von P2P-Nutzern suggerierten. Im November 1999 berichtete Wired.com über ein Urteil gegen den 22-jährigen College-Studenten Jeffrey Gerard Levy aus Oklahoma: »MP3-Pirat bekommt Bewährungsstrafe«.[14] Levy wurde zu zwei Jahren auf Bewährung verurteilt und musste zudem 25.000 Dollar Strafe zahlen. In den Medienberichten ging jedoch unter, dass Levy neben MP3s auch Computerspiele und andere Software im Gesamtwert von 70.000 Dollar auf seiner Website zum Download angeboten hatte. Ein Jahr später durchsuchte die Polizei das Wohnheim-Zimmer des 19-jährigen Grafikstudenten Scott Wickberg. Wired.com berichtete, Wickberg habe sich tausende von MP3-Dateien über Napster heruntergeladen. Später wurde jedoch deutlich, dass Wickberg mehr als 10.000 Songs auf einer eigenen Website zum Download angeboten hatte. Wickberg wurde im Dezember 2000 zu einer Geldstrafe von 5000 Dollar verurteilt.

Im Winter 2002 machte die dänische Anti-Piraterie-Vereinigung APG weltweit damit Schlagzeilen, dass sie Rechnungen an Nutzer der Tauschbörsen Kazaa und Edonkey 2000 verschickte. Nach Auskunft des APG-Anwalts Morten Wind Lindegaard berechnete die Organisation dabei Tauschbörsen-Nutzern drei Euro für jede zum Download angebotene MP3-Datei, neun Euro für ein komplettes Album, 29 Euro für einen Film und 42 Euro für ein Computerspiel. Betroffen von der Aktion waren insgesamt 150 Nutzer. Wer nicht bezahlte, so die Drohung der APG, müsse sich vor Gericht für die Aktion verantworten. Leider nahm die APG keine Stellung dazu, ob und wie das eingenommene Geld an die betroffenen Musiker weitergeleitet wurde.

Im April 2003 verklagte die RIAA schließlich vier US-Studenten wegen des Betreibens Uni-weiter Tauschnetzwerke. Die geforderte Schadensersatzsumme: 150.000 Dollar pro angebotenem Song. Die betroffenen Studenten sahen sich damit Milliardenforderungen gegenüber. Dabei verknüpfte die RIAA die Klage geschickt mit dem Vorwurf, dass die vier auch selbst MP3s zum Download angeboten hätten. Die Botschaft war damit klar: Wer Tauschbörsen nutzt, muss mit finanziellem Ruin rechnen. Allerdings stand die Klage auf wackligen Füßen, da die von den Studenten betriebenen Systeme eher einer Suchmaschine wie Google glichen denn einer Tauschbörse wie Napster. Doch offenbar kam es der RIAA gar nicht so sehr darauf an, die Legalität solcher Angebote zu überprüfen. Zeitgleich mit der Klage bot sie den Studenten diskret an, sich außergerichtlich zu einigen. Die Betroffenen willigten notgedrungen ein, da sie sich nicht auf einen jahrelangen Rechtsstreit einlassen wollten.

Früher oder später werden die Plattenfirmen jedoch Ernst machen und tatsächlich eine Klage gegen Tauschbörsen-Nutzer bis zum bitteren Ende verfolgen. Anscheinend haben sie nur noch nicht das richtige Opfer dafür gefunden. Ein potenzieller Kandidat kam im Frühsommer 2002 auf die Zielscheibe der RIAA. Die Lobbyvereinigung der Plattenfirmen wusste von diesem Mann, dass er mehr als 600 MP3s über ein Tausch-Netzwerk anbot. Sie wusste auch, dass darunter Titel von Billy Joel, Beck und Janet Jackson waren. Zudem kannte sie seine IP-Adresse und wusste, dass er in Pittsburgh, Virginia, lebte. Was ihr allerdings fehlte, war der Name des betreffenden Nutzers. Also schrieb sie einen Brief an seinen Internet-Provider Verizon und verlangte die Herausgabe dieser Daten. Verizon verweigerte dies jedoch. Daraufhin ging die RIAA gerichtlich gegen den Provider vor. Im Januar 2003 gewann sie in erster Instanz, doch Verizon ging in Berufung. Die RIAA gewann im April abermals, und wieder ging Verizon in Berufung. Ein Ausgang des Verfahrens war zu Redaktionsschluss dieses Buchs noch nicht abzusehen.

Doch auch wenn das Urteil in allen folgenden Instanzen bestätigt werden sollte, muss der betreffende Nutzer nicht zwangsläufig mit einer Klage rechnen. Für die RIAA war er lediglich ein nützlicher Testfall. Zeitgleich mit dem Brief an Verizon bekamen auch viele andere US-Provider Post von der Vereinigung. In jedem Fall ging es um genau einen Nutzer, der ein paar Hundert MP3s zum Download angeboten hatte. Verizon gab sich widerspenstig und war damit ideal für eine Präzedenz-Entscheidung vor Gericht. Sollte die schließlich Bestand haben, dann werden die Internetanbieter mit hunderten, wenn nicht tausenden solcher Anfragen überschüttet. Das glaubt zumindest Sarah Deutsch, die Vizepräsidentin von Verizon. Ihrer Meinung nach geht es bei diesen Anfragen auch gar nicht darum, möglichst viele Gerichtsverfahren gegen Tauschbörsennutzer anzustreben. Dies wäre schließlich auch mit Anzeigen gegen Unbekannt möglich.

Sarah Deutsch vermutet dagegen, dass die RIAA möglichst viele Namen von P2P-Nutzern sammeln will. Diese würden dann von Privatdetektiven überprüft, um einen möglichst unsympathischen Kandidaten für ein öffentlichkeitswirksames Gerichtsverfahren zu finden. »Sie wollen nicht die Zwölfjährige verklagen, die unheilbar krank ist«, so Deutsch. »Sie wollen jemanden, der möglicherweise ein paar Jahre im Gefängnis verbracht hat, bereits ein paar Vorstrafen hat.« Einen richtig unsympathischen Musikpiraten eben. Jemanden, der sich gut dafür eignet, die PR-Angstkampagnen gegen Tauschbörsen weiterzuführen. Hör bloß auf mit dem MP3-Tauschen – oder willst du etwa, dass dir das Gleiche passiert wie dem Kinderschänder, über den sie neulich in den Nachrichten berichtet haben?

Mit Hacker-Methoden gegen MP3-Fans

Behilflich beim Spiel mit der Angst sind der Musikindustrie zahlreiche kleine Sicherheitsfirmen. Sie tragen Namen wie Baytsp, Ranger Inc., Mediaforce oder Vidius und haben sich auf das Überwachen von Tauschbörsen spezialisiert. Mit eigens dafür entwickelter Software suchen sie in Netzwerken wie Gnutella und Fasttrack pausenlos nach den Werken ihrer Auftraggeber. Werden sie fündig, protokolliert die Software automatisch die IP-Adresse des jeweiligen Nutzers. Einige dieser Firmen schicken gleich auch automatisierte Briefe an Internet-Anbieter, um diese dazu zu bewegen, ihren Nutzern mal ordentlich ins Gewissen zu reden.

Die Zahl solcher Abmahnungen steigt stetig. So bekam der Internetprovider UUNet im Juni 2001 16 derartige Briefe. Ein Jahr später waren es bereits 304, im Juli 2002 stieg die Zahl sogar auf 531 an. Manchmal sind die automatisierten Copyright-Cops allerdings ein bisschen übereifrig. So verlangte die Firma Mediaforce im Juli 2001 von UUNet, den Zugang zu Songs des Ex-Beatles George Harrison zu unterbinden. Dummerweise enthielt die Liste der angeblichen Verstöße auch eine Bilddatei, die den Titel »Portrait of Miss Harrison Williams 1943.jpg« trug. Doch das war nicht der einzige Fehler. Im gleichen Brief wurde außerdem ein Film aufgelistet, der in seinem Titel kinderpornografische Aufnahmen mit den Worten »Brian is 14 and Harrison is 8« versprach. Der Verband der US-amerikanischen Internetprovider erklärte dazu leicht süffisant: »Es ist höchst unwahrscheinlich, dass ein und dieselbe Firma sowohl die Copyrights für George Harrisons Songs als auch Kinderpornografie besitzt.«[15]

Fast ebenso kreativ wie beim Fabrizieren solcher Abmahnungen sind Mediaforce & Co. beim Entdecken neuer Geschäftsfelder. Schließlich wollen sie ihren Kunden mehr bieten als nur ein paar Fundstellen im globalen Tauschtreiben. Deshalb haben sich einige der Anbieter nach Methoden umgeschaut, den Austausch von Musik und Filmen aktiv zu unterbinden – oder ihn zumindest ein bisschen zähflüssiger zu machen. Ganz weit oben in der Gunst der Plattenfirmen steht dabei die Idee, P2P-Netzwerke mit falschen und defekten Dateien zu überfluten. Angeboten wird dieser Service unter anderem von der New Yorker Firma Overpeer. Im Dezember 2002 erklärte diese stolz, damit bereits 250 Millionen Piraterieversuche unterbunden zu haben. Overpeers Strategie ist eigentlich ganz einfach – dennoch war sie der Firma einen Patentantrag wert. Darin wird die »Methode zur Verhinderung sinkender Plattenverkäufe durch die illegale Verbreitung von Musikdateien in Kommunikationsnetzwerken« im Detail beschrieben. Overpeer erstellt eigene Versionen des Songs, die durch »das Einfügen einer Stimme«, gezielte Verzerrungen oder auch »das Herabsetzen der Samplequalität« manipuliert werden. Diese werden dann in die Tauschnetzwerke eingespeist. »Der Nutzer«, weiß Overpeer, »wird mit der bearbeiteten Klangdatei nicht zufrieden sein«.[16]

Neben Overpeer hat sich auch eine ganze Reihe anderer Firmen auf das Verbreiten manipulierter MP3s in Tauschbörsen verlegt. So bieten etwa Mediaforce, Mediadefender und Vidius ihren Kunden ähnliche Dienste an. Die Effekte sind mittlerweile in P2P-Netzwerken deutlich spürbar. Kurz bevor im März 2003 die neue Madonna-Single »American Life« erschien, waren bereits mehr als fünf verschiedene manipulierte Versionen über Kazaa und Gnutella erhältlich.[17] Eingespeist werden solche MP3s meist von Anbietern mit sehr guter Netzanbindung. Wer die Chance hat, ihnen einmal auf die Festplatte zu schielen, entdeckt dort oftmals hunderte ebenfalls gefälschte Dateien. Bruce Springsteen, Christina Aguilera, India Airie, Phil Collins, U2 – für fast alle großen Acts werden manipulierte Songs im Netz verbreitet. Doch P2P-Entwickler haben dem Treiben nicht lange tatenlos zugesehen. Immer mehr Programme erlauben das Bewerten von Inhalten, so dass falsche Songs schon vor dem Download erkannt werden können. Außerdem erlauben Web-Portale wie Bitzi.com den Download von bewerteten MP3s über Tausch-Netzwerke.

Die Sicherheitsfirmen denken deshalb bereits einen Schritt weiter. Wer nicht willig ist, soll ihrer Vorstellung nach schon bald mit Gewalt am Tauschen gehindert werden. Nein, keine Angst, nicht auf Schlägertrupps will man setzen. Sondern auf Hackermethoden. So hat Vidius im Sommer 2002 ein Patent zur »Verteidigung gegen die illegale Verbreitung von Multimedia-Inhalten über Tauschbörsen-Netzwerke« beantragt. Darin beschreibt die Firma unter anderem, wie sie Port Scans und

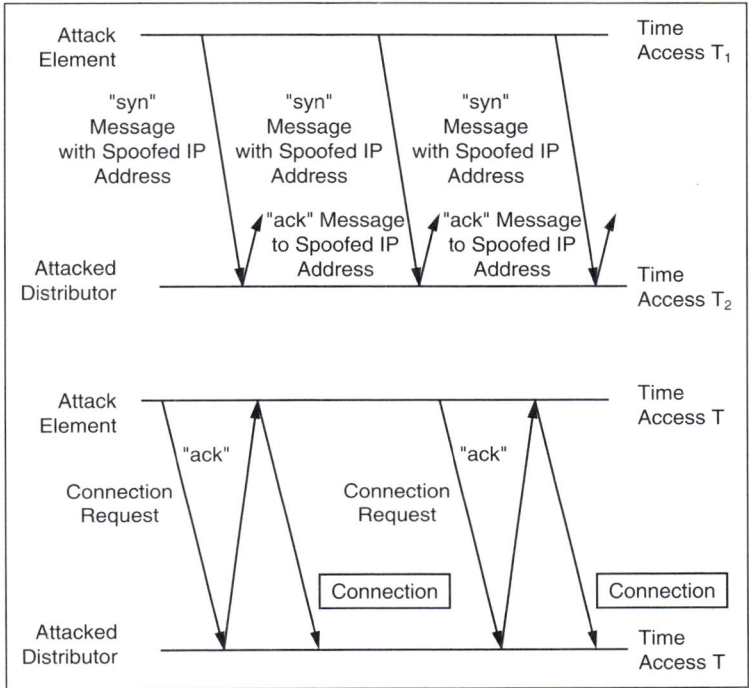

Denial-of-Service-Angriffe gegen Tauschbörsen-Nutzer

Denial-of-Service-Angriffe gegen P2P-Nutzer einsetzen und deren Tausch-Software zum Absturz bringen will.

Das von Vidius beschriebene System soll unter anderem Teilbereiche des Netzwerks (so genannte Subnetze) nach illegalen Inhalten durchsuchen. In der Praxis könnte dies bedeuten, dass ein Vidius-Rechner versucht, Verbindungen zu allen Nutzern eines Providers mit bestehender Online-Verbindung aufzubauen. Gelänge eine Verbindung, würde der Rechner über ein so genanntes Port Scanning testen, ob auf dem jeweiligen Computer des Nutzers Tausch-Programme in Gebrauch sind. Im Falle eines positiven Ergebnisses würde als Nächstes eine Liste der angebotenen Dateien erstellt. Hacker nutzen solche Port Scans gerne, um festzustellen, welche Software ein Rechner nutzt. Als solche sind sie auch vollkommen legal. Rechtlich fragwürdig wird die Vidius-Idee allerdings durch das unkontrollierte Sammeln von Daten über den jeweiligen Rechner.

Doch Port Scans sind nicht das Einzige, was Vidius den Hackern abgeguckt hat. Die Patentanmeldung beschreibt zudem recht präzise, wie die Firma plant, Anbieter von Inhalten in P2P-Netzwerke technisch außer Gefecht zu setzen. Eine erwähnte Möglichkeit baut auf Programmierfehlern in der verwendeten Tausch-Software auf. »Solche Attacken bieten die Möglichkeit, das Programm außer Gefecht zu setzen oder seinen Betrieb ernsthaft zu unterbrechen«, heißt es dazu in dem Papier.[18]

Darüber hinaus plant die Firma so genannte Denial-of-Service-Angriffe gegen Tauschbörsen-Teilnehmer – die betreffenden Nutzer würden dafür mit einer Flut von Anfragen überhäuft, die schließlich ihre Netzverbindung zusammenbrechen lassen oder den Rechner temporär außer Gefecht setzen könnten. Dazu heißt es in dem Patentantrag: »Methoden zum Durchführen von Denial-of-Service-Attacken sind bekannt und werden regelmäßig (oftmals illegal) gegen Internet-Server angewendet.«[19] Tatsächlich gilt ein solcher Angriff in den meisten Fällen als Gesetzesbruch. Einschränkend wird deshalb auch erwähnt, man könne diese Methode nur einsetzen, wenn die erforderliche rechtliche Autorisierung vorliege.

Um eben jene Autorisierung wollte sich im Juli 2002 der kalifornische Kongressabgeordnete Howard Berman kümmern.[20] Ein von ihm eingebrachtes Gesetz sollte es Urhebern ermöglichen, zu so genannten technischen Selbsthilfemaßnahmen gegen P2P-Piraterie zu greifen. Was damit genau legalisiert werden sollte, wollten Berman und die Unterstützer des Gesetzes nicht verraten. Stattdessen sollte das Gesetz den Maßnahmen einen rechtlichen Rahmen geben, der eventuelle Schadensersatzforderungen begrenzt hätte. So sollte es etwa legal sein, bis zu 50 Dollar Schaden pro illegal angebotenem Werk anzurichten. Wenn jemand sein Familienfoto »Sogar die Beatles sahen besser aus.jpg« benannt hätte und deswegen von Vidius und Co. fälschlicherweise mit Datenpaketen beschossen worden wäre, hätte das Gesetz sogar Schäden bis 250 Dollar gedeckt.

Laut Sarah Deutsch bestand das größte Problem für Verizon in der vagen Formulierung des Gesetzes. Deutsch dazu: »Im Falle einer Attacke hätten wir nicht gewusst: Ist das ein Problem mit unserem Internet-Service? Sind wir einer Hacker-Attacke ausgesetzt, auf die wir reagieren müssen? Oder handelt es sich um eine legitime Attacke auf Grundlage dieses Gesetzes?« Nicht nur Provider, auch Netznutzer und Organisationen wie die Electronic Frontier Foundation kündigten Widerstand gegen Bermans Denial-of-Service-Gesetz an.

Im Februar 2003 erklärte Berman schließlich, den Gesetzentwurf vorerst nicht weiter voranzutreiben. Grund dafür war offenbar, dass Hollywood seine Unterstützung aufgekündigt hatte. »Es gibt keine Selbsthilfemaßnahmen, die gegen Staats- oder Bundesgesetze verstoßen«, erklärte dazu Rich Taylor, der Sprecher der Motion Picture Association of America (MPAA).[21] Bisher, hätte er ergänzen sollen. Denn die Pläne dafür liegen bereits bei Vidius und Co. in der Schublade.

Anmerkungen

[1] Mit diesem Slogan warb der deutsche Phonoverband 1999 gegen das Kopieren von Audio-CDs. Dabei verstieg man sich zu wagemutigen Behauptungen wie der, dass 10.000 kopierte CDs eine Nachwuchsband verhindern.
[2] Don Marti: Open letter to Leonardo Chiariglione, executive director of the Secure Digital Music Initiative, 13.9.2000, online unter: http://www.linuxjournal.com/article.php?sid=5223.
[3] Die SDMI Dokumentation, online unter: http://www.julienstern.org/sdmi/. Die Dokumentation erklärt auch sehr anschaulich, wie das SDMI-System im Detail funktionieren sollte.
[4] DeSDMI reviews screening technology needs, 18.5.2001, online unter: http://www.sdmi.org/pr/Amsterdam_May_18_2001_PR.htm.
[5] Mehr zu diesem Thema in Kapitel 6: Ade, CD!
[6] Eine komplette und sehr amüsante Liste aller Einträge findet sich unter http://www.freedom-to-tinker.com/archives/cat_fritzs_hit_list.html.
[7] Peter Biddle, Paul England, Marcus Peinado und Bryan Willman: The Darknet and the Future of Content Distribution, S. 9, online unter: http://crypto.stanford.edu/DRM2002/darknet5.doc.
[8] Ebd., S. 14.
[9] Ebd., S. 15.
[10] Ebd. S. 16.
[11] Palladium wird von Microsoft als Betriebssystem-Erweiterung angepriesen, die in Zukunft E-Commerce und ähnliche Netz-Anwendungen sicherer machen soll. Unter seinen Kritikern ist umstritten, ob Palladium selbst schon als Kopierschutztechnologie bezeichnet werden kann oder nur den Einsatz solcher Technologien vereinfacht. Erstere Position wird unter Anderem im Palladium-FAQ (http://www.cl.cam.ac.uk/~rja14/tcpa-faq.html) vertreten, letztere kommt in einem Artikel des IT-Online-Magazins »The Register« zum Ausdruck: John Lettice: Of TCPA, Palladium and Werner von Braun, The Register, 8.11.2002, online unter: http://www.theregister.co.uk/content/archive/28016.html.

[12] In der Regel wird dies euphemistisch »harmonisieren« genannt, obwohl es fast ausschließlich um Verschärfungen geht, die in der Praxis zu oft gar nicht so angenehm-harmonischen Verhältnissen führen. Mehr dazu im Kapitel 11.

[13] Oftmals wird das Urteil gegen die Tauschbörse Napster dahingehend interpretiert, dass auch der private Austausch von MP3s illegal sei. Der Washingtoner Rechtsanwalt John T. Mitchell wendet jedoch ein: »Unser verfassungsmäßiges Recht auf einen fairen Prozess bewirkt, dass wir nicht jeden Napster-Nutzer auf der Basis eines Verfahrens verurteilen können, in dem nur Napster vor Gericht war. Die Rechtslage ist keineswegs geklärt.« Mitchell glaubt, dass P2P-Nutzung durchaus als legal angesehen werden kann. »Downloads zum Erforschen verschiedener Musikstile für eine wissenschaftliche Arbeit mögen vollkommen legal sein. Möglicherweise gilt das Gleiche auch für das Antesten von Musik zum Präzisieren der eigenen Einkaufsliste, bevor man sich auf den Weg zum Plattenladen macht.«

[14] Jennifer Sullivan: MP3 Pirate gets Probation, Wired News, 24.11.1999, online unter: http://www.wired.com/news/politics/0,1283,32276,00.html.

[15] Motion for leave to file and brief Amicus Curiae of United States Internet Service Provider Association in support of Verizon, 12.9.2002, online unter: http://www.eff.org/Cases/RIAA_v_Verizon/20020911_US_ISPA_amicus.pdf.

[16] United States Patent Application 20020082999, online abzufragen unter: http://www.uspto.gov/patft/index.html.

[17] Zur Veröffentlichung des auf die Single folgenden Albums konnte die beauftragte Firma sogar auf Madonnas persönliche Mithilfe vertrauen. In den betreffenden Songs schnauzte sie: »What the fuck do you think you're doing?« Wenig später erschienen im Netz dutzende von Songs, die Madonnas Schimpftirade sampelten. Einige davon sind unter http://www.madgelloland.org/irixx/madonna/ zu bewundern.

[18] United States Patent Application 20020087885, online abzufragen unter: http://www.uspto.gov/patft/index.html.

[19] Ebd.

[20] Berman hat schon immer ein offenes Ohr für die Interessen der Entertainment-Industrie gehabt. Diese dankt es ihm regelmäßig mit üppigen Wahlkampfspenden. Die sechs größten Einzelspenden für seinen Wahlkampf 2002 bekam Berman von Walt Disney, AOL Time Warner, Vivendi Universal, Viacom, News Corp. und Dreamworks.

[21] Zitiert nach: Jon Healey: Rep. Berman May Not Revive Internet Piracy Bill, LA Times, 21.2.2003, online unter: http://www.latimes.com/technology/la-fi-berman21feb21,1,4879496.story.

Singende Senatoren, stickende Senioren und Lessig-lesende Hacker

Die Graswurzeln wachsen hören

Zu kaum einem Netz-Thema wurde in den vergangenen zwei, drei Jahren mehr geschrieben als zum Kampf der Entertainment-Industrie gegen MP3s und Tauschbörsen. Oft scheinen sich die Meldungen dabei geradezu zu überschlagen: Napster beispielsweise schaffte es in nicht mehr als zwei Jahren vom gegen die Musikindustrie kämpfenden Rebellen zum Hoffnungsträger mit Bertelsmann-Unterstützung, um schließlich als verschuldeter Pleitefall versteigert zu werden. Ähnlich ging es dutzenden Dotcoms und unzähligen Geschäftsplänen. Und was haben uns erst die großen Gerichtsverfahren beschäftigt: MP3.com sollte Milliarden an Schadensersatz zahlen – nur um wenig später von den Klägern übernommen zu werden.

All diese Entwicklungen waren und sind spannend und meist schwindelerregend schnell. In Vergessenheit geraten dabei oftmals all jene Nachrichten, hinter denen keine Firma mit großem Budget steht. Die Graswurzel-Initiativen, die Nischen im Netzmusik-Dschungel. Dabei tragen auch diese scheinbar kleinen Unternehmungen dazu bei, dass die alte Musikindustrie obsolet wird und wir alle uns nach neuen Ideen umschauen müssen. Deshalb sollen die nächsten Seiten einen – zugegebenermaßen höchst selektiven – Rückblick auf einige jener Randerscheinungen der letzten Jahre geben, die in den großen Debatten um die Zukunft der Musikindustrie allzu schnell untergehen.

Auf den Hacker, der uns vor Augen führte, warum Digital-Rights-Management-Technologien nicht nur technischer, sondern auch politischer Unfug sind. Auf den singenden Senator, der seine eigenen CDs im Netz verkauft. Auf die rüstigen Seniorinnen, die auf der Suche nach einem netten Hobby mal eben die Paradigmen geistigen Eigentums in

Frage stellen. Auf Musiker, die in Krisenzeiten das Netz wieder als das entdecken, was es ursprünglich einmal war: eine unabhängige Distributionsplattform, die nicht den Kontrollmechanismen des traditionellen Medienbetriebs unterliegt. Willkommen im Reich der weltbewegenden Randnotizen.

Wie ein erzkonservativer Mormone zum Napster-Fan wurde[1]

Der seltsame Senator

Normalerweise sind die Rollen im Wettstreit um Musik im Netz klar verteilt. Auf der einen Seite die Programmierer – klischeehaft meist gerade erst 18 geworden, Nerds bis zu den Fußspitzen, ausgestattet mit einem diffus-libertären Weltbild und genug Intelligenz und Freizeit, um in ein paar durchgemachten Nächten eine Killer-Application wie Napster zu schaffen. Auf der anderen Seite Plattenbosse, die im MP3-Format den Untergang des Abendlandes wittern.

Und dann gibt es da noch diesen seltsamen Senator, der so gar nicht ins Raster passen will: Orrin G. Hatch, gewählter Senator von Utah, Republikaner, Mormone. Eigentlich ein Konservativer, wie er im Buche steht. In der Netzgemeinde hat er sich durch Forderungen nach Content-Filtern für Kinderpornos und Neonazi-Seiten nicht gerade beliebt gemacht. Doch spricht man jemanden aus der Netzmusik-Szene auf Hatch an, gibt es nur Lobeshymnen zu hören. Denn der Herr Senator ist ein leidenschaftlicher Napster-Fan.

Viel Applaus war Hatch deshalb im Januar 2001 auf der Future of Music Conference in Washington sicher. Auf dieser Veranstaltung diskutierten zwei Tage lang Filesharing-Entwickler mit Musikern, E-Business-Strategen mit Online-Journalisten und Download-Anbieter mit Streaming-Media-Enthusiasten. Ein Publikum nach Hatchs Geschmack, weshalb er in seiner Rede erstmal ein bisschen aus der Westentasche plaudern konnte: »Ich bin ein großer Musikfan. Das wird ihnen jeder bestätigen, der mich in meinem Büro besucht und die angehäuften CD-Stapel rund um meine Stereoanlage gesehen hat.«

Einige ganz Mutige hätten sich zu so einer Gelegenheit sogar ein paar seiner Songs angehört, berichtete er. Hatch ist Songwriter aus Leidenschaft und Überzeugung. Als bekennender Mormone schreibt und vertont er christliche Popmusik, bisweilen mit patriotischem Einschlag. Auf sein Konto gehen ganze acht Alben mit Songs wie »My God is Love« und

»Heal Our Land«. Doch Hatch ist in seiner Musikauswahl flexibel: »Ich war entzückt, dass unsere Komitee-Anhörung letztes Jahr es mir erlaubte, in die subtilen Reize Metallicas eingeweiht zu werden.«

Damals organisierte er auf dem Höhepunkt der Napster-Debatte eine Anhörung mit allen prominenten Kontrahenten. Schnell ließ er durchblicken, dass er für die Klagen gegen Napster nicht besonders viel Verständnis aufbringen konnte. In Anwesenheit Lars Ulrichs witzelte er beispielsweise darüber, vor ein paar Stunden Metallica-Songs aus dem Gnutella-Netzwerk heruntergeladen zu haben. Worauf Ulrich generös erklärte, er habe das Geld des Senators gar nicht nötig.

Stars wie Lars Ulrich und singende Senatoren spielen eben doch in unterschiedlichen Ligen des Musikbusiness. Auf der Future of Music Conference berichtete Hatch, er habe kürzlich seinen ersten Scheck über 60 Dollar Autoren-Tantiemen bekommen. Glücklicherweise sei er nicht auf dieses Geld angewiesen, da er ja einen ganz einträglichen Job habe. Vielen Musikern gehe es jedoch längst nicht so gut wie ihm, bemerkte Hatch: »Es ist eine traurige Wahrheit, dass auf jede Sheryl Crow und jeden Billy Joel tausende kommen, die niemals sich oder ihre Familie durch ihre Musik ernähren können, auch wenn sie ebenso talentiert sein mögen. Aber neue Vertriebssysteme können dies zu einem bestimmten Grad verändern.«

Im Netz seien Musikern nicht mehr auf die Labels angewiesen, sondern könnten ihre Musik direkt vertreiben und damit einen viel besseren Schnitt machen. Zwar werde es möglicherweise schwieriger, online Aufmerksamkeit zu erlangen. Dafür sei man aber nicht mehr auf umfangreiche Promo-Investitionen oder den Zugang zu den großen Radio-Networks angewiesen. Weshalb Hatch dem neuen Medium auch sehr optimistisch gegenübersteht: »Es gibt viele großartige Musik, die sich niemals auf dem Niveau von Metallica oder N'Sync verkaufen wird. Aber ich glaube, mehr davon kann in dieser neuen Welt überleben.«

Einen Dämpfer verpasst Hatchs Optimismus allerdings das Auftreten der Plattenfirmen im Netz. Hatch forderte deshalb auf der Future Of Music Conference eindringlich gleiche Chancen für alle: »Ich heiße die Plattenfirmen in der Online-Welt willkommen, gemeinsam mit anderen großen Entertainment-Konglomeraten, Kabelfirmen und Online-Anbietern. [...] Aber ich glaube nicht, dass es Musikern oder Fans irgendeinen Vorteil bringt, wenn all die neuen, weiten Distributionskanäle von denen kontrolliert werden, welche die alten, schmaleren kontrolliert haben.«

Diese Gefahr bestehe besonders, wenn sie ihre Vormachtstellung wettbewerbsbehindernd gegen jene neuen Musikanbieter anwenden würden, die sich an neuen Distributionsmodellen versuchen. Entscheidend sei, dass der Gesetzgeber freien Zugang zu den Distributionskanälen garantiere. Der Weg zu einem fairen Distributionsmodell wird nicht einfach, das weiß auch Hatch. Deshalb rief er die Teilnehmer der Future of Music Conference dazu auf, die Ärmel hochzukrempeln und gemeinsam neue Wege zu beschreiten: »Wir müssen so kreativ über Lizenzmodelle nachdenken, über technologische, rechtliche und gesetzliche Lösungen, wie Musikschaffende und Techniker über ihre Kreationen nachdenken.«

Womit wir wieder bei dem anderen Orrin G. Hatch wären. Dem Kreativen, dem Songwriter mit Gottvertrauen. Auf seiner Musiker-Homepage preist sogar der ehemalige Präsident George Bush senior Hatchs Platten an. Den Verkaufszahlen hat es nicht genützt, und in Filesharing-Netzwerke hat er es auch immer noch nicht geschafft. Vielleicht sollte Hatch doch den Rat befolgen, den ihm Bono einmal gegeben hat. Der U2-Sänger riet ihm, sich einen Künstlernamen zuzulegen. Seine Songs seien ja großartig, aber die Musik eines republikanischen Senators wolle nunmal einfach niemand kaufen.

Warum wir fürs Netz neue Medienbegriffe brauchen[2]

Rip this Stream!

Jon Clegg mag Internet-Radios. Manche Sender hat er sogar so ins Herz geschlossen, dass er ihr Programm am liebsten immer wieder hören würde. In den Zeiten des guten alten terrestrischen Radios hätte er wahrscheinlich zu einer Minidisc oder einer Kassette gegriffen, um die Sendungen aufzunehmen und in der eigenen Sammlung zu konservieren. Auch für digitale Mitschnitte gibt es mittlerweile die ein oder andere Möglichkeit. Da aber keine Cleggs Anforderungen genügte, machte er sich Anfang letzten Jahres an die Arbeit und programmierte ein Programm namens Streamripper. Der Clou dieses digitalen Tapedecks: Streamripper liest die Meta-Daten eines Shoutcast-MP3-Streams aus und kann aufgrund dieser Informationen alle gespielten Songs einzeln abspeichern.

Lange blieb das Programm auch Live365.com nicht verborgen. Der Netzradio-Anbieter hostet einige tausend Radiostationen im MP3-Format. Viele dieser Stationen senden nicht live, sondern lassen ein aus einzelnen MP3s zusammengestelltes Programm in Endlosschleife laufen – ein ideales Einsatzgebiet für den Streamripper. Live365.com sieht in dessen Einsatz jedoch einen Verstoß gegen die eigenen Nutzungsbedingungen, die explizit das Abspeichern der ausgestrahlten Programme verbieten. Die Firma schickte Clegg deswegen Ende April eine Abmahnung.

Weil das von der Site verwendete MP3-Format ungeschützt ist, verwendet man einige HTML- und Skript-Tricks, um den direkten Zugriff auf Streams und Metadaten zu verhindern. Ende Mai 2001 führte Live365.com schließlich noch einen weiteren, höchst eigenwilligen Schutz gegen Cleggs Programm ein. Wer mit dem Streamripper auf einen der dort gehosteten Sender zugreift, lädt statt der Musik eine riesige HTML-Datei. Darin wird folgender Textabsatz bis zum Absturz des Aufnahme-Programms wiederholt: »// DEFINITION clegg n – large swift fly the female of which sucks blood of various animals [syn horsefly, cleg, horse fly]«

Jon Clegg hat die Unterstützung für Live365.com-Streams mittlerweile aus seinem Programm entfernt. Doch für den Webradio-Hoster ist dies nur ein Etappensieg. Neben dem Streamripper existiert bereits eine ganze Reihe weiterer Aufnahmeprogramme für Audio- und Videostreams. Einer der Vorreiter war das Streambox-VCR-Programm, das den Download von Real- und Windows-Media-Streams erlaubt. Das Programm täuscht vor, ein autorisierter Media-Player zu sein, und erhält dadurch vom Streaming-Server Zugriff auf die betreffenden Daten. Diese können dann geladen werden, ohne von einer Echtzeitübertragung abhängig zu sein. So können beispielsweise auch Nutzer geringer Bandbreiten in den Genuss hoch auflösender Musikvideos kommen.

Die Streambox VCR wurde vor etwa zwei Jahren als Beta-Version veröffentlicht und verbreitete sich sehr rasch im Netz. Zwar bauten die Streambox-Entwickler eine Art Sicherheitssystem in ihre Software ein, um den Zugriff auf autorisierte Streams zu beschränken. Doch RealNetworks reichte dies nicht. Kurzerhand klagte man gegen die Aufnahmesoftware, erwirkte Anfang 2000 eine einstweilige Verfügung und gewann ein halbes Jahr später endgültig vor Gericht. Streambox stellte daraufhin die Entwicklung seiner VCR-Software ein. Doch diese hatten längst andere übernommen.

Das Programm ist heute im Netz auf zahlreichen Websites verfügbar. Cracker haben bereits Patches entwickelt, mit denen sich die DRM-Mechanismen der Streambox ausschalten und andere Funktionen optimieren lassen. Spezielle Tools wie der URL Snooper lassen sich zudem dazu benutzen, durch Skript-Konstruktionen versteckte Media-Dateien aufzuspüren und anschließend herunterzuladen. Mit Programmen wie dem Streambox Ripper oder Tinra werden die proprietären Formate anschließend in AVIs oder MP3s umgewandelt, um wenig später auf den einschlägigen Tauschbörsen aufzutauchen.

Die Kopierschutzmechanismen der Streaming-Media-Formate sind dabei engagierten Download-Freunden kein großes Hindernis, wie eine Studie der Firma Widevine Technologies belegt. Deren eindeutiges Fazit: »Die angebliche Sicherheit der aktuellen Streaming-Media-Technologien ist in den meisten Fällen so schwach, dass sie bedeutungslos ist.« So setzt beispielsweise RealNetworks laut Widevine-Studie auf ein verblüffend simples Sicherheitskonzept. Um dem kostenpflichtigen RealPlayer Plus mitzuteilen, welche Streams er aufnehmen darf und welche nicht, genügt ein einziges Bit im Header des Streams. Wer diese Abfrage abschalten will, muss dazu nur einen recht simplen Client-seitigen Crack benutzen. Apples Quicktime hat sogar gleich ganz auf jeden Schutz der Inhalte verzichtet. Noch gibt es keine Software zum Aufzeichnen von Quicktime-Inhalten. Doch dass einige Streaming-Websites aus diesem Grund auf Quicktime umstellen, betrachten die Autoren der Widevine-Studie eher als Kuriosum: »Dadurch, dass sie sehenswerte Inhalte exklusiv in diesem Format anbieten, verkürzen sie ironischerweise die Zeit bis zu dem Tag, an dem diese Software entwickelt wird.«

Als einziges Format setzt Microsofts Windows Media auf eine Komplett-Verschlüsselung der Inhalte. Doch auch diese Methode ist anfällig für zahlreiche Angriffsmöglichkeiten. So können »virtuelle Treiber« die Daten abgreifen, wenn sie zur Ausgabe an Sound- oder Grafikkarte geschickt werden. Von diesen in der Widevine-Studie als »Screen Scraping« beziehungsweise »Speaker sucking« bezeichneten Möglichkeiten machen bereits zahlreiche Programme wie etwa der Total Recorder Gebrauch. Auch anderen klassischen Angriffsmöglichkeiten gegen Kryptographie wie etwa einem zum »Man in the middle« umfunktionierten Proxy-Server ist Windows Media laut der Studie nicht gewachsen.

Widevine veröffentlicht seine scharfe Analyse allerdings nicht ohne Hintergedanken. Die Firma hat selbst eine unter dem Namen Widevine Cypher vertriebene Sicherheitslösung für Streaming Media entwickelt. Das System setzt auf Realtime-Verschlüsselung und schaltet den Stream automatisch ab, sobald es laufende Aufnahmeprogramme auf dem Rechner des Endusers entdeckt. Doch der Streaming-Media-Experte und Vorbis-Entwickler Jack Moffit glaubt nicht, dass dies irgendjemanden an der

Aufnahme der Streams hindern wird. Im Zweifelsfall würden die Inhalte sowieso nach der Entschlüsselung aufgenommen, so dass verschlüsselte Übertragung praktisch unwirksam sei. Moffit weiter: »Dies ist nur eine weitere Firma, die auf einen Aspekt der Technologie verweist, der völlig unwichtig ist – in der Hoffnung, niemand nehme wahr, dass die große, stahlverstärkte Tür überhaupt nicht mit der Wand verbunden ist.«

Tatsächlich lassen sich insbesondere Audiodaten problemlos und mit wenigen Verlusten über den Audio-Ausgang der Soundkarte aufnehmen. Dieser alte Trick wirft allerdings einige juristische Fragen auf. Der Nutzen solcher Tools wie der Streambox-VCR-Software mag in einigen Fällen illegal sein. Wenn damit beispielsweise ein Kopierschutz umgangen wird, stellt dies in den USA einen Verstoß gegen den Digital Millennium Copyright Act dar. Kann aber ein einfaches Audio-Kabel bereits als »Circumvention Device« angesehen werden? Wie steht es um Treiber, die eine Aufnahme durch Umlenken der Datenflüsse ermöglichen? Und was kann wirklich als Kopierschutz bezeichnet werden? Das Kopierschutz-Bit im Header des RealAudio-Streams? Die Skripte, mit denen zahlreiche Site-Betreiber ihre Quelldateien verstecken? Oder die persönlichen Schmähungen, mit denen Live365.com Jon Cleggs Streamripper zum Absturz brachte?

Neben solchen Detailfragen stellt der Trend zur Streaming-Media-Piraterie einige viel grundsätzlichere Glaubenssätze des Online-Musikbusiness in Frage. Lange Jahre haben Musikindustrie und Verwertungsgesellschaften, Gerichte und Internet-Unternehmen versucht, im Netz die Strukturen des alten Musikbusiness nachzubilden. Streaming Media galt als Weiterführung des Radio- und Fernsehgedankens, Downloads als digitale Entsprechung des realen Tonträgers. Kamen neue Technologien auf den Markt, suchte man verzweifelt nach einer Entsprechung in der Welt der analogen Medienwirtschaft.

Doch deren Begriffe und Modelle stehen jetzt einmal mehr zur Disposition. Programme wie Jon Cleggs Streamripper kratzen am Mythos der flüchtigen Medien. Denn wenn im Endeffekt jeder Stream mit ein paar Tricks auch aufgenommen werden kann – lässt sich dann überhaupt noch sinnvoll zwischen den Medientypen Stream und Download trennen? Whitney Broussard, als Anwalt der New Yorker Kanzlei Selverne, Mandelbaum & Mintz Spezialist für rechtliche Fragen der Online-Musikdistribution, ist schon aus eigener Erfahrung anderer Ansicht: »Der einzige Unterschied zwischen einem Stream und einem Download liegt im Verhalten des Empfängers. Wenn ich ›Sympathy for the devil‹ als

128kbps-MP3-Datei herunterlade und sie [nach dem Anhören] lösche, ist es ein ‚Stream'. Wenn ich sie behalte, ist es ein ›Download‹. Wenn ich beim Streamripper auf Aufnahme drücke, während ich einen 128kbps-Webcast von »›Sympathy for the devil‹ anhöre, ist dies ein ›Download‹. Mache ich das nicht, ist es ein ›Stream‹.«

Statt sich weiter auf diese überholten Begriffe zu berufen, schlagen Broussard und andere Experten die einheitliche Verwendung des Begriffs »Digital Phonorecord Delivery« für die Übermittlung vom Audiodaten im Netz vor. Dabei geht es allerdings um mehr als nur begriffliche Spitzfindigkeiten. Die Einführung eines neuen Medienbegriffs müsste auch zu neuen Abrechnungssätzen der Verwertungsgesellschaften und zu neuen Preisstrukturen im Online-Musikverkauf führen. Vielleicht müsste man sich sogar ganz von dem Gedanken verabschieden, dass sich Musik im Netz als greifbares Produkt verkaufen lässt. Doch bis sich solch ein Bewusstseinswandel durchgesetzt hat, werden Musikfreunde wohl noch einige Streams downloaden und Downloads streamen dürfen.

Was Netz-nutzende Seniorinnen mit Napster gemeinsam haben[3]

Die neueste Masche der Netzpiraten

In den letzten Jahren haben immer mehr ältere Menschen das Netz für sich entdeckt. Doch wer bisher angenommen hat, sie würden dort nur fleißig die Seiten ihrer Lieblingsfernsehsendungen ansurfen und sich über die neuesten Stützstrumpf-Modetrends informieren, der irrt. Glaubt man der Firma Pegasus Originals, mausern sich besonders die betagteren Damen online zu wahren Netzpiratinnen.

Pegasus Originals verkauft Stickmuster. Fröhliche Bildchen mit Aufschriften wie »A House Is Not A Home Without A Cat«, die von netten Omas für ein paar Dollar gekauft, auf Kissen gestickt und anschließend an die nette Verwandtschaft verschenkt werden. Diese darf sie dann in die Kiste zu den Geschenken vom Vorjahr legen, beruhigt feststellen, dass die Oma immer noch die Alte geblieben ist, und alle sind glücklich. Eine Industrie der Idylle, könnte man meinen.

Doch seit 1997 sind bei Pegasus die Verkäufe um 40 Prozent zurückgegangen. Seit ein paar Monaten weiß man auch, warum: Die lieben Omas scannen ihre Stickmuster und tauschen sie im Netz über Chaträume und Mailinglisten aus. Pegasus-Originals-Firmengründer Jim Hedgepath ist schwer empört und denkt gegenüber der Los Angeles

Times laut über rechtliche Schritte gegen die Seniorinnen nach: »Sie sind Hausfrauen, und sie sind Hacker. Es ist mir egal, ob sie Kinder haben. Es ist mir egal, dass es Großmütter sind. Sie bootleggen uns aus dem Geschäft.«

Für Carla Corny dagegen ist das Tauschen der Stickmuster nur eine »Hilfe unter Freunden«. Corny betrieb mit anderen passionierten Stickerinnen die Mailingliste »Pattern Piggies Unite!«, auf der rund 350 Teilnehmerinnen fleißig gescannte Muster austauschten. »Warum sollten Freunde einander nicht aushelfen und ein bisschen Geld sparen?«, fragte sie die Los Angeles Times. Doch seit Anfang Oktober 2000 ist die Mailingliste nicht mehr erreichbar. Hedgepath hatte sich offenbar in die Gemeinschaft eingeschlichen und danach ihre Schließung erwirkt. Reuters berichtete er von seiner Undercover-Arbeit gegen die Piratinnen: »Innerhalb weniger Tage bekam ich so viele Muster zugesandt, dass ich meine E-Mails nicht mehr herunterladen konnte.«

Viele der von ihm angeschriebenen Angebote seien mittlerweile geschlossen. Einige würden aber wohl im Untergrund weiterbetrieben, und man bekomme nur noch gegen persönliche Empfehlungen Zutritt. Gegen diesen harten Kern der Piraten wollen die Stickmusterhersteller notfalls auch juristisch vorgehen. Nach ihrem letzten Jahrestreffen richtete die International Needleheart Retailers Guilt bereits einen Fonds für juristische Auseinandersetzungen ein. Verbandsvertreter Jo Weiss zeigte sich gegenüber Reuters zu allem bereit und verglich das Schicksal der Stickmusterhersteller mit der von MP3-Piraterie bedrohten Musikindustrie.

Ein Vergleich, der ankommt. Normalerweise begegnen die Leser der Online-Musik-Website Dmusic.com Stickereien wohl nur, wenn sie mal wieder aus Versehen in die Kiste mit Omas Geschenken gucken. Nun wird dort jedoch lebhaft darüber diskutiert, ob Großmutter ins Gefängnis muss. Der Stickmusterindustrie wird der gut gemeinte Vorschlag gemacht, es doch mal mit einer »Secure Downloadable Needlepoint Initiative« zu versuchen. Andere fragen sich besorgt, wie es eigentlich um den Künstler in der Stickmusterindustrie steht. Wird er für seine Leistung ausreichend belohnt? Oder wird er von den großen Stickmusterfirmen ausgebeutet? Braucht es eigentlich überhaupt diese Firmen? Ein Diskussionsteilnehmer verneinte dies: »Es ist an der Zeit, den Künstler zu unterstützen und die Mittelsmänner zu umgehen. Sticken muss frei sein!« Am meisten sollte die Stickmusterindustrie jedoch Angst davor haben, dass eine der rüstigen Piratinnen auf den Rat eines gewissen RamenBoy stößt: »Beeilung, registriert Stitchster.com, bevor es zu spät ist!«

Was einen Hacker dazu bewegte, sich mit Microsoft anzulegen[4]

Kopierschutzknacken aus Überzeugung

Ein unter dem Pseudonym »Beale Screamer« auftretender Kopierschutzknacker veröffentlichte im Oktober 2001 ein Programm zum Umgehen des Windows-Media-Sicherheitsschemas aus dem Hause Microsoft. Dieses System fungiert als Kopierschutz für Musik- und Videodaten und kommt unter anderem bei der Musik-Abo-Plattform Pressplay der Major-Labels Universal und Sony zum Einsatz. Außerdem setzen einige Anbieter von Kopierschutzmechanismen für Audio-CDs wie etwa Sunncomm auf diese Technologie. Mit Windows Media geschützte Daten können bestimmten Restriktionen unterworfen sein, so dass sie sich nur auf einem bestimmten PC oder nur während eines begrenzten Zeitraums anhören lassen.

Der von Beale Screamer veröffentlichte Crack erlaubt es, die Dateien von diesen Restriktionen zu befreien. Technisch baut der Crack auf einer strukturellen Schwäche der Software auf, die Microsoft wahrscheinlich schnell beheben kann. Während des Entschlüsselungs- und Authentifizierungsprozesses ist es möglich, die ungenügend geschützten Schlüssel des Clients zu ermitteln und diese dann für eigene Zwecke zu nutzen. Weniger leicht dürfte der Schaden wieder gutzumachen sein, der durch die detaillierte Analyse des Digital-Rights-Management-Schemas und der dafür verwendeten Verschlüsselungskomponenten entstanden ist. Wenn jemand spätere Windows-Media-Updates knacken will, kann er auf eine solide Vorarbeit zurückgreifen.

Offenbar ging es dem Beale Screamer aber auch gar nicht darum, eine möglichst einfach und universell zu benutzende Software zu erstellen. Sein Crack ist eher eine Art »Proof of concept« – ein Beweis dafür, dass auch moderne und technisch komplexe Sicherheitsmechanismen geknackt werden können. Gleichzeitig greift er in die Debatte zum Urheberrechtsschutz ein, indem er bemerkenswert detailliert die juristischen und wirtschaftlichen Grundlagen der benutzten Technologien kritisiert. In einem dem Crack beigefügten Text greift Beale Screamer insbesondere den Versuch an, die Rechte des privaten Gebrauchs durch Digital Rights Management (DRM) zu beschneiden und ihre technische Durchsetzung durch den Digital Millennium Copyright Act (DMCA) zu verbieten. Dazu nimmt er unter anderem Bezug auf den als DeCSS-Fall bekannt gewordenen Prozess gegen Hacker des DVD-Kopierschutzes, die Auseinandersetzungen um Edward Feltens SDMI-Papier und den Strafprozess gegen den russischen eBook-Cracker Dmitri Skljarov.

Außerdem hat Beale Screamer auch so einiges ganz konkret an Microsofts DRM-Technologie auszusetzen. Etwa die Tatsache, dass sie den Konsumenten keinerlei Transparenz über die Lizenz-Restriktionen bietet. So könne eine Plattenfirma beispielsweise dafür sorgen, dass ein Song sich nach fünf Jahren deaktiviert, ohne dass dies dem Konsumenten beim Kauf bewusst ist. Schließlich besteht nach seiner Meinung die Gefahr, dass Werke nicht nach 70 Jahren zum öffentlichen Gut werden, wenn sie mit DRM-Systemen geschützt werden. Zumindest theoretisch ist auch nach 70 Jahren ein Crack einer Datei immer noch durch den DMCA verboten, selbst wenn der Inhalt der Datei längst nicht mehr geschützt ist – ein Aspekt, der in der Kopierschutzdebatte bisher völlig übersehen wurde.

Mit diesem Text macht Beale Screamer zwei Dinge klar: Die Zeit, in denen Cracker nur »kewl d00dZ« mit merkwürdiger Rechtschreibung waren, scheint vorbei zu sein. Heute lesen sie Lawrence Lessig und zitieren die New York Times. Außerdem wird es weiter Cracks als Widerstand gegen Gesetze wie den DMCA geben. Er selbst habe keine Lust, zum Märtyrer zu werden, und werde sich deshalb nach dem Hack eine Weile still verhalten, so Beale Screamer. »Aber es gibt jede Menge andere Leute, die genau dass tun können, was ich getan habe. Und tatsächlich machen sie es gerade in diesem Moment.«

Wie MP3s zum Antikriegs-Medium wurden[5]

Der Kultur-Krieg

Als die Dixie-Chicks-Sängerin Natalie Maines während des Golfkriegs Anfang 2003 bei einem Konzert in London bemerkte, sie schäme sich für die Politik ihres Präsidenten, löste sie damit in ihrer Heimat einen Proteststurm aus. Zahlreiche Radiosender erklärten, keine Platten der Country-Band mehr spielen zu wollen. Country-Fans überschütteten Radios mit wütenden Anrufen und zerstörten öffentlich die CDs der Dixie Chicks. Schließlich befasste sich sogar das Parlament von South Carolina mit der Äußerung der Sängerin. In einer gemeinsamen Resolution befanden dessen Abgeordnete, die Äußerungen der Sängerin seien unamerikanisch und bedürften einer öffentlichen Entschuldigung.

Dieser Beschluss ist nur der Höhepunkt einer Auseinandersetzung, die während des Kriegs die gesamte US-amerikanische Kulturindustrie erfasst hatte. Auf der einen Seite standen Künstler, die sich öffentlich gegen den Krieg aussprachen. Auf der anderen konservative Mediennetzwerke, die geschickt an die patriotischen Gefühle ihrer Zuhörer und -schauer appellierten. Dahinter stand nicht nur die Jagd nach hohen Einschaltquoten, sondern auch der Versuch, sich politische Unterstützung der Bush-Regierung zu sichern.

Ein Paradebeispiel dafür bot das Clear-Channel-Netzwerk. Mit mehr als 1200 Radiostationen gehört der Sender zu den größten Rundfunkbetreibern des Landes. Nach eigenen Angaben kann Clear Channel mehr als 100 Millionen Hörer auf sich vereinen. Die Größe der Firma hat schon oft für Kritik gesorgt. Organisationen wie die Future of Music Coalition werfen Clear Channel vor, ein Monopol aufzubauen und unabhängigen Bands praktisch kein Forum mehr zu bieten. Die Kritiker haben längst auch bei zahlreichen Politikern ein offenes Ohr gefunden. So hat der demokratische Senator Russ Feingold angekündigt, Clear Channels Wachstum per Gesetz begrenzen zu wollen.

Interessanterweise gehörte Clear Channel zu den lautstärksten Unterstützern der Kriegspolitik des US-Präsidenten. Im ganzen Land organisierte der Sender Demonstrationen für Amerika. Allein in Atlanta nahmen nach Angaben des Senders 25.000 Menschen an solch einer Demonstration teil. Die Website des lokalen Clear-Channel-Senders zeigt die Demonstranten mit unzähligen US-Flaggen und Plakaten wie »Thank you Tony Blair« und »Give war a chance«. Zahlreiche Clear-Channel-Stationen beteiligten sich zudem am Dixie-Chicks-Boykott. Kritiker glauben, dass Clear Channels Engagement für die Truppen am Golf nicht ganz uneigennützig war. Sollte es zu einer Diskussion über die Monopolstellung des Netzwerks kommen, kann ein bisschen Rückenwind aus Washington sicher nicht schaden.

Doch auch andere Radio- und Fernsehnetzwerke verbannten während des Kriegs kritische Musik aus ihrem Programm. Im März 2003 wurde ein internes Memo von MTV Europe öffentlich, in dem der Sender seine Mitarbeiter anwies, keine Videos mehr zu spielen, die gegen den guten Geschmack verstoßen oder die Gefühle der Öffentlichkeit verletzen könnten. Dazu gehörten für MTV alle Titel, die sich mit »Krieg, Soldaten, Kriegsflugzeugen, Bomben, Raketen, Riots und Aufständen, Hinrichtungen« und Ähnlichem auseinandersetzten. Tabu waren damit »Miss Sarajevo« von U2 oder auch »Holy Wars« von Megadeth. Verbannt wurde auch das Video »Boom!« der Punkrock-Band System of a

Down, in dem diese mit Unterstützung des Oscar-Preisträgers Michael Moore gegen den Irak-Krieg wettert.

Zahllose Musiker zogen daraus die Konsequenz, ihre Meinung direkt im Netz hörbar zu machen. Von Green Day über George Michael bis zu den Beastie Boys haben viele von ihnen während des Kriegs komplette MP3s ihrer Antikriegs-Songs ins Netz gestellt. »Gott sei Dank gibt es das Internet, da wir gegen eine Firmenkultur kämpfen, die es praktisch unmöglich macht, Protest-Songs ins Radio zu bringen«, erklärte dazu REMs Mike Mills.

Anmerkungen

[1] Dieser Text erschien erstmals am 15.1.2001 in Telepolis und wurde für dieses Buch gekürzt und überarbeitet.

[2] Dieser Text erschien erstmals am 6.7.2001 in Telepolis und wurde für dieses Buch gekürzt und überarbeitet. Links zu Aufnahmeprogrammen gibt es auf der Buch-Website http://www.mixburnrip.de.

[3] Dieser Text erschien erstmals am 5.8.2001 in Telepolis und wurde für dieses Buch gekürzt und überarbeitet.

[4] Dieser Text erschien erstmals am 24.10.2001 in Telepolis und wurde für dieses Buch gekürzt und überarbeitet.

[5] Dieser Text erschien erstmals am 27.3.2003 in Telepolis und wurde für dieses Buch gekürzt und überarbeitet. Links zu einigen Protest-MP3s gibt es auf der Buch-Website http://www.mixburnrip.de.

Ade, CD!

Kopierschutztechnologien helfen uns dabei, Abschied von einem Medium zu nehmen

Im Oktober 2002 kaufte sich ein Berliner Musikliebhaber das Album »Through the looking glass« der Band Toto. Zu Hause musste er feststellen, dass er die CD nicht auf seinem DVD-Player abspielen konnte. Gut, die Platte war offenbar kopiergeschützt, das hatte er schon im Laden gesehen. Doch im Kleingedruckten des entsprechenden Hinweises hatte es ausdrücklich geheißen, die CD sei kompatibel mit DVD-Playern. Unser Berliner Musikfan war frustriert. Also setzte er sich an seinen Computer und schrieb eine Beschwerde-Mail an Totos hiesige Plattenfirma, die EMI Deutschland. »Einen ordinären CD-Player besitze ich nicht mehr, so dass diese CD wertlos wird«, heißt es darin. Und weiter: »Ich werde keine CD mehr aus Ihrem Hause kaufen, die mit einem Kopierschutz ausgestattet ist. Sie sind in meinem Haushalt nicht abspielbar und damit wertlos. Wie gedenken Sie, mich in Zukunft als Kunden wiederzugewinnen?«

Zwei Tage später fand er eine bemerkenswerte Antwort auf diese Frage in seinem E-Mail-Posteingang. Gleich im ersten Satz teilte ihm ein EMI-Mitarbeiter mit: »Wir ersparen es uns, auf diejenigen Bemerkungen aus Ihrem Mail einzugehen, die offensichtlich unqualifiziert sind.« Wenig freundlich geht es im Text weiter: »Der von Ihnen vorgetragene Fall, dass gleich mehrere verschiedene Player nicht abspielen, kann nach unseren Erfahrungen nur aus dem Bereich der Märchen stammen.«

Nach einigen weiteren ziemlich unfreundlichen Bemerkungen schließt die Mail mit folgendem Absatz: »Falls Sie vorhaben, gegen zukünftige CD-Veröffentlichungen mit Kopierschutz weiterhin zu protestieren, so können wir Sie beruhigen: Kopierschutz Ja oder Nein ist längst beantwortet, und es ist eine Frage von Monaten, bis weltweit mehr oder weniger alle CDs kopiergeschützt veröffentlicht werden. Und das ist auch gut so, damit die Musik nicht auf der Strecke bleibt. Dafür werden wir alles tun, was uns möglich ist – ob es Ihnen gefällt oder nicht.«

Wohlgemerkt: Absender war die Abteilung Consumer Relations, also Kundenservice – nicht etwa Kundenbeschimpfung. Später erklärte die EMI auf Nachfrage, dies sei eine bedauerliche Überreaktion eines neuen Mitarbeiters gewesen und werde nicht wieder vorkommen.

Eine Branche am Rande des Nervenzusammenbruchs

Vielleicht war es wirklich nur ein Jungspund, der da bei der EMI wütete. Jemand, der dem doofen Konsumenten endlich mal richtig die Meinung sagen wollte. Den ganzen angestauten Frust rauslassen. Muss ja auch mal sein. Die Mail ist aber auch ein typisches Dokument für eine Mentalität, die seit einigen Jahren in der Musikwirtschaft um sich greift. Der Kunde wird bestenfalls als ungezogener Bengel begriffen, dem man mal richtig Manieren beibringen muss, und schlimmstenfalls als gescheiterter Fall. Als jemand, mit dem man nicht mehr diskutieren kann. Aber keine Angst, wir werden uns durchsetzen – »ob es Ihnen gefällt oder nicht«.

Grund für dieses gereizte Klima sind die Jahr für Jahr zurückgehenden CD-Verkäufe. Deren Ursache ist natürlich der Kunde, der fiese, der sein Geld lieber anders anlegt. Zum Beispiel in CD-Rohlingen. Das Brennen von CDs wird neben dem Internet als einer der Hauptgründe für die Stagnation der Branche ausgemacht, und die Zahlen sprechen denn auch eine deutliche Sprache: »Im Jahr 2001 sind insgesamt 332 Millionen CD-Rs/CD-RWs verkauft worden, etwa 45 % mehr als im Vorjahr«, heißt es dazu etwa beim deutschen Phonoverband.[1] In 23 Prozent aller Haushalte besteht zudem Zugriff auf einen CD-Brenner. Nach einer Studie der GFK werden 55 Prozent dieser CDs für Musik-Kopien genutzt.[2] Ähnlich sieht die Bilanz auch in den USA aus. Nach Schätzungen des Magnetic Media Information Services wurden im Jahr 2002 rund 2,42 Milliarden CD-Rohlinge an den Handel in Nordamerika ausgeliefert.[3] In den Jahren 1999 bis 2002 gingen dort rund 30 Millionen CD-Brenner über die Ladentheke. Weltweit werden für das Jahr 2003 5,775 Milliarden verkaufte CD-Rohlinge erwartet.[4]

Um dieser Krise Herr zu werden, setzt die Musikindustrie insbesondere in Deutschland vermehrt auf kopiergeschützte Audio-CDs. Dabei handelt es sich um CDs, die bewusst mit kleinen Fehlern ausgestattet werden, um das Auslesen der Audiodaten auf dem PC zu verhindern. Mal wird zu diesem Zweck das Inhaltsverzeichnis (die TOC-Daten) der CD manipuliert, etwa indem dort zu lange oder nicht existierende Tracks aufgeführt werden. Andere Techniken setzen auf fehlerhafte Datentracks am Ende der CD. Einige versuchen sogar, die Audiodaten selber zu manipulieren. Das Ziel ist immer das gleiche: Computer sollen derart verwirrt werden, dass sie nicht auf die Audiodaten zugreifen und diese weder auslesen noch brennen können. Reguläre CD-Player, die nicht so sensibel auf Fehler reagieren, sollen die Silberscheiben jedoch weiter wie gewohnt abspielen. So zumindest die Theorie.

Kakteen und andere Stacheltiere

In der Praxis ist die Geschichte der CD-Kopierschutzmechanismen jedoch voll von Pleiten, Pech und Pannen. Schon der Auftakt hätte die Musikwirtschaft eigentlich misstrauisch gegenüber dieser Technologie machen müssen. Anfang des Jahres 2000 startete die deutsche Plattenfirma BMG eine Offensive gegen die private CD-Kopiererei. Zwei Alben der Bands HIM und Philip Boa and the Voodooclub wurden mit einem Kopierschutz für Audio-CDs versehen. Eingesetzt wurde dabei die »Cactus Data Shield«-Technologie der israelischen Firma Midbar.[5]

Dummerweise erwies sich der Kopierschutz als nicht ganz so verlässlich. Auf älteren CD-Playern sorgte er reihenweise für Probleme, High-End-Geräte wollten sich ebenfalls nicht mit den geschützten Scheiben anfreunden. Die beiden Alben sorgten damit für jede Menge unangenehme Zwischenfälle: Radio-DJs kündigten den neuen Hit von HIM an, um dann während langer Sekunden peinlicher Stille festzustellen, dass die CD einfach nicht anlaufen wollte. Empörte Kunden brachten die CDs zuhauf zum Einzelhandel zurück. Die Webseiten der Musiker wurden mit wilden Beschimpfungen überhäuft. Letztlich musste die BMG das Experiment abbrechen, nachdem bereits mehr als 130.000 Alben an den Handel ausgeliefert worden waren.

Von diesem Fehlstart ließen sich die Plattenfirmen jedoch nicht beirren. Rund ein Jahr später erschien die erste kopiergeschützte CD in den USA. Prompt wurde das Plattenlabel von einer Konsumentin verklagt, später einigte man sich im Rahmen eines Vergleichs. Ende 2001 brachte die BMG mit Natalie Imbruglias »White Lillies Island« in Großbritannien abermals eine CD mit Kopierschutz auf den Markt – um dann wenig später erbosten Kunden den kostenlosen Umtausch anzubieten. Gleichzeitig fanden in ganz Europa regional begrenzte Feldtests statt. Mal wurden dabei Teilauflagen geschützt verbreitet, dann wieder komplette Compilations. Mal wurden sie entsprechend gekennzeichnet, mal verzichtete man einfach auf jegliche Hinweise.

Nach der Bauchlandung der BMG drängten die Plattenfirmen darauf, dass möglichst wenig über ihre Tests an die Öffentlichkeit gelangte. Praktischerweise wollten die Kopierschutzanbieter sowieso nicht, dass jemand erfuhr, wie und vor allen Dingen ob ihre Technologie funktioniert. Also wurden eine Menge von Stillschweige-Abkommen unterzeichnet, und Firmen wie Midbar, Macrovision & Co. fanden sich in einer höchst angenehmen Situation wieder. Sie durften so ziemlich alles behaupten, mussten aber nichts belegen. Folglich war jeder Marktführer, hatte bereits Millionen von CDs geschützt, besaß Kooperationsabkommen mit ungenannten Major-Labels und konnte natürlich auf die beste aller Technologien zurückgreifen. Nur Nachfragen, die wollte man nicht so gerne beantworten. In der IT-Branche wird dieses Konzept gerne spöttelnd als »Security by obscurity« bezeichnet.

So berichtete zum Beispiel der New Scientist im August 2001, die von Midbar eingesetzte Kopierschutztechnologie könne Lautsprecher beschädigen. Eine unangenehme Schlagzeile. Insbesondere für eine Firma, die gerade dabei war, ihre Verträge mit den Plattenfirmen unter Dach und Fach zu bringen. Midbar erwirkte sofort eine Richtigstellung im New Scientist. Eine Technologie, die Hifi-Equipment oder Lautsprecher beschädige, sei inakzeptabel und werde von Midbar niemals eingesetzt, hieß es dort. Nun verweist der Original-Artikel auf ein US-Patent der Firma. Darin wird beschrieben, wie gezielt Fehler in den Audio-Datenteil einer CD eingebaut werden. Normale Audio-CD-Player überspringen diese Fehler, behandeln sie wie Kratzer oder Staub. CD-ROM-Laufwerke lesen sie jedoch mit aus. Zu den möglichen Folgen dieser Methode heißt es in der Patentschrift, sie führten zu »Verzerrungen und beschädigt möglicherweise die Wiedergabegeräte«.[6]

Im Mai 2002 machte ein weiterer schädlicher Nebeneffekt kopiergeschützter CDs Schlagzeilen: Käufer des Celine-Dion-Albums »A new day has come« berichteten, die CD bringe ihren Computer zum Absturz. Besonders tragisch konnte so etwas für Mac-Nutzer enden. Deren Computer verweigerte den Neustart, solange die CD im Laufwerk war. Apple hatte kurz zuvor begonnen, Geräte ohne manuelle Disk-Auswurf-Hilfe auf den Markt zu bringen. Celine Dion steckte damit wortwörtlich in der

Klemme und mit ihr die Mac-nutzenden Musikfans. Apple empfahl für solche Fälle als letzten Ausweg den Gang zur Werkstatt.[7]

Philips hat die Nase voll

CDs, die Lautsprecher zerfetzen und Computerbesitzer zur Reparatur zwingen? Das konnte auf die Dauer nicht gut ankommen. Anfang 2002 meldete sich deshalb der CD-Miterfinder Philips zu Wort. In einem Interview mit der Financial Times Deutschland erklärte Philips-Sprecher Klaus Petri, mit Kopierschutztechnologien für Audio-CDs treffe man die falschen. Außerdem verhindere ihr Einsatz die Wiedergabe auf zahlreichen tragbaren Geräten, Auto-CD-Playern und DVD-Abspielgeräten. »Das führt zu der völlig absurden Situation, dass eigentlich erst kopiert werden muss, damit die Musik abspielbar ist«, so Petri.[8]

Zudem bezeichnete Petri kopiergeschützte CDs als Irreführung der Verbraucher: »Das sind Silberscheiben mit Musik drauf, die CDs ähneln, aber keine sind.« Gleichzeitig zeigte er sich zuversichtlich, dass sich das Problem bald von selbst erledigen werde. Zwar habe seine Firma Klagen wegen einer Verletzung ihrer Patente erwogen. Doch die Verbraucher würden die CDs wahrscheinlich eh im Laden liegen lassen. Der Markt könne so etwas einfach schneller erledigen als die Gerichte, so Petri.

Nur eine Woche später legte Philips noch einmal ordentlich nach. Gegenüber Reuters erklärte der bei der Firma für Patentfragen zuständige Gerry Wirtz: »Wir fürchten, dass die Labels nicht wissen, was sie tun.«[9] Er forderte die Plattenfirmen auf, die Konsumenten deutlich darauf hinzuweisen, dass sie sich mit kopiergeschützten Silberscheiben keine normgerechten CDs kaufen. Auf Nachfrage erklärte Philips zudem, sich in Gesprächen mit Labels zu befinden, damit diese auf das Verwenden der »Compact Disc Digital Audio«-Kennzeichnung verzichten.

Unruhe im Einzelhandel

Kritische Stimmen zu den kopiergeschützten Alben gibt es auch aus dem Einzelhandel. Eigentlich sollte der ja in dieser Angelegenheit ein Verbündeter der Plattenfirmen sein – schließlich geht es zuallererst darum, mehr Original-CDs zu verkaufen. Um Umsatz also. Doch beim Berliner Kulturkaufhaus Dussmann hält sich die Begeisterung in Grenzen. Jeden Tag sähe man sich mit etwa zwei bis drei Beschwerden und Umtauschforderungen konfrontiert, so Dussmann-Sprecherin Barbara Hüppe. Die meisten Umtauschforderungen hingen mit Diskman-Playern und Autoradios zusammen. »Informationen müssen wir uns weitgehend selber besorgen«, beklagt sie. Die Plattenfirmen unterrichteten den Handel praktisch gar nicht über die eingesetzten Schutztechnologien.

Das kann auch Christian Falkhäuser vom Schweizer Onlinehändler Directmedia bestätigen. Die Informationspolitik der Plattenfirmen lasse zu wünschen übrig, so Falkhäuser. Außerdem sieht er sich zu Unrecht in die Rolle des Buhmanns gedrängt, wenn es um Kundenbeschwerden geht: »Der Händler kriegt hier das volle Fett ab.« Die Industrie sei für den Kunden anonym, den Frust lasse er beim Endverkäufer ab.

Umtauschforderungen behandle man abhängig vom Einzelfall, so Falkhäuser. Barbara Hüppe von Dussmann erklärt zum Thema Umtausch: »Wir weisen den Kunden auch darauf hin, dass ein Umtausch etwas bringen kann, denn manchmal ist nur die Erstauflage mit einem Kopierschutz versehen.« Der Online-Händler Amazon.de erklärt dagegen, sich in einem ständigen Dialog mit der Industrie zu befinden. Umtauschforderungen wegen des Kopierschutzes gebe es bisher nur wenige.

Abbiegen ohne Grönemeyer

Die EMI scheint eine gute Firma für Berufsanfänger zu sein. Selbst die Website wird dort offenbar den Neulingen anvertraut. Oder wie ist es sonst zu erklären, dass dort die Hersteller von CD-Playern dafür verantwortlich gemacht werden, wenn die kopiergeschützten Silberlinge nicht auf ihren Geräten laufen? Wörtlich heißt es dort im Rahmen der Kopierschutzinformationen der Firma:

»Es soll vermehrt bei Car-Playern und Autoradios Probleme gegeben haben. Wie sieht es damit aus?

Seit kurzem haben wir festgestellt, dass bei einigen Modellen für Car-Player kopiergeschützte CDs nicht abspielbar sind. Es handelt sich dabei nicht um herkömmliche Autoradios, sondern um Hybrid-Systeme. Diese Systeme sind weder CD-Player noch vollständige PC-Systeme und basieren auf Multisession-Laufwerke (CD-ROM-Laufwerke). Leider haben uns die Hersteller dieser Car-Player nicht über diese Sonderentwicklungen informiert und scheinen an dem Problem nicht sonderlich interessiert zu sein. Unsere Kopierschutz-Provider wurden von uns informiert und arbeiten intensiv an einer Lösung.«[10]

Siemens-Firmensprecher Ingo Sczesny möchte diesen Angriff gar nicht erst kommentieren. Sein Unternehmen gehört zu den führenden europäischen Herstellern von Auto-Navigationssystemen. Die meisten dieser Geräte erklären dem Nutzer nicht nur, wann er wo abbiegen muss, sondern fungieren nebenbei auch noch als CD-Player. Siemens erwartet, dass im Jahr 2004 mehr als zwei Millionen solcher Geräte in Europa über den Ladentisch wandern. Alle von seiner Firma hergestellten Geräte hielten sich an die Audio-CD-Standards, versichert Sczesny. Mit kopiergeschützten CDs gebe es immer mal wieder Probleme. So hätten Kunden berichtet, Grönemeyers Album »Mensch« nicht abspielen zu können. »Den Ball müssen wir jedoch an die Musikindustrie zurückspielen«, so Sczesny. Und weiter: »Der Käufer einer Audio-CD kann grundsätzlich erwarten, eine CD zu erwerben, die in handelsüblichen Audio-CD-Playern abspielbar ist. Zu diesem Zweck wurde der Standard geschaffen. Bei Abspielproblemen wird der Endkunde seine Audio-CD bei der Musikindustrie reklamieren.« Hoffen wir bloß, dass er dabei nicht auf einen neuen Mitarbeiter trifft.

Viel Ärger, wenig Nutzen

Vielleicht sind die Mitarbeiter der EMI auch nur deshalb so geneigt zu harscher Wortwahl, weil sie sich der Sinnlosigkeit ihres eigenen Tuns bewusst sind. Schon ein Besuch beim Zeitschriftenhändler um die Ecke sollte ihnen klar machen, wie Don Quichotte-esk ihre Situation ist. Denn dort liegen sie stapelweise: PC-Zeitschriften mit Schlagzeilen wie »So knacken Sie jeden Kopierschutz!«[11], »So kopieren Sie jede Audio-CD«[12] oder auch »Musik-CDs, DVDs, Spiele & Software knacken!«[13]

»Die Anleitungen zum Umgehen von Kopierschutzsystemen werden immer dreister«[14], stellten jüngst auch die Vertreter des Phonoverbands fest. Ihre Schlussfolgerung: Das neue Urheberrecht müsse so bald wie möglich durchgesetzt werden, denn derartige Anleitungen gehörten verboten. Phonoverbands-Vorsitzender Gerd Gebhard dazu: »›Schöner Wohnen‹ schreibt ja auch nicht, wie man am besten in ein Reihenhaus einbricht.« Nun ist nicht alles, was hinkt, gleich ein Vergleich. Aber bevor wir uns jetzt darauf einlassen, die Unterschiede zwischen einer privaten Kopie und dem Tagewerk eines Einbrechers durchzudeklinieren, drängt sich doch eine viel grundlegendere Frage auf: Was nützt eigentlich ein Kopierschutz, der nur per Gesetz verteidigt werden kann?

Tatsächlich sind die meisten der von den Plattenfirmen eingesetzten Kopierschutztechnologien äusserst ineffektiv. So berichtete die Computerzeitschrift Chip im Mai 2002, dass sich CDs mit dem Key2Audio- und dem »Cactus Data Shield«-Kopierschutz vervielfältigen lassen, indem der auf der CD enthaltene Datenteil per Filzstift unbrauchbar gemacht wird. In den einschlägigen Online-Foren kursieren regelmässig neue Tipps, mit welcher Software und welchem Brenner sich die fraglichen CDs am leichtesten kopieren lassen.

»Das Konzept eines Kopierschutzes für Audio-CDs ist von Grund auf unsinnig«, ist sich deshalb Alex Halderman sicher.[15] Halderman studiert Informatik an der Princeton-Universität in New Jersey und untersuchte im Herbst 2002 eine Reihe derartiger Kopierschutztechnologien. Sein Fazit: Alle eingesetzten Methoden lassen sich mit entsprechender Software leicht austricksen. Oftmals sind dafür sogar nur geringe Anpassungen im jeweiligen Programmcode erforderlich. Halderman ist sich deshalb auch sicher: »Diese Systeme werden für Copyright-Verletzungen nicht mehr als temporäre Unebenheiten auf der Fahrbahn darstellen und versprechen, die Konsumenten weiter von der Musikindustrie zu entfremden.«[16]

CD-Kopierschutz als Chance

Bisher liest sich die Geschichte des CD-Kopierschutzes wie eine unglückliche Verkettung von Missgeschicken. Plattenfirmen kaufen Technologie, die sie nicht verstehen, und setzen sie ein, ohne sie richtig zu testen. Doch wer Key2Audio, Cactus Data Shield & Co. auf eine Reihe von peinlichen Schlagzeilen reduziert, wird ihnen nicht gerecht. Diese Technologien stellen für die Musikindustrie und ihre Fans auch eine oft übersehene Chance dar: Sie sorgen dafür, dass wir uns allmählich von dem Medium CD verabschieden.

Alex Halderman nennt diesen Prozess Entfremdung, doch er liesse sich auch als Übergangsperiode beschreiben. Im Oktober 2002 warnten die Marktforscher des Gartner G2-Instituts, dass Plattenfirmen mit kopiergeschützten CDs ihre Konsumenten verärgern und letztlich für geringere Umsätze sorgen würden.[17] Eine Beobachtung, die Musikfans weltweit gerne auch ohne Aufforderung bestätigen. Wer sich zuvor CDs gekauft hat, um sie zu brennen, wird nicht auf das Brennen verzichten – sondern auf den Kauf. Schuld an diesem Dilemma ist letztlich nicht der

Kopierschutz, sondern die CD selbst. Key2Audio, Cactus Data Shield & Co. beschleunigen den Prozess lediglich. Die CD war von Anfang an ein Medium mit Verfallsdatum. Sie brachte uns eben nicht nur digitalen Klang, sondern auch all die dafür nötigen Einsen und Nullen. Damit öffnete sie bereits vor mehr als zwanzig Jahren die Tür ins Digital-Zeitalter.

Bootlegs und Beethoven

In den Siebzigern begannen Ingenieure in den Laboren der Elektronikkonzerne auf der ganzen Welt, mit der digitalen Aufzeichnung von Klang zu experimentieren. Die ersten digitalen Audiorecorder basierten auf magnetischen Speichermedien, wie man sie von der klassischen Audiokassette kennt. Sony brachte 1977 sogar ein Gerät auf den Markt, dass den Betamax-Viderecorder der Firma in ein digitales Audio-Aufnahmegerät verwandelte. Doch das Gerät war klobig, nahm bei unsachgemäßer Handhabung eine Menge Störgeräusche auf. Und überhaupt: ein umgebauter Videorecorder als Zukunft der Musikindustrie? Konsumenten und Musiker zeigten sich davon nicht sonderlich überzeugt.

Ironischerweise brauchte es zum Durchbruch der Technologie erst eine Raubkopie. Im September 1978 wagten Sony-Chefentwickler Heitaro Najakima und der damalige Sony-Chef Akio Morita einen ungewöhnlichen Coup. Still und heimlich schlichen sie sich in Salzburg in eine Probe des Star-Dirigenten Herbert von Karajan und nahmen diese auf. Als Karajan dann später bei Morita zu Besuch war, spielten sie ihm die Aufnahme vor. Karajan war beeindruckt. »Das ist ein neuer Sound«, erklärte er.[18] Dank Karajans Urteil wusste Sony, dass man mit digitalem Audio auf dem richtigen Weg war.

Sowohl in Sonys Laboren als auch bei der niederländischen Firma Philips arbeitete man in den Siebzigern mit Hochdruck an einem anderen Produkt: Der Videodisk. Groß wie eine Langspielplatte, aber auf der Grundlage optischer Aufzeichnung basierend, sollte diese die Distribution von Videos revolutionieren. Bald kam in beiden Firmen die Idee auf, die gleiche Technologie auch für digitale Klänge zu nutzen. Erste Prototypen brachten jedoch ein Problem mit sich, mit dem die Ingenieure nicht gerechnet hatten: Sie waren zu revolutionär. Die Idee, Video- und Audiooprodukte parallel zu entwickeln, mochte aus der Sicht der Hardware-Firmen Sinn machen. Die Musikindustrie sah sich jedoch plötzlich mit potenziellen Produkten konfrontiert, die ihr Geschäftsmodell in Frage

Ein erster CD-Prototyp

stellen würden. So stellte Sony 1977 auf einer Branchenmesse ein Audio-System vor, das auf Video-Disks basierte. Diese besaßen einen Durchmesser von 30 Zentimetern und konnten damit rund 30 Minuten Bewegtbilder aufzeichnen. Ihre Aufnahmekapazität für digitale Audiodaten lag jedoch bei satten 13 Stunden und 20 Minuten.

»Eine absurd lange Zeit«, soll Sony-Vizepräsident Norio Ohga dies ärgerlich kommentiert haben.[19] Ihm war klar: Plattenfirmen würden ihr Geschäftsmodell nicht beibehalten können, wenn sie plötzlich derartige Mengen von Musik an den Verbraucher vermarkten sollten. Zur gleichen Erkenntnis kam etwa zu dieser Zeit auch Lou Ottens, der technische Direktor der Audio-Abteilung von Philips. Sony hatte gemeinsam mit Philips bereits die Audio-Kassette standardisiert, jetzt wollte man seine Kräfte auch für die Entwicklung der CD bündeln.

Offen war jedoch noch die Frage: Wie groß soll sie denn nun werden? Die Niederländer wollten sich dazu an europäischen Standards orientieren und schlugen deshalb einen Durchmesser von 11,5 cm vor. Norio Ohga dagegen war der Auffassung, dass eine CD auf jeden Fall Beethovens Neunte Sinfonie in voller Länge fassen müsste. Also machte man sich auf die Suche nach der längsten Einspielung und wurde bei Wilhelm Furtwängler fündig. Dessen Aufnahme von 1951 dauerte ganze 74 Minuten, was einen Durchmesser von 12 Zentimetern voraussetzte.[20]

Die Philips-Entwickler zeigten sich davon nicht ganz überzeugt. Eine 12 Zentimeter-CD, so ihr Argument, würde in keine Anzugstasche passen. Um dem Einwand zu begegnen, maßen die Sony-Entwickler Anzüge aus allen Teilen der Welt aus. Und siehe da: Für 12 Zentimeter war überall Platz, Beethoven hatte über den Industrie-Standard gewonnen. Die technischen Details der CD wurden von beiden Firmen 1980 im »Red Book«-Standard festgelegt. Am 1. Oktober 1982 erschien dann der erste CD-Player auf dem Markt. Schon wenig später zeigte sich, dass die CD einen Glücksfall für die rezessionsgeplagte Musikindustrie darstellte. Nach ersten Anlaufschwierigkeiten waren die Käufer von dem neuen Medium begeistert. 1988 wurden bereits 100 Millionen Audio-CDs pro Jahr produziert, wenige Jahre später verdrängt die Silberscheibe die Vinyl-Platte fast komplett aus dem Handel.

Das Ende einer Epoche

Gut zwanzig Jahre später können wir nun eine ähnliche Entwicklung beobachten – mit dem Unterschied, dass der Gewinner diesmal nicht ein weiteres physikalisches Medium ist, sondern die immaterielle Welt der Bits und Bytes. Möglich ist all dies nicht zuletzt, weil sich die CD vom Beethoven-Tonträger zum Allzweck-Medium gemausert hat.

Anfang der Achtziger begannen die Forscher von Sony und Philips, sich über andere Verwendungszwecke für die von ihnen erfundene Technologie Gedanken zu machen. Schließlich war Musik in digitaler Form auch nichts anderes als Nullen und Einsen. Daten eben, die sich nicht sonderlich von denen einer Tabellenkalkulation oder eines Computerspiels unterschieden. Zwar hatte Sony erst im Dezember 1980 die 3,5-Zoll-Diskette mit 1,44 Megabyte Speicherplatz vorgestellt. Wozu jemand rund 450 Mal mehr Speicher auf einem portablen Medium brauchen sollte, war damals noch schwer vorstellbar. Dennoch baute man auf die CD als zukünftiges digitales Medium. 1983 wurden die ersten CD-ROM-Datenträger der Öffentlichkeit vorgestellt. Zwei Jahre später erreichten die ersten CD-Computer-Laufwerke den Markt. Drei weitere Jahre danach stellten Sony und Philips der Weltöffentlichkeit die ersten CD-Brenner vor. In den kommenden vier Jahren wurden weltweit bereits 300.000 Leermedien verkauft.

Möglich wurde das Ende der CD auch, weil sich 1982 ein Erlanger Student namens Karl-Heinz Brandenburg auf die Suche nach einem Thema für seine Doktorarbeit machte. Sein Betreuer schlug ihm Audiokodierung vor, wollte beweisen, dass sich Musik komprimiert übers Telefonnetz verbreiten lässt. Brandenburg war zwar nicht sonderlich begeistert von der Idee, ließ sich aber dennoch darauf ein und stocherte erst einmal ziemlich im Nebel herum. Mitte der Achtziger hatte er dann die zündende Idee, sich nicht auf mathematische Kompressionsverfahren zu verlassen, sondern auf Psychoakustik. Er liess einfach jene Klänge weg, die das Ohr sowieso nicht hört – etwa, weil sie durch andere Frequenzen überdeckt werden.

Brandenburg verfeinerte dieses Verfahren, holte sich einige Mitarbeiter des Fraunhofer Instituts mit an Bord und entwickelte den wichtigsten Audiostandard des Internets – MP3. Damit war plötzlich möglich, was Norio Ohga mehr als zehn Jahre zuvor als absurd bezeichnet hatte: 12 Stunden Musik auf einer CD. Gleichzeitig half MP3 dabei, die Musik fit fürs Netz zu machen, da die komprimierten Klangdaten selbst mit einem Modem in annehmbarer Zeit übertragen werden konnten. Als dann Mitte der Neunziger der Internet-Boom begann, startete auch das MP3-Format durch. Plötzlich hatte die Musikindustrie ein Problem, vor dem sie rund 20 Jahre zuvor ein Beethoven-Liebhaber bewahrt hatte: Sie war dabei, ihr auf dem Verkauf von Produkten basierendes Geschäftsmodell zu verlieren.

Möglichkeiten, darauf zu reagieren, gab es viele. Brandenburg weiss heute zu berichten, die Industrie habe lange nicht auf ihn hören wollen: »Als wir mit MP3 an den Start gingen, unternahmen wir bereits 1995 Versuche zur Kontaktaufnahme. Allerdings stiessen unsere Versuche auf höfliches, aber bestimmtes Desinteresse bei den Majors.«[21] Dabei hätte er ihnen gerne einige Tipps zum Umgang mit der Krise gegeben. »Ein nicht durchsetzbarer Rechtsanspruch ist keine schöne Sache, aber nun einmal Realität. Kopierschutz auf so genannten ›Audio-CDs‹ halte ich für einen Fehler«, so Brandenburg.[22] Vielleicht hätte die Musikwirtschaft mehr auf Leute wie ihn hören sollen und weniger auf Firmen wie Midbar und Sunncomm. Möglicherweise hätten die neuen Technologien dann dazu genutzt werden können, der Branche einen neuen Aufschwung zu bescheren, wie damals bei der Einführung des CD-Formats. Doch anstatt das neue Medium willkommen zu heissen, klammerte man sich an das alte wie an ein sinkendes Schiff und erklärte seinen Konsumenten: Wir bleiben an Bord – »ob es ihnen gefällt oder nicht«.

Anmerkungen

[1] Bundesverband der Phonographischen Industrie: Jahreswirtschaftsbericht 2001, S. 23, online unter: http://www.ifpi.de/jb/2002/22-25.pdf. Natürlich empfiehlt es sich – wie bei allen Marktforschungsstudien –, diesen Zahlen mit einer gesunden Skepsis zu begegnen.

[2] Ebd.

[3] Consumer Electronics Daily, 4.11.2002, Seite 6.

[4] Statistik der International Recording Media Association, online unter http://www.recordingmedia.com/news/stat-cd-r_demand.html.

[5] Midbar Technologies wurde mittlerweile von seinem US-Konkurrenten Macrovision aufgekauft. Dessen Website: http://www.macrovision.com.

[6] United States Patent 6208598, online abrufbar unter: http://www.uspto.gov/patft/index.html. Natürlich könnte sich Midbar im Zweifelsfall jederzeit darauf berufen, nicht die im Patent beschriebene Technologie zu nutzen – ohne Informationen darüber zu geben, was denn nun tatsächlich eingesetzt wird. Security by obscurity eben.

[7] Siehe http://docs.info.apple.com/article.html?artnum=106882. Auf der Dion-CD kam das Kopierschutzverfahren Key2Audio aus dem Hause Sony zum Einsatz. Key2Audio hatte vorher dadurch geglänzt, dass es auf Macs komplett unwirksam war – die CDs ließen sich ohne Probleme abspielen. Offensichtlich hatte sich Sony bei dem Versuch, auch Apfelfreunde in ihre Schranken zu weisen, etwas übernommen. Siehe dazu auch: Janko Röttgers: Im Herbst kommt der CD-Kopierschutz, De:Bug 51 (September 2001), online unter: http://www.de-bug.de/cgi-bin/debug.pl?what=show&part=texte&ID=2077.

[8] CD-Erfinder Philips sieht keine Zukunft für Kopierschutz, Financial Times Deutschland, 9.1.2002, online unter: http://www.ftd.de/tm/hs/8935468.html.

[9] Anti-copying row asks: When is a CD not a CD? USA Today, 18.1.2002, online unter: http://www.usatoday.com/tech/techreviews/2002/1/18/cd-row.htm.

[10] EMI-Kopierschutzinfo, online unter: http://www.emi.de/cms/corporate/kopierschutz/00139/kopierschutzdata.html. Grammatikfehler im Original.

[11] Titelschlagzeile der Zeitschrift Computer easy 15/2001.

[12] Titelschlagzeile der Zeitschrift PC Shopping 02/2002.

[13] Titelschlagzeile der Zeitschrift PCgo! 12/2002.

[14] Bundesverband der Phonographischen Industrie, Presseerklärung vom 21.5.2002, http://www.ifpi.de/news/news-202.htm.

[15] John A. Halderman: Evaluating New Copy Prevention techniques for Audio CDs, Princeton, 2002, online unter: http://www.cs.princeton.edu/~jhalderm/papers/drm2002.pdf. Halderman ist übrigens ein Student des Princeton-Professors Edward Felten, der mit dem Knacken des SDMI-Kopierschutzes Schlagzeilen machte. Siehe dazu auch Kapitel 4: Der Krieg gegen die Konsumenten.

[16] Ebd.
[17] Scarlet Pruit: Consumers Shun Copy-Portected CDs, PCworld.com, 25.10.2002, online unter: http://www.pcworld.com/news/article/ 0,aid,106368,tk,dn102502X,00.asp.
[18] Zitiert nach: Sony History, Kapitel 19, online unter: http://www.sony.net/Fun/SH/1-19/h1.html.
[19] Ebd.
[20] Mehr dazu auch in der Philips-Firmengeschichte, online unter: http://www.research.philips.com/InformationCenter/Global/FArticleSummary.asp?lNodeId=657&channel=657&channelId=N657A2136.
[21] »Absolute Sicherheit gibt es nicht«, MP3-Erfinder Karl-Heinz Brandenburg im Interview mit Momag.net, Dezember 2002, online unter: http://www.momag.net/mag/2002.12/brandenburg/index.php.
[22] Ebd.

Das Nudelsuppen-Netzwerk

Wie ein Stammtisch die Online-Musikwelt verändert

Sonntag Mittag im Pho 87, einem unscheinbaren vietnamesischen Restaurant am Rande des Chinatown-Bezirks von Los Angeles. Der karg eingerichtete Raum ist gut gefüllt. Gedämpft fällt Sonnenlicht durch die Lamellen-verhangenen Fenster. Die Kellnerin serviert einige Schalen Pho-Suppe (sprich: Föh), die Spezialität des Hauses. Dampfende, kräftige Brühe, Reisnudeln, hauchdünn geschnittene Rindfleisch-Streifen. Dazu reicht sie einen Teller mit allerlei Zutaten zum Verfeinern. Rohe Sojasprossen, grüne Chili-Scheiben, Limetten und einige Büschel frischen vietnamesischen Basilikums.

Jim Griffin nimmt sich eine Hand voll Sprossen und wirft sie in seine Schale. Er streut ein paar Blätter des knackig grünen Basilikums darüber, gibt noch ein bisschen Limettensaft und etwas scharfe Soße dazu. Dann richtet er seinen massiven Oberkörper auf, greift nach Essstäbchen und Löffel und verkündet mit etwas zu durchdringender Stimme: »Ich liebe diese Suppe!« Griffin redet immer so laut. Er ist leicht schwerhörig, die Jahre im Musikgeschäft haben ihre Spuren hinterlassen.

Seine Tischnachbarn stört das nicht weiter, sie kennen solche Probleme. Sie sind selbst Musiker, Bandmanager, Entertainment-Anwälte, Angestellte von Plattenfirmen. Aber auch Programmierer, New Media-Consultants, Startup-Gründer, Internet-Journalisten, College-Kids. Jeden Sonntag trifft sich diese bunte Truppe hier, um bei einer Schale Nudelsuppe über die Zukunft des Online-Musikbusiness zu diskutieren. Mal kommen nur 12 Leute, mal drücken sich mehr als 50 um ein paar flugs zusammengeschobene Tische.

Musikindustrie und Neue Medienwirtschaft – diese beiden Gruppen bringt Jim Griffin auch beruflich zusammen. 1993 gründete er das New Media-Department bei Geffen Records. 1994 verantwortete er dort den ersten kommerziellen Musikdownload in der Geschichte des Internets. 1998 machte er sich mit seiner Consulting-Firma Evolab selbstständig. Seitdem berät er von Los Angeles aus Plattenfirmen und Mobilfunkunternehmen in aller Welt zur Zukunft des Online-Entertainments. Griffin ist eine charismatische Integrationsfigur. Jemand, der gerne redet, aber auch zuhören kann. Jemand, der aufrichtig dankbar für jede neue Idee ist. Jemand, der immer neuen Input sucht. Genau deshalb gründete er vor knapp vier Jahren diesen Stammtisch und benannte ihn nach seiner Leibspeise: Pho – das Nudelsuppen-Netzwerk.[1]

An diesem Sonntag wird mal wieder angeregt über Napster diskutiert. Was wäre passiert, wenn die Tauschbörse keinen Pakt mit Bertelsmann eingegangen wäre? Was, wenn sie stattdessen ihren Geschäftssitz in irgendeine Copyright-Grauzone verlegt hätte? Auf die Seychellen oder die Cayman-Inseln? Sähe die Online-Musikwelt dann heute anders aus? Gäbe es all die Napster-Erben, die der Musikindustrie so viel Kopfzerbrechen bereiten? Die kommerziellen Gegenentwürfe Pressplay und Musicnet, mit denen die Plattenfirmen bisher recht erfolglos auf Abonnentenfang gehen? Über diese Fragen sind sich die versammelten Pho-Mitglieder höchst leidenschaftlich uneins.

Jim Griffin hat daran sichtlich Spaß. Zufrieden seine Suppe löffelnd erklärt er: »Abraham Lincoln, mein Lieblingspräsident, hat einmal gesagt: ›Sobald zwei Leute in einem Raum gleicher Meinung sind, brauchst du einen von ihnen nicht mehr.‹ Ich glaube nicht, dass zwei Pho-Mitglieder hier in diesem Restaurant jemals gleicher Meinung über irgendetwas sein werden.« Doch gerade die Mischung der vielen verschiedenen Positionen macht Pho so interessant. Darin ähnelt das Netzwerk der Nudelsuppe mit ihren zahlreichen Beigaben, die man nach persönlichem Gusto kombinieren kann. Was zählt, ist der eigene Geschmack, die eigene Meinung. »Es gibt bei uns kein richtig und kein falsch. Mit einer Ausnahme: Es wäre vollkommen falsch, andere nicht an seinen Ideen teilhaben zu lassen.« Außerdem sollte man trotz allem Dissens immer noch entspannt zusammen Suppe essen können, erklärt Griffin das Pho-Grundprinzip.

Richtig heilig ist ihm außerdem der egalitäre Ansatz der Gruppe. Niemand soll wegen seines Jobs oder der Höhe seines Gehaltsschecks bevorzugt, benachteiligt oder gar von der Diskussion ausgeschlossen werden. Deshalb lässt er wie jeden Sonntag auch dieses Mal nach dem Essen einen knallroten Hut rumgehen. Bezahlt wird nach eigenem Ermessen. Wer viel hat, zahlt freiwillig drauf. Wer nichts zahlen kann, wird eingeladen. Den Rest übernimmt Griffin aus eigener Kasse.

Lieber ein ordentlicher Streit als Business-Smalltalk

Bis hierhin mag sich dies wie die Geschichte eines Technologie-Stammtischs mit etwas exzentrischen Ritualen anhören. Doch Griffin und seine Mitstreiter wollten von Anfang an mehr. Wollten die Diskussionen weiterführen. Wollten etwas verändern. Also gründeten sie eine Mailingliste. Diese ermöglicht den Kontakt weit über Los Angeles hinaus. Ein Wachsen des Netzwerks. New York und San Francisco haben heute regelmäßige Stammtische. In Chicago, Seattle, London und Helsinki gibt es lose Spin-Offs.

Doch zum Zentrum des Netzwerks ist längst die Mailingliste selbst mit ihren unzähligen E-Mails und unendlichen Diskussionen geworden. Wer einen Blick auf die Netzadressen ihrer Abonnenten wirft, entdeckt dabei viele bekannte Firmen aus der Welt des Entertainments: MP3.com, Emusic, Listen.com und Pressplay, die amerikanischen Gema-Pendants ASCAP und BMI. Die fünf großen Plattenfirmen EMI, BMG, Sony, Universal und Warner, aber auch Indie-Labels wie Ninja Tune. Musiker mit und ohne Plattenverträge. Musikindustrie-Rebellen wie Don Joyce, der mit seiner Band Negativland für extrem Copyright-unkompatible Sample-Collagen berühmt geworden ist.[2] Technologie-Firmen. Lobbyisten, Rechtsanwälte, Programmierer. Consultants, Netzradio-Betreiber, und, und, und.

Rund 900 Abonnenten hat die Pho-Mailingliste. Viele von ihnen würden unter normalen Umständen niemals aufeinander treffen, geschweige denn miteinander reden. Doch auf der Pho-Liste tun sie es erstaunlicherweise. Jim Griffin dazu: »Es gibt auf der Liste Leute aus dem Establishment und Leute, die meinen, es sollte kein Establishment geben. Jeder hat seinen eigenen Standpunkt. Und ich bin stolz darauf, dass ich diesen Leuten helfen kann, ihn zu artikulieren.« Dabei dürfen auch schon mal die Fetzen fliegen. Ein ordentlicher Streit ist ihm allemal lieber als gepflegter Geschäfts-Smalltalk.

Pho sei auch gar nicht so sehr als Business-Netzwerk gedacht, erklärt Griffin bescheiden. Zwar habe man schon den ein oder anderen Manager auf der Liste. Klar, auch Pioniere wie den MP3.com-Gründer Michael Robertson. Doch eigentlich habe er Pho für die Newcomer gegründet. Von denen gibt es mehr als genug, seitdem MP3 und Napster Copyright-Themen auch für College-Studenten interessant gemacht haben. »Ich wollte einen Ort schaffen, an dem jemand, der bisher nichts mit Hollywood und der Musikindustrie zu tun hat, einfach durch Lesen verstehen kann, was dort passiert. Den richtigen Wortschatz lernen und so an der Diskussion teilhaben kann. Natürlich mag ich es, wenn sich die RIAA-Präsidentin Hillary Rosen oder Michael Robertson zu Wort melden. Aber ich mag es noch mehr, wenn ein Newcomer etwas lernt. Michael Robertson kann auch einfach seinen Anwalt anrufen. Ein College-Student hat es nicht so leicht, die richtigen Antworten zu finden.«

David Weekly ist ein gutes Beispiel für einen solchen Newcomer. Weekly hatte 1997 als Student eine kleine Website gebastelt. Ein paar Infos zum MP3-Format, ein paar Hits seiner Lieblingsmusiker, fertig war eine der ersten illegalen Musik-Websites der Welt. Es sollte auch die erste werden, die auf Betreiben der Musikindustrie geschlossen wurde. Genauer gesagt auf Betreiben Jim Griffins. Der dachte allerdings gar nicht daran, Weekly die Polizei auf den Hals zu schicken. »Wir hatten damals eine sehr ungewöhnliche Politik bei Geffen. Wir wollten dich nicht hinter Gitter bringen. Wir wollten dich treffen«, so Griffin. Sein Team wollte von den College-Kids lernen, um selbst besser mit dem Netz umgehen zu können. Also besuchte der Manager Jim Griffin den Musikpiraten David Weekly in dessen Studentenwohnheim. Dort traf er auf einen eingeschüchterten, aber technisch hoch begabten jungen Mann mit vielen interessanten Ideen. Die beiden freundeten sich an, Weekly wurde Pho-Mitglied, dann Firmengründer, Consultant und Buchautor.

»Das, was ich auf der Liste über die Geschichte und Philosophie des Copyrights gelesen habe, ist unbezahlbar. Ich habe dort in einem Monat mehr gelernt als in drei Jahren Stanford«, bestätigt auch Tim Quirk den Pho-Lerneffekt. Quirk ist Musiker und arbeitet als Chefredakteur bei Listen.com. Eigentlich keine gute Kombination für freimütige Diskussionen. Sein Arbeitgeber hat im Dezember 2001 das Musik-Abo Rhapsody gestartet. Als einziger unabhängiger Anbieter konnte sich Listen.com dafür auch die Kataloge der fünf Major-Plattenfirmen BMG, EMI, Warner, Sony Music und Universal sichern.[3]

Doch das hält Quirk nicht davon ab, auf der Pho-Mailingliste ordentlich gegen »das Kartell« zu wettern. Gemeint sind natürlich die fünf großen Plattenfirmen. »Auf Pho bin ich nur Tim der Musiker und Musikfan«, meint Quirk dazu. In den Achtzigern war er mit seiner Band Too Much Joy beim Warner-Sublabel Giant Records unter Vertrag. Giant verkaufte rund 100.000 Platten der Band, doch Quirk sah von dem Geld so gut wie keinen Penny. Seitdem ist er auf Majors nicht mehr besonders gut zu sprechen. Was nicht heißt, dass er nicht gerne mit ihren Vertretern streitet: »Ich liebe es, wenn sie sich auf der Pho-Liste zu Wort melden. Ich liebe es, wenn sie daraufhin in der Luft zerrissen werden. Und ich liebe es noch mehr, wenn sie sich davon nicht einschüchtern lassen.«

Eine Evangelistin ohne Gläubige

Nicht einschüchtern lässt sich zum Beispiel Karen Allen. Sie hat ihre Rolle im Pho-Netzwerk selbst einmal als »Boxsack der Musikindustrie« bezeichnet. Allen wurde 1999 von der Recording Industry Association of America (RIAA) dafür angestellt, den Kontakt zur Online-Musik-Szene zu verbessern. »Internet Music Evangelist« hieß ihre eigens dafür geschaffene Job-Position emphatisch. Nur wusste Allen gleich: Viele Gläubige würde sie auf der Pho-Liste nicht finden.

Die RIAA hat als Interessenverband der großen Plattenfirmen Napster und so ziemlich jeden seiner prominenten Nachfolger verklagt. Indie-Labels werfen ihr vor, Musiker um ihre Rechte bringen zu wollen. Viele Online-Musikanbieter sehen in ihr ein Sprachrohr einer monopolistischen Musikwirtschaft. College-Kids organisieren Boykotts gegen den Verband, weil er sich für kopiergeschützte Musik-CDs stark macht. Eigentlich mag niemand die RIAA. Karen Allen hat das in einigen hitzigen Diskussionen zu spüren bekommen. Wie sie sich dabei fühlt, immer der Buhmann der bösen Musikindustrie zu sein? »Es ist mir egal«, erklärt sie cool. »Das ist ja nicht mein Freundeskreis. Ich bin auf Pho, weil es mein Job ist.« Und versöhnlicher: »Weil mich die Mischung der Leute fasziniert. Weil die Leute dort einige sehr interessante Sachen zu sagen haben.«

Karen Allen ist sich sogar sicher: »Eine Menge Dinge im New-Media-Business wären ohne die Pho-Liste nicht passiert. Ich sehe uns wirklich nicht da, wo wir heute sind, wenn es Pho nicht gegeben hätte.« Pho habe es beispielsweise sehr viel einfacher gemacht, die richtigen Kontakte in der Branche zu knüpfen. »Es ist einfach eines der besten Networking-Tools, die es gibt.« So gibt es parallel zu allen wichtigen Messen wie etwa der Midem in Cannes oder der Future of Music Convention in Washington kleine Suppen-Stammtische.

Pho – die Kraftbrühe der Online-Musikwirtschaft

Für die RIAA ist die Mailingliste auch wichtig, um am Ball zu bleiben. Trends nicht zu verschlafen. Technologien zu verstehen. Die richtigen Antworten zu wissen, wenn man etwa zu den neuesten Tauschbörsen gefragt wird. Doch auf die Hilfe ihres Evangelisten muss der Lobbyverband dabei seit Anfang des Jahres verzichten. Im Januar 2002 erhielt Karen Allen ihre Kündigung. Sparmaßnahmen.

Sofort bekam sie unzählige mitfühlende Mails, selbst von einstigen erbitterten Gegnern wie der Initiative »Boycott RIAA«. Zwar sind Kündigungen in den letzten Monaten keine Seltenheit für die Pho-Liste. Immer mehr Firmen schließen, immer mehr Teilnehmer müssen sich nach einem neuen Job umsehen. Doch viele sahen in Allens Kündigung so etwas wie ein Alarmsignal. Die RIAA war für ihre Gegner lange Zeit so etwas wie der Inbegriff der geldgierigen Musikwirtschaft. Nun muss die Lobby-Vereinigung sparen, weil die sie finanzierenden Plattenfirmen herbe Umsatzeinbußen verbuchen. So ging 2001 die Zahl der in den USA verkauften Tonträger erstmals seit ihrer Messung im Jahr 1991 zurück, und zwar um ganze fünf Prozent. Ein gewaltiger Einbruch für eine Branche, die bisher selbst in Krisenzeiten Zuwächse verzeichnen konnte.

»Die Pho-Liste ist heute sehr viel politischer und sehr viel weniger Business-orientiert«, beschreibt Karen Allen die Veränderungen durch die Krise. Im Zentrum der Auseinandersetzungen stehen nun nicht mehr die cleversten Geschäftsideen, sondern Gesetze wie der Digital Millennium Copyright Act. Darf der Staat Wissenschaftlern verbieten, Verschlüsselungsmechanismen zu knacken? Oder auch Fragen der Marktkonzentration, wie sie die Online-Musikanbieter Pressplay und Musicnet aufwerfen. Dürfen fünf Firmen, die insgesamt 80 Prozent des Welt-Musikmarkts kontrollieren, sich zu zwei Joint Ventures zusammenschließen?

Die Tücken der Öffentlichkeit

Antworten auf diese strittigen Punkte werden die Zukunft des digitalen Entertainments bestimmen, das wissen mittlerweile auch Regierungsmitglieder. So verwundert es kaum, dass sich in der Liste der Pho-Abonnenten auch einige Mailadressen mit der für staatliche Stellen typischen Endung .gov finden. Über ihre Referenten bekommen einige Kongressabgeordnete und Mitglieder des US-Senats die wichtigsten Pho-Mails.

Doch nicht nur Volksvertreter, auch Gerichte haben sich bereits Pho-Diskussionen gewidmet. 1999 lieferten sich die Gründer der Tauschbörse Napster erbitterte Wortgefechte mit den Vertretern der Musikwirtschaft. Einer der jungen Napster-Programmierer erklärte dabei erhitzt, man habe nicht weniger im Sinn als »die Musikindustrie zu zerstören«. Ein paar Monate später mussten Napsters Anwälte fassungslos mit ansehen, wie dieses freimütige Bekenntnis genüsslich von der Gegenseite vor Gericht zitiert wurde. Schlagartig wurde vielen Beteiligten damit klar, dass man auf der Pho-Mailingliste nicht im luftleeren Raum diskutiert. »Das Klima veränderte sich. Eine Menge Leute verließen die Liste«, beschreibt der freie Journalist und langjährige Wired-Online-Reporter Brad King die Folgen dieses Vorfalls. »Einige Firmen haben ihren Leuten auch dazu geraten, die Liste zu verlassen.«

Andere haben sich einfach nur dafür entschieden, lieber zu schweigen – zumindest, wenn es um ihre Firma geht. Karen Allen kann dafür auch ein gewisses Verständnis aufbringen: »Es ist nicht so, als wärst du auf einer Liste von Leuten, die Tennis mögen.« Jim Griffin, ganz Freund der freien Diskussion, ging der Einfluss der Firmen damit allerdings zu weit. Deshalb führte er Pseudonyme auf der Liste ein. Eines davon gehört einem College-Studenten, der zeitweilig für die von Michael Robertson gegründete Firma MP3.com arbeitete. Auf Pho griff er dessen Geschäftspolitik immer wieder heftig an – ohne dass sein damaliger Chef nur einen blassen Schimmer davon hatte, mit wem er es zu tun hatte.

Das sind natürlich Momente, in denen sich der Reporter in Brad King diebisch freut. King schreibt für Wired Online und andere Medien über den Internet-Musikmarkt und ist einer von vielen Journalisten auf der Pho-Liste. Ursprünglich arbeitete er als klassischer Musikjournalist. Dann konnte er irgendwann an der Technik nicht mehr vorbei – und damit auch bald nicht mehr an Pho. »Michael Robertson erzählte mir davon, noch bevor er MP3.com gründete«, erinnert sich King im Rückblick. Kurz darauf griff er zum Telefon, diskutierte eine Stunde angeregt mit Jim Griffin – und war angefixt. »Es ist wie eine Branchenparty, zu der jeder eingeladen ist«, schwärmt King noch heute über Pho. Und ergänzt: »Das Brillante an Pho ist, wie die neuen Medien benutzt werden.« Die First Tuesdays dieser Welt hatten eben nie einen so streitbaren E-Mail-Austausch.

Die Gemeinsamkeiten zwischen solchen Kapitalgeber- und Karrierenetzwerken und Pho sind sowieso begrenzt. Natürlich gab es auch zu Hochzeiten der Gruppe Sonntage im Pho 87, an denen Venture-Kapitalisten Visitenkarten verteilend von Tisch zu Tisch gingen. Doch im Unterschied zu First Tuesday und Co. versuchte nie jemand, aus dem Netzwerk selbst ein Geschäft zu machen. Jim Griffin dazu: »First Tuesday, das sind Leute mit Dollar-Zeichen in den Augen. Pho ist nicht profitorientiert.« Deshalb ist das Netzwerk auch nicht zusammengebrochen, als die Investoren irgendwann ausblieben. Natürlich, die Tische beim wöchentlichen Suppen-Essen sind kleiner und intimer geworden. Griffin stört das aber gar nicht: »Es spielt wirklich keine Rolle, wie viele Leute kommen. Manchmal sind die kleinen Treffen die besten.«

Unprätentiös ist wahrscheinlich das Wort, mit dem sich der Pho-Erfolgsfaktor am besten beschreiben lässt. Streitlustig wäre auch einen Versuch wert. Diskussionsthemen, das weiß Jim Griffin, werden dem Netzwerk sowieso nie ausgehen. Schließlich kann vier Jahre nach der Pho-Gründung immer noch niemand mit Bestimmtheit sagen, wie denn nun die Zukunft des Musikgeschäfts aussehen wird. Wird es noch CDs geben? Welche Rollen werden Tauschbörsen spielen? Braucht die Branche Kopierschutzmechanismen – oder schreckt sie damit nur ihre Kunden ab? Kann Musik als Ware überleben, oder wird sie zur Dienstleistung? Über all diese Fragen sind sich die Pho-Mitglieder weiterhin sehr leidenschaftlich uneins. Nur auf eins wird man sich auch in Zukunft einigen können: Die sonntägliche vietnamesische Nudelsuppe.

Dieser Artikel erschien zuerst in der De:Bug – Zeitschrift für elektronische Lebensaspekte 66 / Dezember 2002 und wurde für dieses Buch leicht überarbeitet.

Anmerkungen

[1] Pho ist im Internet unter http://www.pholist.com zu erreichen.
[2] Siehe dazu auch das Interview mit Don Joyce in Kapitel 12.
[3] Zu Rhapsody siehe auch Kapitel 3, zu Tim Quirk, dem Musiker, Kapitel 9.

90 Prozent Ausschussware

Eine Industrie mit struktureller Ungleichheit

»Was ist Piraterie?« Mit dieser Frage begann Courtney Love am 16. Mai 2000 eine Rede anlässlich der New Yorker Digital Hollywood-Konferenz.[1] Die Zuhörer mögen bei diesen Worten angenommen haben, eine weitere Stellungnahme für oder wider Napster serviert zu bekommen. Die Tauschbörse war damals das heißeste Eisen der Musikindustrie. Jeder musste einfach seine Meinung dazu loswerden. Metallicas Lars Ulrich etwa ließ keine Gelegenheit aus, gegen Napsters Betreiber und Nutzer zu wettern. Musiker wie Chuck D oder Ice T dagegen nahmen das Startup in Schutz. Courtney Love hatte jedoch etwas Besseres zu tun, als über tauschende Teenager zu reden. Ihr ging es ums Ganze. »Piraterie ist es, wenn man das Werk eines Künstlers stiehlt, ohne dafür bezahlen zu wollen«, erklärte sie ihrem Publikum, um dann zu präzisieren: »Ich spreche hier nicht von Software wie Napster. Ich spreche von den Plattenverträgen der Major-Labels.«[2]

Was folgen sollte, war eine lange, detaillierte Anklage unfairer Vertragsbedingungen und schmutzigen Lobbyistentums der Musikindustrie. »Wir können das alte System zerstören und echte Chancen und Freiheit für Musiker schaffen«, erklärte sie kämpferisch.[3] Dabei stellte Love klar, dass Firmen wie Napster und Co. für sie alles andere als edle Retter sind. »Ich fühle diesen obszönen Goldrausch der Gier, wenn ich mich mit Dotcom-Leuten über all dies unterhalte«, bemerkte sie.[4]

Hauptbestandteil der Rede war jedoch eine Art Geschäftsbilanz einer fiktiven, bei einer der fünf großen Plattenfirmen unter Vertrag stehenden Band. Anhand einfacher Eckwerte erklärte Love ihrem Publikum, wie solch eine Band selbst im Falle großen Erfolgs kaum Einnahmen durch Plattenverkäufe erziele. Dazu führte sie detailliert auf, wie der Vorschuss der fiktiven Band für Videoproduktionen und Promotion-Ausgaben draufging. »Zwei Millionen Dollar Tantiemen minus zwei Millionen Dollar verrechenbarer Ausgaben entspricht – Null«, rechnete Love ihrem Publikum vor.[5] Die Plattenfirma verdiene an dem Deal rund 6,6 Millionen Dollar, so Love. »Die Band kann genauso gut im Supermarkt arbeiten.«[6]

Die Crux der verrechenbaren Kosten

Loves Rede erlangte innerhalb weniger Wochen weltweite Bekanntheit. Zahlreiche Magazine und Zeitschriften dokumentierten ihre Anklage des Musikbusiness. Für das renommierte Online-Magazin Salon.com wurde es gar zu einem der am häufigsten abgerufenen Artikel aller Zeiten. Durch den Konflikt um Napster waren unzählige Musikfans für die Auseinandersetzungen der Entertainment-Industrie sensibilisiert worden. Manch einer suchte sicherlich nur nach einer bequemen Entschuldigung, kein Geld mehr für Musik auszugeben. Andere interessierten sich aufrecht für die Probleme ihrer Idole. Viele fragten sich auch einfach nur: Konnte das denn stimmen? Galt es nicht lange als ausgemachte Sache, dass Popstars nicht nur berühmt, sondern vor allen Dingen auch reich sind? Hatten wir nicht all die teuren, geschmacklos eingerichteten Häuser auf MTVs Show Cribs bestaunen dürfen?

Natürlich war Loves kleines Rechenbeispiel notgedrungen vereinfacht, doch ganz aus der Luft gegriffen waren die Zahlen keinesfalls.[7] Das bestätigt auch Entertainment-Anwalt Whitney Broussard, dessen New Yorker Kanzlei Selverne Mandelbaum & Mintz unter anderem die Fugees, India.Arie und den Wu-Tang Clan vertritt. »Grob geschätzt kann man davon ausgehen, dass ein bei einer großen Plattenfirma unter Vertrag stehender Musiker keinen Anspruch auf Tantiemen aus Plattenverkäufen hat, wenn er nicht mindestens eine Million Alben verkauft. Und selbst dann kann er immer noch leer ausgehen.« Laut Broussard steckt der Teufel im Detail der Plattenverträge, die Major-Labels ihren Künstlern vorlegen. »Man kann davon ausgehen, dass ein Musiker etwa einen Dollar pro CD verdient«, so Broussard. »Die Kosten, die sich das Label vom Künstler zurückholen kann, erreichen mit Leichtigkeit eine Million Dollar.«

Diese verrechenbaren Kosten stellen für Musiker das Hauptproblem eines Plattenvertrags dar. »Das ist eine Art Teufelskreis«, so Broussard. Zu Beginn seiner Vertragsbeziehung bekommt der Künstler einen Vorschuss und steht damit in der Schuld seines Labels. Danach gibt es erst wieder Geld, wenn die Plattenverkäufe sowohl den Vorschuss als auch alle vom Musiker zu übernehmenden Ausgaben wieder eingebracht haben. Zu diesen gehören zum Beispiel die Produktionskosten der Platte, die zu 100 Prozent vom Künstler getragen werden müssen. »Da kann man von 300.000 Dollar ausgehen«, rechnet Broussard vor. Von den Video-Produktionskosten haben die Plattenfirmen traditionell die Hälfte übernommen, in letzter Zeit versuchen sie jedoch vermehrt, weniger dafür auszugeben. 200.000 Dollar verrechenbarer Video-Produktionskosten seien keine Seltenheit, so Broussard.

»200.000 bis 300.000 Dollar muss die Band zudem für Independent Promotion bezahlen«, rechnet er vor. Unter diesen Begriff fallen in den USA nicht nur Street Teams und Anzeigenwerbung, sondern auch mehr oder weniger heimliche Schmiergeldzahlungen an Radiostationen. Legal ist das nicht, doch wer von den 1000 wichtigsten Sendern des Landes gespielt werden will, kommt daran nicht vorbei. Um sich nicht völlig den Ruf zu verderben, engagieren die Labels zur Abwicklung dieser Bestechungen Mittelsmänner, die so genannten »Independent Promoters«. Natürlich schneiden sich diese selbst noch mal ein dickes Stück vom Kuchen ab. »Sachen wie diese sind typischerweise zu 50 Prozent verrechenbar. Manchmal versuchen Labels auch, sie zu 100 Prozent verrechenbar zu machen«, so Broussard.

Schließlich gibt es noch den Posten Tour-Support, der in der Regel zu 50 Prozent von der Band übernommen werden muss. »Das sind um die 150.000 Dollar, und ganz schnell bist du bei einer Million Dollar verrechenbarer Kosten«, erklärt Broussard. »Es ist nicht einfach, eine Million Platten zu verkaufen. Dafür muss man sich sehr anstrengen. Man braucht eine groß angelegte Marketing-Kampagne, und dafür sind diese Zahlen keineswegs übertrieben.«

Wenn eine Million verkaufter CDs einer Million verrechenbarer Kosten gegenüberstehen, landet eine Band gerade mal bei Null – wären da nicht die Rücklagen, mit denen sich Plattenfirmen gegen Retouren aus dem Einzelhandel absichern. Der schickt unverkaufte CDs nämlich ganz einfach postwendend zurück und bekommt das Geld dafür voll erstattet. Zudem sichern sich Plattenfirmen vertraglich zu, rund zehn Prozent aller gepressten Alben für Promotion verwenden zu dürfen. Tantiemen gibt es dafür keine. Oft landen diese Platten auf dem ein oder anderen Weg dennoch im Handel. »Diese Posten belaufen sich normalerweise auf rund 35 Prozent der Verkäufe, die abgezogen werden, bevor irgendetwas anderes berechnet wird«, erklärt Broussard. »Eine Band könnte damit eine Million Platten verkaufen und immer noch nicht schuldenfrei sein, da sie tatsächlich nur für 650.000 Platten bezahlt wird.«

Nun reißen sich die Plattenfirmen die Rücklagen nicht einfach so unter den Nagel. Sobald eine Bilanz über alle zurückgegangenen Platten gezogen werden kann, wird das Geld der Band gutgeschrieben. Doch das hilft ihr auch nicht wirklich weiter. »Die Aufbewahrungszeit dieser Rücklagen beläuft sich meist auf anderthalb bis zwei Jahre. Etwa zu diesem Zeitpunkt beginnt der Musiker typischerweise mit der Aufnahme eines neuen Albums«, erklärt Broussard. »Wenn es dann so aussieht, als wäre er gerade kurz davor, in die schwarzen Zahlen zu kommen, fließt all das Geld direkt in die Produktion der zweiten Platte.« Und der Kreis beginnt wieder von vorn.

Klingt übel? Moment, wir haben uns noch gar nicht das Kleingedruckte angeguckt. Das hat es ebenfalls in sich. Plattenverträge versprechen in der Regel eine ganz ordentliche prozentuelle Beteiligung – nur um dann alle möglichen Nebenkosten wieder davon abzuziehen. Manche dieser Nebenkosten machen heute eigentlich gar keinen Sinn mehr. So führte die Musikindustrie in den Sechzigern einen Verpackungsabzug ein. Damals wurden ordinäre Vinyl-Platten ganz schlicht in Pappschubern verkauft. Wer ein bunt bedrucktes Cover haben wollte, musste draufzahlen. Heute sind Jewel-Case und Booklet längst Standard, doch ein Verpackungskosten-Abzug von 25 Prozent findet sich weiter in jedem Plattenvertrag.

Ähnlich antagonistisch sind Abzüge für »neue Technologien«, die seit rund zwanzig Jahren Praxis sind. »Als damals die CDs eingeführt wurden, waren sie Gegenstand ziemlich brutaler Tantiemen-Kürzungen – basierend auf der Theorie, dass die Herstellung einer CD mehr Geld kostet«, weiß Broussard zu berichten. »Doch an den Tantiemen hat sich nichts groß geändert, als im Laufe der Zeit die Produktionskosten fielen.« Auch in heutigen Plattenverträgen finden sich weiterhin Passagen, die für CDs lediglich 90 Prozent der vereinbarten Beteiligungssumme versprechen. »Dabei sind CDs praktisch das Einzige, was sich heute verkauft.« Eine Praxis, die sich auch mit dem Übergang ins Digitalzeitalter fortsetzt. So müssen einige Musiker erstaunt feststellen, dass ihnen selbst für Einnahmen aus digitalen Downloads eine Verpackungspauschale abgezogen wird.[8]

Gut bezahlte Sklaverei

Im Jahr 2002 veranstaltete der kalifornische Senat eine Reihe von Hearings, die sich solchen Missständen der Musikwirtschaft widmeten. Die Vertreter der Industrie nutzten diese, um zu erklären, daß eigentlich doch alles in Ordnung sei. »Die Beziehungen zwischen Plattenfirmen und Musikern waren immer schon von dramatischen – und manchmal melodramatischen – Höhen und Tiefen gekennzeichnet, die jede kreative Partnerschaft auszeichnen«, erklärte etwa Paul Robinson von der zu AOL gehörenden Warner Music Group.[9] Der Streit um Tantiemen und Verträge lenke doch nur von dem eigentlichen Problem ab, das die Musikindustrie bedrohe: »Der grassierenden Online-Piraterie.«[10]

Die anwesenden Musiker schienen jedoch andere Prioritäten zu haben. So erklärte Backstreet-Boys-Mitglied Kevin Richardson, dass seine Band zwar weltweit mehr als 70 Millionen Platten verkauft, aber immer noch Schulden bei ihrem Label habe. Ähnliche Klagen gab es vom Country-Star Clint Black, Bing Crosbys Witwe Kathryn Crosby, den Ex-Eagles Don Henley und Glenn Frey sowie einigen Managern bekannter Bands. All das blieb nicht ohne Wirkung auf die anwesenden Politiker. Insbesondere Senator Murray zeigte sich beeindruckt von den Schilderungen der Musiker. Im Dezember 2002 legte Murray schließlich einen Bericht vor, der die Ergebnisse der Anhörungen zusammenfasst und daraus politische Schlussfolgerungen zieht.

Besonderen Anstoß nimmt Murray in seinem Bericht an den Vertragslängen im Musikgeschäft. In Kalifornien sind derartige Arbeitsverträge eigentlich auf sieben Jahre begrenzt. 1987 wurde der entsprechende Teil des kalifornischen Arbeitsrechts jedoch auf Betreiben der Musikindustrie durch einen Passus ergänzt, der diese Begrenzung für Plattenverträge praktisch aufhebt. »Ein typischer Vertrag für fünf oder sieben Alben mit Marketing-Zyklen von zwei Jahren oder mehr kann damit bis zu 25 Jahre dauern«, heißt es dazu in Murrays Report.[11] 25 Jahre unter Vertrag bei der gleichen Firma, zu den gleichen Bedingungen.[12] Manch ein erfolgreicher Musiker kann seinen Vertrag im Laufe der Zeit nachverhandeln, einen Anspruch darauf gibt es jedoch in der Regel nicht. »Es ist klar, dass es ein zeitliches Limit für Plattenverträge geben sollte«, stellt Murray dazu fest. »Andernfalls ist ein solcher Vertrag eine gut bezahlte Form vertraglich festgeschriebener Sklaverei.«[13]

Kritik übt Murray zudem an der Praxis der verrechenbaren Kosten. Dies sei besonders kritisch zu sehen, da die Plattenfirmen in der Regel die

Aufnahmen besäßen. »Es ist, als ob jemand die Raten seiner Hypothek abbezahlt, aber nie einen Besitzanspruch auf das Haus hat«, so Murray.[14] Zudem stellt er fest: »Es sieht so aus, als ob viele Musiker regelmäßig weniger Tantiemen ausbezahlt bekommen als ihnen zustehen. Während Superstars sich Buchprüfungen zum Aufdecken solcher Missstände leisten können, werden jene 95 Prozent ausgenutzt, die sich diese nicht leisten können oder bei denen die fraglichen Beträge keine Buchprüfungen rechtfertigen.«[15]

Wenn ein Musiker dann doch auf eigene Kosten eine Buchprüfung veranlasst, würden ihm zudem zahllose Steine in den Weg gelegt, so Murray. So verhinderten die meisten Verträge einen Zugriff auf die Bücher der Presswerke und die Aufstellungen über Verkäufe im Ausland. Murray dazu: »Wer einen Vertrag dazu eingeht, ein Badezimmer ins Haus einbauen zu lassen, hat die Möglichkeit, die Arbeit zu überprüfen, um herauszufinden, ob gegen den Vertrag verstoßen wird. Im Falle von Plattenverträgen haben Plattenfirmen die alleinige Kontrolle über Verkaufs- und Rechenschaftszahlen.«[16] Bei Verstößen gibt es zudem für die Plattenfirmen keinerlei Vertragsstrafen. »Dies gibt den Plattenfirmen einen Ansporn, gegen die Regeln zu verstoßen. Wenn sie dabei erwischt werden, haben sie keine Strafe zu erwarten. Wenn sie nicht erwischt werden, können sie das nicht ausgezahlte Geld behalten.«[17]

Geld verdienen wie Robbie Williams

Mittlerweile haben auch einige Plattenfirmen eingesehen, dass ihnen der Kampf gegen Piraterie leichter fallen würde, wenn sie sich nicht auch noch Scharmützel mit den eigenen Musikern liefern müssten. Bertelsmanns BMG kündigte deshalb im November 2002 an, seine Verträge zu vereinfachen und zahlreiche Kostenfaktoren – wie etwa Verpackungsabzüge und die Sonderabgaben für CDs – zu streichen. Wenig später hieß es von Universal, dass man ähnliche Änderungen plane. Musiker und ihre Repräsentanten bleiben jedoch erst einmal skeptisch.

So erklärte Ann Chaitovitz von der Musiker-Gewerkschaft AFTRA, dies sei ein guter erster Schritt. »Aber das große Problem der Verrechenbarkeit bleibt bestehen.«[18] Auch Whitney Broussard lobt das Bestreben der Labels, den Abrechnungsprozess transparenter zu gestalten. »Aber im Endeffekt ändert sich damit gar nichts«, schränkt er ein. »Wenn sich deine Tantiemen unter den alten Verträgen auf 1,50 Dollar belaufen haben, dann wird sich daran auch in Zukunft nichts ändern. Sie werden es nur auf eine etwas verständlichere Art und Weise berechnen.«

Die BMG verknüpfte ihren Vorstoß zudem mit der Ankündigung, in Zukunft eine kürzere Vertragsdauer anzustreben, sich dafür aber zusätzliche Einnahmequellen sichern zu wollen. Diese Idee geistert seit einer ganzen Weile durch die Branche und wird gerne in einem Atemzug mit Robbie Williams genannt. Der Britpop-Star sicherte sich im November 2002 einen außergewöhnlichen Vertrag mit der britischen EMI. Williams bekam einen Rekord-Vorschuss von 80 Millionen britischen Pfund für die Produktion von vier Alben. Dafür sicherte sich die Plattenfirma einen Teil seiner durch Konzerte und Merchandising erzielten Einnahmen – ein Posten, der klassischerweise den Musikern vorbehalten ist. Nun wollen einige Plattenfirmen diese Ausnahme zur Regel machen und in Zukunft immer davon profitieren, wenn ein Musiker Tickets oder T-Shirts verkauft.

»Das ist nicht notwendigerweise eine schlechte Sache, aber der Teufel steckt im Detail«, meint Broussard dazu. »Musiker befürchten, dass man von ihnen erwartet, diese Rechte ohne Gegenleistung abzugeben. Dass alles miteinander verknüpft wird, so dass du keine Merchandising-Tantiemen bekommst, bevor du nicht die Kosten für das Video wieder eingespielt hast.« Dabei kann er sich durchaus vorstellen, dass viele Musiker zur Abgabe gewisser Rechte bereit wären, wenn dies mit einer grundsätzlichen Neuordnung ihrer Beziehung mit den Plattenfirmen verbunden wäre. Ein Vorbild dafür könnte für ihn die Welt der Fernsehunterhaltung darstellen. »Wenn du Schauspieler einer TV-Serie bist, machst du eine Menge Geld. All diese Schauspieler können ihre Miete bezahlen. Und fast jeder, der bei einer großen Plattenfirma unter Vertrag steht, hat Probleme damit, seine Miete zu bezahlen«, so Broussard.

Sein Vorschlag deshalb: Die Plattenfirmen sollten Musiker einfach anstellen. »Eine Menge Musiker wären froh, wenn sie 50.000 Dollar Gehalt pro Jahr plus auf den Plattenverkäufen basierende Bonuszahlungen von ihrem Label bekommen würden«, ist er sich sicher. Dies würde auch bedeuten, dass Musiker sich von zahlreichen Rechten verabschieden müssten und ihre Musik praktisch zur Auftragsarbeit würde. Doch Broussard ist sich sicher, dass viele sich darauf für ein gesichertes Einkommen einlassen würden. »Die meisten Musiker wollen einfach nur Musik machen und auf keine anderen Jobs angewiesen sein. Für sie wäre das eine wirklich großartige Idee. Sie würden sich wahrscheinlich darauf stürzen.«

Kleine Änderungen, große Folgen

Ob es dazu jedoch jemals kommen wird, ist mehr als fraglich. Nicht nur die Plattenfirmen scheinen dazu bisher alles andere als bereit. Wenn es um das Aufgeben zusätzlicher Rechte geht, gehen auch bei Künstlern schnell rote Lichter an. Daran ist ein gewisser Mitch Glazier nicht ganz unschuldig. Im November 1999 verabschiedete der US-Kongress ein umfangreiches Gesetzespaket, das auch einige Regelungen zur Verbesserung des Satellitenfernsehens enthielt. Dieser Teil wiederum verfügte über einen Anhang so genannter technischer Änderungen, deren Autor Glazier war.

Die meisten Parlamentarier dürften diesen Anhang nicht einmal gelesen haben, schließlich war das gesamte Gesetzespaket mehr als 1000 Seiten dick. Es wurde denn auch ohne Diskussion verabschiedet. Doch eine dieser Änderungen sorgte dafür, dass Musikaufnahmen im US-Urheberrecht fortan als Auftragsarbeiten definiert wurden. Vor der Änderung gingen Aufnahmen nach 35 Jahren wieder in den Besitz der Urheber zurück. Als Auftragsarbeit blieben sie jedoch auf ewig Eigentum der Plattenfirma.

»Bis zu diesem Moment hatten Musiker das Gefühl, auf der gleichen Seite zu stehen, wenn die RIAA beim US-Kongress über Musik-Fragen redete«, erklärt Jenny Toomey von der Future of Music Coalition dazu heute im Rückblick. »Aber als die Labels erst einmal auf frischer Tat ertappt worden waren, begriffen die Musiker, dass sie ihnen nicht trauen können.« Die Gewerkschaften kündigten Widerstand an, Sheryl Crow und Don Henley formten zusammen mit zahlreichen weiteren namhaften Musikern die Recording Artist Coalition. Die Recording Industry Association of America (RIAA) erklärte daraufhin, Musik sei auch vor der Gesetzesänderung bereits Auftragsarbeit gewesen. Die Darstellung, die Lobby-Organisation habe die Änderung in einer Nacht-und-Nebel-Aktion durchgesetzt, sei allein das Produkt »sensationslüsterner Medien, die einfach nicht widerstehen konnten, Öl ins Feuer zu gießen«.[19]

Mag sein, dass die Medien tatsächlich manchmal ein bisschen ungerecht mit den Plattenfirmen und ihren Lobbyisten umgehen. Merkwürdig allerdings, dass die Organisation, die da das Bild von der Presse als Brandbeschleuniger bemühte, kurz zuvor dem Entfacher des Feuers eine Stelle als Tankwart angeboten hatte. Im Februar 2000 wechselte Mitch Glazier vom staatlichen Copyright Office zur RIAA, um künftig für die Organisation Lobbyarbeit in Washington zu betreiben. Letztendlich musste die RIAA jedoch eine Niederlage einkassieren. Nach anhaltenden Auseinandersetzungen einigte sich die Industrie im August 2000 mit den Interessenverbänden der Musiker darauf, dem Gesetzgeber nahe zu legen, die Änderung wieder zurückzunehmen. Dies geschah schließlich rund einen Monat später.

»Das war ein riesiger Erfolg«, erklärt Jenny Toomey dazu heute. »Es passiert ziemlich selten in den USA, dass ein Gesetz nur ein halbes Jahr nach seiner Verabschiedung wieder aufgehoben wird.« Toomey ist Mitbegründerin der Future of Music Coalition, einer Nonprofit-Organisation, die sich für die Rechte von Musikern in den Zeiten einer sich verändernden Branche einsetzt. Für sie haben das Netz und die Napster-Diskussion auch dazu geführt, dass es einfacher ist, Musiker zu erreichen und zu mobilisieren. »Wenn man Plattenverträge Anwälten zeigt, die nicht in dieser Industrie arbeiten, dann können sie nicht verstehen, dass jemand so etwas unterschreiben würde«, so Toomey. »Ein Großteil der schlechten Geschäftspraktiken war nur so lange möglich, weil dies so eine abgeschlossene Welt war. Als sich diese Welt dann öffnete und all die Informationen verfügbar wurden, wurde offensichtlich, dass es sich um eine Industrie mit struktureller Ungleichheit handelt.«

Rod Steward hilft Garagenbands

Die Plattenfirmen erklären gerne, dass es für sie gar keine andere Möglichkeit gibt, ihr Geschäft zu betreiben. Schließlich, so das oft geäußerte Argument, werde mit dem Geld der bekannten Künstler auch der Aufbau neuer, noch nicht so erfolgreicher Bands finanziert. So heißt es dazu etwa von der RIAA: »Die meisten CDs verkaufen sich nicht gut genug, um alle Kosten wieder einzubringen, geschweige denn einen Profit einzuspielen. Letztendlich sind weniger als zehn Prozent profitabel, und diese finanzieren den ganzen Rest.«[20] Was für eine harmonische Welt. Die Reichen helfen den Armen und Schwachen, Rod Steward sichert der Garagenband von nebenan ihr Auskommen.

Doch wie ist es eigentlich zu erklären, dass die Industrie eine so große Fehlerquote besitzt? Andere Statistiken sprechen sogar davon, dass nur fünf Prozent aller Veröffentlichungen profitabel sind. Dies würde bedeuten, dass die Plattenfirmen praktisch 95 Prozent Ausschussware produzieren – CDs, die sich nie komplett verkaufen und schlussendlich eingestampft werden. Liegt es vielleicht daran, dass die Musik der Bands einfach zu schlecht ist? Der Kulturkritiker in uns allen würde dem sicher nur zu gerne zustimmen. Doch wenn es einfach nur eine Frage der Qualität wäre, dann müssten die Plattenfirmen ja lediglich die fürs Anwerben neuer Künstler zuständigen A&R-Headhunter feuern und durch fähigere Spürnasen ersetzen. Ganz so einfach ist es offenbar nicht. Vielmehr hat sich in den letzten Jahrzehnten in der Branche eine Form des Wirtschaftens etabliert, die ihr Heil einzig und allein in Superlativen findet.

Interessanterweise tragen dazu auch jene 95 Prozent der Acts bei, die als nicht profitabel gelten. Diese Erfahrung musste im Frühjahr 2003 die Rockband Incubus machen. Nachdem die Band rund sieben Millionen Platten weltweit verkauft hatte, wollte sie ihren Vertrag nachverhandeln. Ihre Plattenfirma Sony Music weigerte sich und erklärte, Incubus schulde ihr noch 250.000 Dollar. Incubus-CDs und -DVDs waren damit Teil jener 95 Prozent Ausschussware, die ihre Kosten nicht einspielen – zumindest nicht für die Band. Sony Music hat nach Schätzungen der LA Times rund 35 Millionen Dollar an Incubus verdient.[21]

Zu großen Teilen ist dieses Missverhältnis in den schlechten Vertragsbedingungen begründet. In großen Firmenkonglomeraten werden aus Ausgaben zudem ganz schnell wieder Einnahmen, und die Verluste bleiben als Gewinne in der Familie. Begonnen hat dies mit dem Trend, die Fertigung und den Vertrieb der Produkte selbst zu übernehmen. So vertraut etwa Bertelsmanns Plattenfirma BMG die Pressung seiner CDs der konzerneigenen Firma Sonopress an. Verkauft werden sie anschließend über Bertelsmanns CDNow-Website oder den BMG Record Club. Mit der wachsenden Konzentration der Entertainment-Wirtschaft und dem Aufbau digitaler Download-Plattformen nehmen solche Synergie-Effekte noch weiter zu.

Dabei sind durch Aufkäufe, Fusionen und Übernahmen längst riesige Konzerne von absurder Größe entstanden, die sich nicht selten selbst im Weg stehen. So berichtete anlässlich der Recherche zu diesem Buch ein Mitarbeiter einer der fünf großen Plattenfirmen davon, für die Verwaltung von Tantiemen zuständig zu sein, deren Empfänger nicht bekannt sind. Allein bei der betreffenden Plattenfirma beläuft sich dieser Posten auf einen dreistelligen Millionenbetrag. Bei der Konkurrenz dürften ähnliche Summen auf eine ungewisse Zukunft warten. Wohlgemerkt: In den meisten Fällen ist dies nicht einmal die Schuld der Plattenfirmen. Bands streiten sich und hören auf zu existieren, Musiker wechseln Künstlernamen wie andere ihren Haarschnitt. Einige ändern ihren Wohnort oder wandern aus. Doch die schiere Größe der Konzerne macht es immer schwieriger, sich über Jahre hinweg einzelnen Künstlern zu widmen – selbst wenn man ihnen Millionen schuldet.

Die wahre Musikindustrie

Die fünf großen Plattenfirmen kontrollieren rund 80 Prozent des Weltmusikmarkts. 95 Prozent ihrer Alben sind nicht profitabel, 95 Prozent ihrer Musiker sehen damit nach ihrem Vorschuss nie wieder Geld von ihrer Plattenfirma. Diese Fakten zeichnen ein düsteres Bild des Musikgeschäfts. Doch sie lassen uns vergessen, dass es auch anders geht. »Die Mainstream-Musikwirtschaft lässt die Leute gerne glauben, sie seien die einzige Quelle für Musik«, so Whitney Broussard.

»Dabei gibt es wahrscheinlich rund 200.000 Bands allein in den USA – vielleicht sogar eine ganze Menge mehr«, erklärt er weiter. »Davon sind vielleicht tausend bei den Major-Labels unter Vertrag. Die Industrie umfasst nur einen kleinen Bruchteil der Leute, die tatsächlich Musik machen.« Dabei sind die verbliebenen 199.000 Bands keineswegs alle hoffnungslose Idealisten, Garagen-Musiker ohne Gigs und Plattenvertrag. Jenseits der Majors-Labels existiert eine bunte Welt zahlloser Musikindustrie-Mikrokosmen, für die oftmals völlig andere ökonomische Regeln gelten.

Dass die Welt jenseits der Superstars auch ökonomisch relevant ist, belegen nicht zuletzt die Verkaufsstatistiken der Industrie selbst. Um Tauschbörsen als Verlustfaktor erst einmal außen vor zu lassen, empfiehlt sich ein Blick auf die Soundscan-Zahlen des Jahres 1999. Ein Jahr vor dem Napster-Boom fanden ganze 200 Platten 500.000 Abnehmer oder mehr. Insgesamt waren diese Chartbreaker für 35 Prozent aller Verkäufe zuständig. Mit 34 Prozent fast eben so viele Verkäufe konnten jedoch all jene Platten verbuchen, bei denen pro Album jeweils 25.000 Stück und weniger über die Ladentheke wanderten. 89 Prozent aller insgesamt veröffentlichten Alben fanden sogar nur 1000 oder weniger Käufer.

So wie der Hit mit Millionenverkäufen eine seltene Ausnahme ist, wird auch das Wirtschaften der großen Plattenfirmen selbst immer mehr zur Ausnahme von der Regel. Daran hat auch das Internet als neues Massenmedium seinen Anteil. Der letzte große Aufschwung der Musikwirtschaft in den Achtzigern war neben der Einführung der CD nicht zuletzt auch auf die Gründung von MTV zurückzuführen. Ein Sender, der praktisch den ganzen Tag Musikvideos ausstrahlte – das hatte es vorher nicht gegeben. »Das war enorm. Alle Kids guckten es«, erinnert sich Broussard, der damals selbst noch im College war. »Und alles, was dort in Heavy Rotation gespielt wurde, war sofort landesweit berühmt.« Mittlerweile hat sich die Landschaft verändert. Nicht nur, dass aus dem einen Musiksender drei oder vier geworden sind. Heute gibt es zudem das Netz, das unsere Aufmerksamkeit mit tausenden von Kanälen fesselt.

»Es heißt oft, das Netz habe bisher keiner Band den Durchbruch ermöglicht«, meint Broussard. »Das stimmt wahrscheinlich, ist aber nicht notwendigerweise der richtige Maßstab. Das Internet ist kein Medium, mit dem Leute sehr schnell berühmt werden können. Das Konzept des Ruhms ist die Antithese dessen, was das Internet ausmacht.« Ein gutes Beispiel ist dafür die Weblog-Szene. Vor wenigen Jahren galt die Idee, dass jeder im Netz zum Selbstverleger wird, noch als hoffnungslos romantische Utopie. Kritiker sprachen gerne von der Aufmerksamkeitsökonomie und wandten ein, dass die allermeisten Surfer eben doch nur wenige bekannte Portale ansteuern.

Innerhalb von ein, zwei Jahren haben sich Weblogs jedoch vom belächelten Spielzeug zum dezentralen Massenmedium gemausert. Hunderttausende von Autoren schreiben, was ihnen in den Sinn kommt, verlinken und vernetzen – und werden gelesen. Natürlich gibt es auch unter den Bloggern bekannte Autoren, die man fast Stars nennen könnte – wenn sie denn ein wenig glamouröser wären. Doch vor allen Dingen erlauben Blogs das Besetzen von Nischen. Es gibt Zierfisch-, Sex-, Musik-, Gartenarbeits-, Design- und Politik-Blogs – eine inhaltliche Breite, die von klassischen Medien niemals abgedeckt werden könnte.[22]

Ähnlich breitet sich auch Musik im Netz aus. Bereits existierende Indies können größer und bekannter werden, neue Nischen und neue Sounds können ein Publikum finden. Natürlich wird es auch in Zukunft noch Superstars geben, genauso wie es in Zukunft noch Massenmedien geben wird. Doch die Idee, aus jeder Band Stars mit Millionen von Plattenverkäufen machen zu wollen, die 95 Prozent, für die es dann doch nicht klappt, und die Verträge, die Bands über Jahrzehnte an ihre Plattenfirma binden – all das wird zunehmend absurd erscheinen. Und das nicht nur, weil es in Zukunft womöglich keine Plattenverkäufe mehr geben wird.

Anmerkungen

[1] Courtney Love does the math, Salon, 14.6.2000, online unter: http://dir.salon.com/tech/feature/2000/06/14/love/index.html.
[2] Ebd.
[3] Ebd.
[4] Ebd.
[5] Ebd.
[6] Ebd.
[7] Courtney Love hatte sich bei diesem kleinen Rechenbeispiel von ihrem Anwalt Ken Hertz helfen lassen, der auch schon Will Smith, Destiny's Child und No Doubt vertreten hat. Kurz nach der Konferenz tauchte das Gerücht auf, Love habe sich für ihre Rede großzügig bei einem Text des Produzenten Steve Albini bedient. Albini schrieb im Jahr 1998 für ein Punk-Fanzine einen Text mit dem Titel »What's wrong with music«, in dem er erklärte, warum Bands keine Verträge mit den großen Plattenfirmen abschließen sollten. Auch Albinis Text beschreibt die Karriere einer namenlosen Beispiel-Band, auch er rechnet deren Einnahmen gegen all die Kostenfaktoren des Musikgeschäfts auf. Tatsächlich gibt es einige Ähnlichkeiten zu Loves Beispiel, doch diese könnten genauso gut auch ähnlichen Erfahrungen geschuldet sein. Nichtsdestotrotz ist Albinis Aufsatz lesenswert. Online ist er beispielsweise verfügbar unter http://www.arancidamoeba.com/mrr/problemwithmusic.html.
[8] All diese Angaben beziehen sich auf Vertragsbeziehungen in den USA. In Deutschland geht man etwas freundlicher mit Musikern um – nicht zuletzt, weil der Bundesgerichtshof 1989 entschieden hat, dass Plattenfirmen die Risiken einer Produktion nicht gänzlich auf den Künstler abwälzen können. Strukturell ähneln sich die Verträge in beiden Ländern dennoch. In einzelnen Punkten unterscheiden sie sich auch lediglich hinsichtlich der Prozentsätze der Eigenbeteiligungen.
[9] Zitiert nach Sue Zeidler: Artists, Record Execs Spar over Royalties in Calif., Reuters, 24.9.2002.
[10] Ebd.
[11] Senator Kevin Murray: Recording Industry Practices, Sacramento, 4.12.2002, online abrufbar unter: http://democrats.sen.ca.gov/senator/murray/.
[12] Anders als in Deutschland ist das Arbeitsrecht in den USA von Staat zu Staat verschieden. Die meisten Musiker-Verträge sind jedoch entweder durch den Sitz der Plattenfirma oder den gewählten Gerichtsstand kalifornischem Recht unterworfen. In anderen Staaten gibt es zudem keine Begrenzung persönlicher Service-Verträge auf sieben Jahre. In New York versuchen deshalb Gewerkschaften seit geraumer Zeit, eine derartige Begrenzung für Musiker durchzusetzen.

[13] Kevin Murray, a. a. O.
[14] Kevin Murray, a. a. O.
[15] Kevin Murray, a. a. O.
[16] Kevin Murray, a. a. O.
[17] Kevin Murray, a. a. O.
[18] Bill Holland: Most Labels Mum On Royalty Reform, Billboard, 14.12.2002.
[19] Statement of Hilary Rosen, President and CEO, Recording Industry Association of America, Before the Subcommittee on Courts and Intellectual Property Committee on the Judiciary U.S. House of Representatives, 25.5.2000, online unter: http://www.riaa.org/News_Story.cfm?id=271.
[20] RIAA: The cost of a CD, online unter: http://www.riaa.org/MD-US-7.cfm.
[21] Nach einer gerichtlichen Auseinandersetzung konnte sich Incubus schließlich im April 2003 mit Sony auf eine Neufassung des Vertrags einigen. Die ursprüngliche Bilanz der Band-Einnahmen findet sich in Jeff Leeds: Incubus Sings the Blues About Its Relationship With Sony Label, LA Times, 18.3.2003, online unter:
http://www.latimes.com/business/la-fi-incubus18mar18,1,2452375.story.
[22] Für den unwahrscheinlichen Fall, dass einige der Leser noch nicht wissen, was ein Weblog ist, sei ein Besuch der Webseiten http://www.weblogs.com und http://www.blogger.com empfohlen.

Das Indie-Netz

Von Netzlabeln, Online-Vertriebs-Plattformen und P2P-Musikern

Während ich an diesem Buch arbeite, erreicht mich eines Tages ein Päckchen mit zwei CDs feinster elektronischer Musik. Der Absender: Soulseek Records, das erste Plattenlabel, das von jungen Tauschbörsen-nutzenden Musikern gegründet wurde. Glaubt man der Rhetorik der Plattenfirmen, dann schaden P2P-Systeme Nachwuchsbands am meisten. Schließlich führten Tauschbörsen zu Einnahmerückgängen, und eine Branche mit weniger Geld in den Kassen könne eben auch weniger jungen Künstler eine Chance geben.

Doch gerade Nachwuchsbands scheinen sich am einfachsten in der neuen Welt der digitalen Distribution zurechtzufinden. Anstatt sich von den großen Online-Plattformen vereinnahmen zu lassen, machen sie lieber ihr eigenes Ding. Sie nutzen Tauschbörsen zu ihrem Vorteil, gründen virtuelle Plattenlabels, lassen sich ihre Produktionen von ihren Fans finanzieren. Sie vermarkten ihre CDs erfolgreich ohne Plattenfirma im Rücken. Sie haben es nicht aufs große Geld abgesehen, sondern suchen nur nach ihrer Nische – und entdecken dabei ganz nebenbei das ein oder andere Business-Modell für eine Musikwirtschaft des 21. Jahrhunderts.

Ganz neu ist dieser Trend nicht. Indie-Labels und ihr Umfeld waren schon immer die innovativeren Vertreter der Branche. Auch Musik im Netz wurde nicht von Firmen wie MP3.com, Napster oder dem Fraunhofer-Institut erfunden. Tatsächlich eroberten technikbegeisterte Musiker die Welt des Cyberspace lange vor dem MP3-Boom – und legten damit den Grundstein für den Übergang in die Welt des digitalen Musikvertriebs, den wir in diesen Tagen erleben.

Am Anfang stand der Amiga

Mitte der Achtziger arbeitete der deutsche Videogame-Programmierer Guido Bartels an einem Spiel namens Amegas, einer Adaption des Spielhallen-Klassikers Breakout für den Amiga-Heimcomputer. Bartels bat seinen Kollegen Karsten Obarski, einen kleinen Soundtrack für das Spiel zu programmieren. Obarski willigte ein, wollte aber nicht einfach nur auf ein endlos wiederholtes 20-Sekunden-Sample setzen, wie es bei so vielen anderen Amiga-Spielen im Hintergrund zu hören war. Also bastelte er sich seine eigene Kompositions-Software und schuf damit schließlich einen schmissigen Soundtrack für Bartels' Spiel. Der Song war knapp viereinhalb Minuten lang, enthielt elf verschiedene Samples und war dennoch gerade einmal 68 Kilobyte groß.

Karsten Obarskis Trick: Sein Programm setzte auf kurze Samples wie etwa den Klang eines Trommelschlags. Diese wurden mit einer Art Notation, die aus dem einzelnen Trommelschlag einen Rhythmus werden ließ, in einer kompakten Datei kombiniert. Für Videogame-Entwickler ging damit ein Traum in Erfüllung. Solche kompakten Sound-Dateien erlaubten ihnen komplexere Spiele, da sie keinen unnötigen Speicherplatz für digitale Audiodaten opfern mussten. Obarski erarbeitete deshalb eine Endverbraucher-Version seiner Software, die schließlich im August 1987 unter dem Namen »The Ultimate Soundtracker« veröffentlicht wurde.

Das Programm sollte sich jedoch schnell als kommerzieller Flop herausstellen. Der Amiga war in den Augen vieler Musiker nicht viel mehr als ein Spiel-Computer. Sie kauften sich stattdessen lieber Ataris Konkurrenzprodukte, die mit einer MIDI-Schnittstelle ausgerüstet waren und damit den Anschluss von Keyboards und anderen elektronischen Instrumenten erlaubten. Zudem war Obarskis Soundtracker nicht eben einfach zu bedienen. Die Notation bestand aus zahlreichen kryptischen Hexadezimalwerten, die an der richtigen Stelle in eine von vier Spalten eingetragen werden mussten. Die Fachpresse verriss die Software, und Obarskis Arbeitgeber EAS verlor schnell das Interesse an einer weiteren Vermarktung.

Ein kleiner Kreis von kreativen Amiga-Hackern fand jedoch Gefallen an dem Programm. Per Reverse Engineering analysierten sie Obarskis Schöpfung und passten es ihren Wünschen an. Diese nicht ganz legitimen Versionen verbreiteten sich über Mailbox-Netzwerke und erreichten so bald Amiga-Teens auf der ganzen Welt. Besonders beliebt wurden sie in der so genannten Demo-Szene – einer Netz-Subkultur lockerer Zusammenschlüsse, die sich dem Erstellen digitaler Kunst auf dem Amiga verschrieben hatten. Wobei Kunst in diesem Fall hieß, waghalsige Animationen zu erstellen, die Multimedia-Eigenschaften des Heimcomputers bis zum Rande auszureizen.

Man traf sich zu internationalen Partys und versuchte, sich gegenseitig im Rahmen von selbst organisierten Wettbewerben die Schau zu stehlen. Obarskis Software und seine Nutzer – bald nur noch Tracker genannt – waren schnell ein essenzieller Bestandteil dieser Szene. Was für Spieleprogrammierer praktisch gewesen war, wurde dabei für Tracker zur Kunst. Fester Bestandteil von Wettbewerben war es, Songs mit nur 64 Kilobyte oder weniger zu komponieren. Wer die besten Sounds aus den wenigsten Bytes herauskitzelte, konnte sich allgemeiner Anerkennung sicher sein.

Die kleinen Dateien hatten noch einen weiteren Vorteil: Sie ließen sich selbst mit langsamen Modems halbwegs schnell im Netz verbreiten. Anfang der Neunziger geisterten bereits unzählige solcher Modules genannter Werke durch die Datennetze privater Mailboxen. Zudem erschienen weitere Tracker-Programme für den Amiga und bald auch für den PC. Schließlich begannen Studenten mit Internet-Zugang damit, auf

Universitätsrechnern Archive mit tausenden von Songs anzulegen. Lange bevor MP3.com und Co. diese Idee für sich entdeckten, hatte die Demo-Szene damit das Netz zur Distributionsplattform für Musik werden lassen.

Von der Band-Homepage zum IUMA

Von all dem wusste Jeff Patterson nichts. Patterson spielte Anfang der Neunziger in einer kalifornischen Band namens The Ugly Mugs. Wenn die Mugs in ihrer Heimatstadt Santa Cruz in lokalen Clubs Konzerte gaben, präsentierten sie sich ihrem Publikum in seltsamen Kostümen. Ihre Musik klang wie der Versuch einer Kirmeskapelle, Punkrock zu spielen – oder vielleicht auch wie der Versuch einer Punk-Combo, eine Kirmes aufzumischen. Verdreht, selbstironisch, Frank Zappa verehrend – die Ugly Mugs verweigerten sich so erfolgreich der Kommerzialisierung, dass sie wahrscheinlich niemals über die Stadtgrenzen hinaus bekannt geworden wären. Doch irgendwann im Jahr 1993 entdeckte Patterson gemeinsam mit einem Freund namens Rob Lord das MP3-Vorläuferformat MP2. Damit war es möglich, digitale Musik bei halbwegs annehmbarem Klangverlust auf rund ein Zehntel ihrer ursprünglichen Größe zu reduzieren.[1]

Patterson und Lord besorgten sich einen Account auf einem öffentlichen FTP-Server und begannen, digitalisierte Musik ins Netz zu stellen: zuerst nur Songs der Ugly Mugs, dann einige Kostproben der Band von Pattersons Mitbewohner und schließlich MP2s von immer mehr Bands aus Santa Cruz. Wenig später verknüpften sie den FTP-Server mit einer Website, die das Navigieren einfacher machte, und gaben dem Ganzen einen schicken Namen. Das Internet Underground Music Archive – kurz IUMA – war geboren. Die Medien stürzten sich auf IUMA. Der Rolling Stone bezeichnete es als Goldmine, die Londoner Times prophezeite, dies werde das Image des Internets verändern, und die San Jose Mercury News zitierte Rob Lord mit den Worten: »Wir wollen die Plattenfirmen zerstören.«[2]

Wie dieses werbewirksam formulierte Ziel erreicht werden sollte, war jedoch alles andere als klar. Anfangs war IUMA für Musiker kostenlos, Patterson und Lord baten lediglich um eine Spende von 20 Dollar pro eingestelltem Song. Als das Archiv wuchs und die Einkünfte nicht mehr zur Unterhaltung ausreichten, verlangte man 240 Dollar von jeder neu angemeldeten Band. Dafür hostete IUMA einen Song, jedes weitere Werk schlug mit je 60 Dollar zu Buche. Wenig später gründete man »IUMA Offline Records« als Plattenfirma für IUMA-Musiker. Die Idee: Da es die Audiodateien teilweise schon umsonst im Netz gab, sollten die CDs mit Multimedia-Inhalten aufgepeppt werden – und schon würden die Fans sich darum reißen.

Taten sie aber nicht. Nach einer Hand voll Veröffentlichungen wurde das Label mangels Erfolgs wieder eingestellt. 1997 entschloss man sich dann zu einer Zusammenarbeit mit Liquid Audio. Mit dem kopiergeschützten Musikformat wollte IUMA beginnen, einzelne Downloads zu verkaufen. Patterson widmete dem Format gar ein ganzes Kapitel in seinem Buch »Audio on the Web« und nannte es »die Zukunft der Musikdistribution«.[3]

Online-Musik als Geschäftsidee

Die Zukunft der Musikdistribution glaubte im gleichen Jahr auch Michael Robertson gefunden zu haben. Robertson war ein typischer Mittneunziger-Dotcom-Unternehmer, immer auf der Suche nach der Chance zum Durchbruch. 1997 entdeckte er sie dann schließlich in den Logfiles seiner Website Filez.com. Die Seite war eine Art Suchmaschine für FTP-Server, mit der sich unter anderem jede Menge raubkopierte Programme aufspüren ließen. Robertson fiel jedoch auf, dass immer mehr Nutzer nach MP3s suchten. Also recherchierte er, was es mit diesem ominösen Kürzel auf sich hatte. Dabei fand er heraus, dass die Web-Adresse MP3.com noch frei war. Robertson sah die Chance seines Lebens und griff zu. Deutlich inspiriert von IUMA startete MP3.com schließlich im April 1998 als Promo-Plattform für Musiker, die durch das Verschenken von MP3s bekannter werden wollten.

»MP3.com ist das neue MTV, nur größer«, erklärte Robertson 1999 Reportern auf der New Yorker Music and Internet Expo.[4] Dank des geschickt gewählten Namens und seines in PR-Fragen gewieften Chefs schaffte es MP3.com tatsächlich bald, zum Synonym für den Aufbruch der Musikwelt ins Netz zu werden. Robertson nutzte den Rummel um sein Unternehmen, um im Juli 1999 an die Börse zu gehen. Der Markt reagierte begeistert. Kurzzeitig stieg der Gesamtwert des Unternehmens auf sieben Milliarden Dollar.

Dabei war alles andere als klar, wie MP3.com denn nun eigentlich Geld verdienen wollte. Schnell wurde aus der MP3-Plattform ein kunterbunter Gemischtwarenladen. Einerseits setzte die Firma auf Werbeeinnahmen, andererseits versuchte man sich an Musik-Abonnements, Lizenzierungen für TV-Produktionen und als Netzradio-Anbieter. Zudem wollte MP3.com wie IUMA zu einer Art Plattenfirma der Zukunft werden. Anstelle von Multimedia-CDs setzte Robertson auf Silberscheiben, die jeden Song sowohl in der Form herkömmlicher Audiodaten als auch als MP3 enthielten. Vom Erlös dieser so genannten »Digital Automatic Music«-CDs bekamen Musiker 50 Prozent und damit deutlich mehr als mit einem klassischen Plattenvertrag. Zudem wurde jede CD erst produziert, wenn sie bestellt wurde. »Was Dell für den PC getan hat, machen wir für die CD«, erklärte Robertson dazu enthusiastisch gegenüber Wired News.[5] Ein wagemutiger Vergleich: Dell hatte mit seinen nach Kundenwünschen zusammengeschraubten PCs die Welt der Computerhersteller erschüttert. Doch würde Robertson mit all seinen unbekannten Bands Ähnliches gelingen?

Erfolgreich in der Nische: CDBaby

Während MP3.com an der Börse durchstartete und alle auf die Digitalisierung von Musik spekulierten, entschied sich Derek Sivers zu etwas ziemlich Altmodischem: der Gründung eines Plattenladens. Sivers hatte sich einige Jahre als Musiker mit College-Konzerten durchgeschlagen. Irgendwann war er es jedoch leid, immer nur eine Hand voll selbst produzierter CDs nach jedem Gig zu verkaufen. Er wollte die Möglichkeiten des Netzes nutzen, um seine Alben besser an den Mann bringen zu können. Also gründete er im Jahr 1997 die Website CDBaby.com und stattete sie mit einer simplen Shopping-Möglichkeit aus. Bald baten ihn Freunde darum, doch auch den Vertrieb ihrer Alben zu übernehmen. Aus dem Hobby wurde in den kommenden Jahren schrittweise ein Vollzeitjob, und aus dem kleinen virtuellen Plattenladen der nach Amazon.com größte Anbieter von Indie-CDs im Netz.

Indie heißt in diesem Fall selbst organisiert und ganz ohne Plattenvertrag. Klar, Derek Sivers hätte seine CDs auch von einem der zahllosen Independent-Labels vermarkten lassen können. Dann hätte er wahrscheinlich heute noch Zeit fürs Musikmachen, anstatt sich von früh bis spät um sein Unternehmen kümmern zu müssen. Doch er wollte sich

nicht mit dem Gedanken abfinden, anderen die Kontrolle über seine Musik zu überlassen. »Wie die meisten Musiker möchte ich keinen Boss über mir haben«, so Sivers. »Die Idee ist, dass der Musiker der Boss ist und die Industrie in seinem Auftrag arbeitet, nicht umgekehrt.« Die meisten CDBaby-Musiker haben dementsprechend denn auch keine Plattenfirma hinter sich. Stattdessen bringen sie ihre CDs in Eigenregie heraus. Manch einer brennt nur ein paar Rohlinge auf dem heimischen Rechner und bastelt per Hand ein Cover dazu, andere ordern kleinere Auflagen bei einem der zahllosen CD-Presswerke – CDBaby nimmt sie alle.

Die Geschäftsbeziehung verläuft dabei denkbar einfach: CDBaby verlangt für das Einstellen jedes Albums 35 Dollar. Von neuen Musikern lässt sich Sivers zunächst einmal fünf CDs schicken. Sind diese ausverkauft, dann bittet er um die Zusendung von zehn weiteren CDs. Sobald diese sich dem Ende zuneigen, werden 20 bestellt, und so weiter. Der Verkaufspreis einer CD liegt ganz im Ermessen des Musikers. Pro verkauftem Album kassiert CDBaby vier Dollar, der Rest geht direkt an die Künstler – und zwar bei genügend Umsatz sogar wöchentlich. »Einige

Musiker verkaufen 1000 CDs pro Woche«, so Sivers über seine Top-Seller. Mittlerweile kann er sogar auf einige große Namen verweisen, die CDBaby als Verkaufsplattform nutzen. Thomas Dolby etwa, der in den Achtzigern mit dem Synthie-Pop-Hit »She blinded me with science« berühmt wurde, oder auch die Reggae-Bands Toots and the Mayals.

Über fehlenden Erfolg kann sich Sivers denn auch nicht beklagen. Aus seinem vom Wohnzimmer aus betriebenen Hobby ist ein kleines Unternehmen mit 19 Angestellten und einer eigenen Lagerhalle geworden. Täglich gehen Bestellungen für rund 800 Alben ein. Insgesamt wurden bisher mehr als 438.000 CDs verkauft. Rund 36.000 Musiker vertrauen mittlerweile ihre Silberscheiben Sivers und seiner Crew an. Besonders stolz ist man bei CDBaby aber auf eine andere Zahl: Seit ihrer Gründung hat die Firma rund 3,4 Millionen Dollar an Musiker weitergeleitet. Jede Woche werden Schecks mit weiteren 50.000 Dollar verschickt. Dabei wächst CDBaby trotz Branchenkrise kontinuierlich. Im Winter-Feiertagsgeschäft des Jahres 2001 verkaufte man rund 7500 CDs. Ein Jahr später waren es bereits 23.000.

Noch etwas unterscheidet CDBaby vom typischen Plattenlabel: Musiker lieben die Firma. Auf Branchen-Konferenzen wird Derek Sivers gerne mit Standing Ovations bedacht, und in den Foren seiner Website überschüttet man ihn mit Lob. Grund dafür ist nicht zuletzt, dass sich Musiker von CDBaby ernst genommen fühlen. Per E-Mail werden sie über jede verkaufte CD benachrichtigt, auf einer eigenen Community-Website bekommen sie Tipps für das Promoten ihrer Musik. Niemand beschwert sich bei ihnen, wenn sie mal weniger Platten als erwartet umsetzen sollten.

Doch kann CDBaby wirklich auf Dauer dem Trend zur Digitalisierung widerstehen? Was, wenn in ein paar Jahren keiner mehr CDs kaufen will? Derek Sivers zerbricht sich darüber nicht den Kopf. Schließlich war seine Firma eigentlich nur als kleines Hobby geplant, ist ganz ohne Business-Plan und Marktforschung gewachsen. Sollte das alles in sich zusammenfallen, dann war es eben eine interessante Erfahrung. »Wenn die CD-Verkäufe zurückgehen und es dem Medium wie der Vinyl-Schallplatte oder dem Achtspur-Band gehen sollte, dann kann ich damit leben«, so Sivers. »Vielleicht schrumpfen wir, bis hier wieder nur eine Person sitzt, die am Tag fünf Bestellungen bearbeitet für die fünf verbliebenen Leute auf der Welt, die noch CDs wollen.«

Ein paar Groschen für die Lieblingsband

Eine Welt ohne CDs – das war für Matt Goyer und John Cormie längst Realität, als sie im Mai 2000 im Radio eine Ankündigung für die neue Platte der Band The Tragically Hip hörten. Goyer und Cormie waren typische Napster-Kids. Anstatt sich Musik zu kaufen, luden sie sich unzählige MP3s aus dem Netz. Bald würden auch die Songs des Tragically Hip-Albums den Weg auf ihre Festplatte finden. Doch dieses Mal war es etwas anderes, schließlich ging es hier um die Lieblingsband der beiden. »Also überlegten wir, wie wir das Album herunterladen und gleichzeitig dafür zahlen könnten«, so Goyer. Legal ging das nicht, da die Industrie zu diesem Zeitpunkt noch keine Download-Angebote gestartet hatte. Goyer weiter: »Wir waren der Überzeugung, dass ein freiwilliges Bezahl-Angebot gebraucht wurde.«

Die beiden beendeten ihre Ferienjobs und schufen innerhalb eines Monats Fairtunes.com, das erste Spenden-Portal zur Unterstützung von Musikern. Die Idee dahinter war einfach: Wer seinen Lieblingsmusikern etwas Gutes tun wollte, überwies einen Betrag seiner Wahl an Fairtunes. Die Firma würde dann die betreffende Band ausfindig machen und ihr den Scheck zukommen lassen. Unterstützung für ihr Unternehmen bekamen die beiden unter anderem von Don Joyce, der mit seiner Band Negativland schon vorher gerne mal die klassischen Regeln des Musikgeschäfts in Frage gestellt hatte: »Es könnte genauso sozial korrekt werden, für Inhalte im Netz ein Trinkgeld zu geben, wie es das jetzt für Service und Essen im Restaurant ist – eine kulturelle Praxis.«[6]

Musik gegen Spenden – dass dieses Konzept funktionieren kann, bestätigt auch Tim Quirk gerne, den wir in dritten Kapitel dieses Buchs bereits als Mitarbeiter von Listen.com kennen gelernt haben. Vor seiner Zeit bei dem San Franciscoer Musik-Startup versuchte Quirk, sich sein Geld als Musiker zu verdienen. Mit seiner Band Too Much Joy war er beim Warner-Sublabel Giant Records unter Vertrag. Die Plattenfirma verkaufte rund 100.000 Alben der Band, doch Quirk sah nie einen Scheck. »Giant gab uns einen Vorschuss von 200.000 Dollar. Aber jeder Penny dieses Vorschusses ging in die Produktion der Platte«, berichtet Quirk. »Nichts von dem Geld landete in meiner Tasche, abgesehen von den 20 Dollar pro Tag, die ich jeweils während der sechswöchigen Aufnahmen bekommen habe.«

Im Januar 2001 entschied sich Quirk dann, ein paar alte Songs seiner Band ins Netz zu stellen. Dazu bot er ein paar neue Aufnahmen des »Too

Much Joy«-Nachfolgers Wonderlick zum Download an. Eher als Test fügte Quirk einen Link zur Seite des Micropayment-Anbieters Paypal hinzu und bat bei Gefallen um eine kleine Spende. Innerhalb eines Tages sammelten sich rund 1000 Dollar an. In den folgenden Monaten kamen so insgesamt 12.000 Dollar zusammen. »Damit haben wir die Produktionskosten der CD bereits wieder reingeholt, bevor sie überhaupt erschienen war«, so Quirk.

Doch manch einem Musiker mag die Idee nicht ganz schmecken, zu einer Art Barkeeper des Digital-Zeitalters zu werden. So erklärte etwa Peter DiCola vom Musiker-Think-Tank der Future of Music Coalition: »Nehmen wir mal den Kellner als Beispiel. In der Regel zahlen sie dir als Kellner weniger als den Mindestlohn, weil du ja Trinkgelder bekommst. Dasselbe könnte Musikern passieren. Dies ist keine Zukunft mit hochbezahlten, professionellen Jobs. Dies sind billig entlohnte Service-Jobs.«[7]

Eine Kritik, die Matt Goyer nicht auf sich sitzen lassen möchte. »Nicht die Idee freiwilliger Spenden macht die Verpflichtung zu zahlen obsolet, sondern die weite Verbreitung freier Downloads über P2P-Systeme«, wendet er ein. Doch auch Goyer muss zugeben, dass Fairtunes nicht ganz so erfolgreich war, wie er es sich erhofft hatte. Innerhalb eines Jahres wurden lediglich rund 20.000 Dollar gespendet. Ein Großteil davon ging an eine Shareware-Firma, die Fairtunes für ihr Inkasso nutzte. Goyers Lieblingsband The Tragically Hip bekam dagegen nur 54 Dollar. Nach gut einem Jahr verkauften die beiden ihre Website deshalb. Einen Misserfolg möchte Goyer Fairtunes dennoch nicht nennen. »Im Sommer 2001 gründete Amazon sein Spendensystem, und anfänglich war deren FAQ unserem bemerkenswert ähnlich.«

Der Niedergang der kommerziellen Plattformen

Auch bei MP3.com machte man sich Gedanken darüber, wie Bands in einer Welt der digitalen Musikdistribution Geld verdienen könnten. Das DAM-CD-Projekt erwies sich bald als Tropfen auf den heißen Stein. Selbst auf MP3.com erfolgreiche Musiker verkauften nicht mehr als ein paar Tausend CDs. So konnte der mexikanische Easy-Listening-Pianist Ernesto Cortazar zwar Millionen von Downloads für sich verbuchen. In vier Jahren verkaufte er dennoch gerade einmal 9000 CDs über Robertsons Musiker-Plattform. Im November 1999 startete MP3.com deshalb sein »Payback for Playback«-Programm.

Die Idee: Bands sollten für Abrufe ihrer Songs bezahlt werden. Üppig fließende Werbeeinnahmen und genug Börsengeld in der Tasche ermöglichten es der Firma, zunächst 200.000 Dollar pro Monat an Musiker auszuzahlen. Ein halbes Jahr später wurde der Betrag auf eine satte Millionen Dollar pro Monat angehoben. Bald machten einzelne Musiker mit ihren Erfolgsstorys Schlagzeilen. So konnte der Trance-Produzent Mikel Fair pro Monat bis zu 22.000 Dollar für sich verbuchen. IUMA nahm diese Idee im November 1999 auf und erklärte, seine Musiker von nun an mit 25 Prozent an den Werbeeinnahmen der Website beteiligen zu wollen.

Dummerweise erwies sich der Online-Werbemarkt nicht als ganz so stabil, wie MP3.com und IUMA es gehofft hatten. Zudem startete MP3.com im Januar 2000 ein riskantes neues Angebot. Um nicht mehr nur auf unbekannte Musiker angewiesen zu sein, integrierte man ein Instant Listening genanntes Streaming-Angebot für kommerzielle CDs in den eigenen Service. Nutzer mit großer CD-Sammlung sollten damit immer und überall Zugriff auf ihre Musik haben. Um eine CD in die eigene virtuelle Sammlung zu integrieren, musste diese lediglich ins CD-Laufwerk eines Computers gelegt werden. Danach wurden die jeweiligen Tracks automatisch von MP3.com zum persönlichen Streaming freigeschaltet. Die Idee war gut, doch MP3.com verzichtete unvorsichtigerweise auf Verhandlungen mit den Plattenfirmen. Robertson glaubte sich im Recht, da es ja nur um CDs ging, die bereits im Besitz der jeweiligen Nutzer waren.

Die Plattenfirmen sahen das leider anders und verklagten MP3.com. Im April 2000 musste die Firma eine erste Niederlage vor Gericht einstecken und den umstrittenen Service vorerst einstellen. Die Folgemonate verbrachte Robertson mit hektischen Verhandlungen. Nachdem er sich für geschätzte achtzig Millionen Dollar mit vier der fünf großen Plattenfirmen geeinigt hatte, sicherte sich Universal schließlich im November 2000 53,4 Millionen Dollar Schadensersatz sowie das Recht, Anteile der MP3-Plattform übernehmen zu dürfen. Im Mai des Folgejahres machte Universal damit schließlich Ernst und kaufte MP3.com komplett.

Für die finanzielle Lage der Plattform war der gesamte Prozess fatal. MP3.com brauchte dringend neue Einnahmequellen und glaubte, seine eifrigsten Nutzer zu zahlenden Kunden machen zu können – die Musiker. Im März 2001 erklärte man deshalb, den »Payback for Playback«-Dienst einschränken zu wollen. Nur wer 20 Dollar pro Monat zahlen würde, sollte weiterhin Anspruch auf seinen Teil der monatlichen Millionen haben. Viele Musiker reagierten darauf mit Empörung, nicht wenige kehrten MP3.com den Rücken. So löschte das Musiker-Kollektiv Tokyo Dawn aus Protest alle Songs von den Seiten der Plattform. In Tokyo Dawns wütendem Abschiedsbrief heisst es, es sei nicht die Schuld der Musiker, dass der Instant-Listening-Service MP3.com zig Millionen an Verlusten eingebracht habe: »Sie haben es selbst vermasselt, und nun sollen sie es auch alleine wieder in Ordnung bringen.«[8]

Die Geburt der Netzlabel-Szene

Tokyo Dawn gehört zu einer ganzen Reihe von Gruppen, die aus der Demo-Szene entstanden sind – jenen Amiga-Kids, die Ende der Achtziger mit Karsten Obarskis Soundtracker die Netzmusik erfunden hatten. Viele dieser Gruppierungen hatten Mitte der Neunziger damit begonnen, im World Wide Web Präsenz zu zeigen. Anstatt Fans durch schnöde FTP-Verzeichnisse stöbern zu lassen, legten sie sich nun schicke Webseiten zu und versahen die einzelnen Veröffentlichungen mit Release Notes und Cover-Art. Pionier dafür war die 1991 gegründete Gruppe Kosmic Loader Foundation, die sich 1994 in die Kosmic Free Music Foundation umbenannte. Die Gruppe stand noch eng in der Tradition der Demo-Szene und veröffentlichte die meisten Songs in Kombination mit Animationen. Ab Mitte der Neunziger bildeten sich jedoch immer mehr Gruppen, für die allein die Musik im Vordergrund stand. Bald tauchten dann auch die ersten Veröffentlichungen im MP3-Format auf.

Zugleich begannen immer mehr Gruppen, sich auf einen bestimmten Sound zu spezialisieren. Aus den verschworenen Freundeskreisen wurden dabei Schritt für Schritt unabhängige Musiker-Plattformen. Verbindender Faktor war plötzlich nicht mehr so sehr die Zugehörigkeit zu einer bestimmten Netz- und Computersubkultur, sondern das jeweilige musikalische Genre. Folglich nannte man sich nun nicht mehr »Release Group«, sondern »Netlabel«. Ende der Neunziger entstanden dutzende solcher Netzlabel mit den verschiedensten musikalischen Profilen: Language Lab widmete sich harten Drum-and-Bass-Klängen, bei Kahvi gab es IDM und Electronica, bei Noisemusic dunkle Ambient-Experimente, und Tokyo Dawn konzentrierte sich auf Hip Hop und elektronisch angehauchten RnB.

Mit dieser Spezialisierung erschlossen Netzlabel gegen Ende der Neunziger zunehmend auch andere Hörer- und Künstlerkreise. Musikfans, die nicht mit der Amiga-Szene bekannt waren, entdeckten in den

Labels interessante Alternativen zu unübersichtlichen Plattformen wie MP3.com oder IUMA.[9] »Es geht darum, die Dinge zu einem Ganzen zu verknüpfen«, erklärt Simon Carless vom Netzlabel Mono:tonik. »Natürlich kannst du dir irgendwo ein paar MP3s herunterladen. Aber wenn es einen Katalog von Veröffentlichungen gibt, dann willst du als Fan irgendwann all diese Veröffentlichungen haben. Du kennst die Katalognummern und den Stil des Labels und weißt vor allen Dingen, dass sie eine qualitative Auswahl treffen. Das ist ein großer Unterschied.«

Mono:tonik war eines der ersten Netzlabels, das diese Transformation von der Demo-Subkultur zu einer offenen Indie-Plattform gewagt hat. Mittlerweile gibt es eine ganze Reihe solcher Online-Label. Gemeinsam bilden sie eine Art virtuelle Parallelstruktur zum existierenden Mikro-Musikbusiness der Indie-Plattenfirmen. Manch einer wagt auch den Sprung und veröffentlicht irgendwann nebenher Maxi-Singles oder CD-Compilations. Andere vertrauen darauf, gute Werbung für ihre Musiker zu sein, und verschenken wie gehabt MP3s im Netz. Zahlreiche von Mono:toniks Künstlern haben durch die Plattform Plattenverträge auf der ganzen Welt bekommen. Simon Carless selbst beschränkt sich bisher jedoch lieber aufs Netz. »Ich mag die Flexibilität von Netzlabels«, so Carless. »Leute können dir Tracks geben, du kannst sie veröffentlichen, ganz informell. Niemand wird um sein Geld betrogen, niemand muss komplizierte Verträge unterzeichnen, niemand beschwert sich über schlechte PR.«

Manch einer versucht sich auch an neuen Mischformen zwischen Plattenfirma und Netzlabel. So veröffentlicht das in Berlin und Hamburg beheimatete Label 2nd Records sowohl im Netz als auch auf CDs und Vinyl. Für Label-Mitbegründer Johannes Schardt besteht die Herausforderung darin, netzgerechte Veröffentlichungsformen zu finden. »Die meisten MP3-Labels denken immer noch in herkömmlichen Formaten und übertragen das aufs Netz. Damit wird aber nichts gewonnen, im Gegenteil«, so Schardt. »Eine CD, die ich mir von MP3s gebrannt habe, kann nie mit einem schönen Albencover mithalten.« 2nd Records versucht deshalb, seine Online-Releases mit netzspezifischen Inhalten zu verbinden. »Das Artwork einer Online-Veröffentlichung kann auch bewegt oder interaktiv sein. Oder man könnte auch ganze interaktive Songs produzieren, in die der Nutzer selbst eingreifen kann, wenn er möchte.«

Die Welt der P2P-Musik

So unterschiedlich die Konzepte der verschiedenen Netzlabels auch sein mögen, eins eint sie fast ausnahmslos: Es geht dabei um elektronische Musik. »Ich glaube, dass Hörer elektronischer Musik Netz- und Computer-affiner sind«, meint Johannes Schardt dazu. »Und elektronische Musik, allen voran Techno, war schon immer unpersönlich«, so Schardt weiter. »Es geht oft gar nicht um den Macher der Musik. Bei vielen Techno-Platten weiß man ja gar nicht, wer dahinter steckt.« Techno war lange Zeit eine gesichtslose Musik. Produzenten veröffentlichten unzählige Maxis unter verschiedenen Pseudonymen, DJs verdienten sich ihre Lorbeeren dadurch, rare und unbekannte Platten zu spielen. Diese Praxis war teils ein pragmatischer Umgang mit einem extrem fragmentierten Musikgenre, teils Geheimniskrämerei und ideologische Abgrenzung von der Welt der Rockstars. Schließlich gab es noch einen weiteren guten Grund dafür, nicht zu vorlaut mit dem eigenen Namen umzugehen: das Copyright.

Ungeklärte Samples hatten bereits Ende der Achtziger und Anfang der Neunziger immer wieder für Probleme unter den Pionieren eines noch jungen Genres gesorgt. Das britische Dance-Duo KLF etwa musste 1987 die gesamte Restauflage seines Debut-Albums »What the Fuck is going on?« wegen eines ungeklärten Abba-Samples einstampfen. Konsequenterweise beschränkten sich in der Folge viele Musiker darauf, ihre Copyright-kritischen Tracks nur in kleinen Auflagen und unter Pseudonymen zu verbreiten. Mit dem Aufkommen des Internets und der MP3-Begeisterung eröffnete sich Musikern plötzlich noch ein weiterer Spielraum. Anstatt sich mit dem Verkauf einiger Hundert Vinyl-Maxis abzumühen, verbreiteten sie ihre Bootleg-Mixe einfach übers Netz.

Bei einem der ersten dieser Tracks, die es zu weltweiter Bekanntheit brachten, mischte ein unbekannter Wohnzimmer-Produzent Madonnas Song Holiday mit dem Dance-Hit »Music sounds better« der Band Stardust zusammen. Das Ergebnis klang nicht nur überraschend gut, sondern verbreitete sich rasant über Napster und fand schließlich auch seinen Weg ins Radio. Dem Titel sollten unzählige solcher Mixe – auch Bootlegs oder Mashups genannt – folgen. Mal wurden dabei Nirvana und Destiny's Child zu einem Duett vereint, mal die Neo-Rockband The Strokes mit Christina Aguilera kombiniert. Ihren Popularitäts-Höhepunkt erlebte diese Szene, als Kylie Minogue im Februar 2002 anlässlich der Brit Awards ihre Single »Can't get you out of my head« gemixt mit »Blue

Monday« von New Order aufführte – ein Mix, der vorher bereits im P2P-Netzwerken populär geworden war.

»All dies wäre sicher auch auf die eine oder andere Weise ohne das Internet möglich gewesen«, meint dazu der in der Szene als Osymyso bekannt gewordene Londoner Bootleg-Produzent Mark Nicholson. »Aber das Netz ermöglichte es tausenden von Leuten, daran teilzunehmen.« Grund dafür ist nicht zuletzt, dass die Rohmaterialien für Mixe – wie etwa A-Capella-Versionen bekannter Hits – im Netz viel leichter zu finden sind als im Plattenladen um die Ecke. »99 Prozent aller Bootlegs werden auf Heim-PCs von Leuten gemacht, die A-Capellas und Instrumentals übers Netz tauschen«, schätzt Mike Woods vom Londoner Bootleg-Party-Veranstalter und Video-Mix-Kollektiv Cartel Communique. Sind die Titel erst einmal fertig produziert, dann finden sie sich innerhalb von Stunden im Netz wieder. »Das gibt der ganzen Sache eine Schnelligkeit, die ohne das Netz nicht möglich wäre«, so Nicholson.

Musiker finanzieren ihre Platten mit Spenden, Labels veröffentlichen Multimedia im Netz, Produzenten besorgen sich ihr Rohmaterial über Tauschbörsen, und Stars bringen die P2P-Remixe ihrer Hits auf die Bühne – in der neuen Netzwelt scheint fast alles möglich. So war es sicher auch nur eine Frage der Zeit, bis Tauschbörsen-Musiker ihre erste Plattenfirma gründen würden. Im Falle von Soulseek Records sollte sich daraus jedoch eine eher untypische Plattenfirma ergeben.

Das Label wäre ohne die Tauschbörse Soulseek nicht denkbar. Die wiederum entstand, nachdem ein enttäuschter Napster-Programmierer namens Nir Arbel ein paar P2P-Ideen ausprobieren wollte. An Stelle von Skalierbarkeit und juristischer Unverwundbarkeit setzte Arbel auf Community-Features als Hauptmerkmal seines kleinen Tauschbörsen-Experiments. Soulseek-Nutzer können sich in Chaträumen austauschen, Buddylisten anlegen und Ähnliches mehr. Arbels Vorliebe für elektronische Musik sorgte dafür, dass sich von Anfang an auch viele seiner Nutzer Nischengenres wie IDM oder Drum and Bass widmeten – und zwar nicht nur als Konsumenten. In Soulseeks Musiker-Chatraum treffen sich regelmäßig rund 30 bis 50 aktive Knöpfchendreher und Sample-Bastler zum munteren Austausch. Anfang 2002 kam in diesem Kreis die Idee auf, gemeinsam eine CD zu veröffentlichen.

Jeder Musiker steuerte in einer ersten Phase zwei Titel bei. Dann wurde ganz einfach abgestimmt. Die zwanzig Songs mit den meisten Stimmen wurden schließlich kombiniert – fertig war die erste Soulseek-Compilation. »Wir sind ein demokratisches Label«, erklärt ein aus

Seattle stammender Beteiligter, der auf Soulseek unter dem Namen Humbleice bekannt ist. »Jeder kann mitmachen.« Aktiv beteiligen sich seinen Aussagen zufolge etwa zehn bis 15 Personen an Soulseek Records. Gemeinsam hat man mittlerweile zwei CD-Compilations herausgebracht. Beide sind nur in geringer Auflage erschienen und für die Mitwirkenden denn auch kaum eine Quelle zum Reichwerden. »Es ist eher eine Art Promotion«, meint dazu ein Musiker namens Superbo, der auf der zweiten Soulseek-Compilation vertreten ist.

Wie Soulseek Records geht es vielen Indie-Netzprojekten. Geld steht erst an zweiter Stelle, der Lebensunterhalt lässt sich allein mit ihnen nicht bestreiten. Aus der Perspektive einer Branche, die jährlich Milliarden umsetzt, mögen sie damit amateurhaft und unbedeutend erscheinen. Doch in ihrem unbedarften Umgang mit dem Netz loten sie Möglichkeiten aus, die den schwergewichtigen Riesen verborgen bleiben. Als die Amiga-Kids Ende der Achtziger das Netz als Distributionsmittel entdeckten, waren sie ihrer Zeit um Längen voraus. Als Derek Sivers seine ersten CDs über seine Website vermarktete, ahnte noch niemand, dass diese Art der direkten Vermarktung von Musik einmal ein Millionen-Business sein würde.

Heute stehen Netzlabel mit ihren Online-Experimenten an der vordersten Front der Indie-Innovatoren. Morgen werden es vielleicht P2P-Musiker sein, die sich über Tauschbörsen ein paralleles Musikgeschäft aufbauen. Soulseek Records könnte dafür ein erster Vorbote sein. Bereits jetzt ist allen Beteiligten bewusst, dass sie die Regeln des Musikbusiness nachhaltig verändern werden. Ein unter dem Künstlernamen DoF aktiver Soulseek-Musiker bemerkt dazu: »P2P bringt uns einen großen Schritt näher zu einer Welt, in der der Konsument genau entscheidet, wer die Musik macht, die er mag – anstatt mit Musik konfrontiert zu werden, von der eine Plattenfirma denkt, dass er sie mag.«

Anmerkungen

[1] MPEG Audio Layer 2 kommt auch heute noch als Audioformat für Video-CDs zum Einsatz. Zwar kann es nicht mit dem Klang der MP3-Kompression mithalten, doch im Faktor 1:10 komprimierte Songs sind immerhin ungefähr so gut wie ein Kassettenmitschnitt einer Radiosendung.

[2] David Bank: A protest song – '90s style, San Jose Mercury News, 31.1.1994.

[3] Jeff Patterson/Ryan Melcher: Audio on the Web, Peachpit Press, Juli 1998.
[4] Zitiert nach: Beth Lipton Krigel: MP3.com files for IPO, Cnet News, 14.5.1999, online unter: http://news.com.com/2100-1023-225889.html.
[5] DAM good Music, Wired News, 16.9.1998, online unter: http://www.wired.com/news/culture/0,1284,14956,00.html.
[6] Siehe auch das Interview mit Don Joyce in Kapitel 12.
[7] Margee Fagelson: Interview with Peter DiCola, Musicdish, 3.1.2001, online unter: http://www.musicdish.com/mag/?id=2490.
[8] Why Tokyo Dawn left MP3.com, 23.4.2001, online unter: http://www.tokyodawn.org/whytokyodawnleftmp3.txt.
[9] IUMA erging es übrigens nicht viel besser als MP3.com. Nachdem sich Liquid Audio als Irrweg erwiesen hatte, stellte die Plattform wieder aufs MP3-Format um. Finanziell angeschlagen wurde IUMA schließlich im Mai 1999 von Emusic (damals noch Goodnoise genannt) aufgekauft. Emusic geriet selbst ins Strudeln und sorgte schließlich im Februar 2001 für die vorläufige Schließung von IUMA. Einen Monat später eilte jedoch der italienische MP3.com-Konkurrent Vitaminic zu Hilfe, kaufte IUMA und rettete die Plattform damit vorläufig vor der Pleite.

Pauschalen nützen allen

Wie sich Piraten in zahlende Kunden verwandeln lassen

»Ich glaube, die Geschichte hat diese Frage bereits beantwortet.« Freitagnachmittag, im Februar 2002. Ich sitze in einem Straßencafé in Marina Del Rey, einem entspannten Küsten-Vorort von Los Angeles. Der Wind bläst frische Seeluft heran. Jazzklänge, Caféhaus-Geplänkel und das Zischen der Espresso-Maschinen ergeben eine angenehme akustische Hintergrundkulisse. Ich habe mich noch einmal mit Jim Griffin getroffen, dem Gründer des Nudelsuppen-Netzwerks.[1] Mir ist zu Ohren gekommen, dass er einige sehr interessante Ideen dazu hat, wie Musiker in einer vernetzten Zukunft ihr Geld verdienen können. Nun will ich mehr wissen: Wenn CD-Verkäufe wegfallen, kostenlose Tauschbörsen dagegen weiter bestehen und alternative Konzepte wie das des Musizierens gegen Spenden nicht ausreichen – was bleibt Bands und Musikproduzenten dann noch?

»Die Geschichte hat diese Frage bereits beantwortet«, wiederholt Griffin, um fortzufahren: »Ich schlage vor, dass wir uns für einen Moment ins Jahr 1915 zurückversetzen. 1915 verbreitet sich die Elektrizität um die ganze Welt. Natürlich gab es Elektrizität schon vorher, aber jetzt erreicht sie jedes Haus, jedes Restaurant, einfach jeden Ort. Bevor dies geschah, konntest du Entertainment mit deinen Füßen kontrollieren. Wenn du nicht vor Ort bist, sind es auch dein Bild und deine Stimme nicht. Mit Elektrizität geht all diese Kontrolle verloren. Erst durch Lautsprecher, dann das Radio, dann das Fernsehen.«

Glaubt man Jim Griffin, dann wiederholt sich dieser Prozess mit dem Internet, dem Wechsel von einer auf dem Verkauf von Tonträgern basierenden Musikwirtschaft in die digitale Post-Napster-Ära. »Der Übergang von der analogen zu digitalen Welt ist winzig im Vergleich zum Übergang von der akustischen zur elektrischen Welt«, ist er sich sicher.

Am Anfang stand ein verdorbener Magen

Lassen wir uns ruhig einmal auf Griffins kleines Zeitreise-Experiment ein. Vom beginnenden Digital-Zeitalter zurück zu den Anfängen der elektrischen Massenkultur. Vom südkalifornischen Straßencafé Anfang des 21. Jahrhunderts in ein New Yorker Restaurant im Jahr 1913. Vom Zischen der Espressomaschine zu klappernden Tellern, von der Jazz-CD zu einem Live-Ensemble. Auf dem Spielplan der Musiker eben jenes Restaurants stand damals »Sweethearts«, ein Song aus einer Revue, die zur gleichen Zeit am Broadway zu sehen war. Eines Abends verschlug es zufällig Victor Herbert, den Komponisten eben jener Broadway-Show, in das Restaurant. Als der seinen Song erkannte, wollte ihm plötzlich sein Essen nicht mehr schmecken. Diese Musiker verdienten ihren Lebensunterhalt mit seiner Musik, das Restaurant nutzte sie zur Unterhaltung seiner zahlungsfreudigen Kundschaft – doch er selbst sollte keinen Cent von den Einnahmen sehen? Herbert wusste, dass dies nicht nur moralisch falsch war. Das US-Copyright sah seit 1907 auch formell eine Entschädigung für derartige Nutzungen vor. Allein: Niemand kümmerte sich darum, das Geld einzufordern.

Victor Herbert wollte das ändern und verklagte deshalb kurzerhand den Betreiber des betreffenden Restaurants. Gleichzeitig sammelte er eine Reihe von Kollegen um sich, um eine Interessenvertretung zur Wahrung dieser Rechte zu gründen. Ein Jahr später entstand daraus die American Society of Composers, Authors and Publishers (ASCAP), die in den USA bis heute die größte Verwertungsgesellschaft darstellt. Drei Jahre später gab ihm zudem der oberste Gerichtshof der USA Recht. Das Restaurant musste Herbert Tantiemen zahlen. Alle anderen Restaurantbetreiber konnten sich damit überlegen, wie sie in Zukunft die Rechte der verwendeten Musik klären wollten. Sie konnten entweder mit jedem Komponisten direkt verhandeln – oder einfach eine Pauschal-Lizenz der ASCAP erwerben, die ihnen die Verwendung des gesamten von der Verwertungsgesellschaft verwalteten Katalogs erlaubte.

Die ersten Jahre kümmerte sich die ASCAP nur um Live-Aufführungen wie etwa die des Restaurants, das Victor Herbert so viel Bauchschmerzen bereitet hatte. Doch dann kam die Elektrizität und mit ihr das Radio. Entwickelt wurde dieses zuerst als eine Art drahtloser Telegraph, der die Kommunikation zwischen zwei nicht über Leitungen verbundenen Orte verbessern sollte. Die ersten dieser Experimente fanden Ende des neunzehnten Jahrhunderts in Großbritannien statt. Zur Jahrhundert-

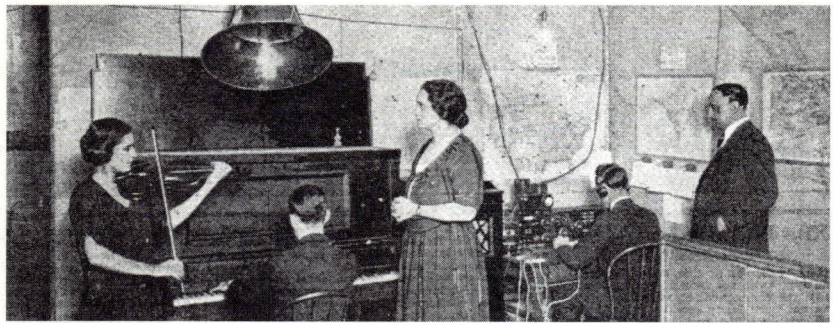
Erste Musikübertragungen im Radio

wende erreichte die Technologie auch die USA und wurde dort zuerst von einer Hobbyisten-Gemeinde aufgenommen.

Erste Experimente mit dem Übertragen von Musik gab es ungefähr ab 1915. Zwei Jahre später endeten diese jedoch gezwungenermaßen, da der Staat mit dem Eintritt in den ersten Weltkrieg privates Radiohören verbot. 1920 begannen dann zahlreiche Stationen damit, regelmäßig Musik zu übertragen. So sendete eine AT&T-Teststation in New Jersey ab dem März 1920 jeden Dienstag Abend ein Live-Programm, bestehend aus »bekannten Künstlern, Band-Musik, humoristischen Stücken und Vorlesungen«, wie ein Radio-Magazin im Oktober 1920 berichtete.[2] Im gleichen Jahr begann auch eine Station in Washington damit, jeden Freitagabend Live-Konzerte zu übertragen. Ab 1922 hielt Werbung im Radio Einzug. Etwa zur gleichen Zeit begannen insbesondere kleinere Stationen, tagsüber keine Live-Bands mehr ins Studio zu holen, sondern einfach nur noch Platten abzuspielen.

Bald wurde auch der ASCAP klar, dass Musiker mit diesem Medium in noch weit größerem Umfang die Kontrolle über ihre Werke verlieren würden. 1923 trat die Gesellschaft deshalb an Radiobetreiber heran, um Lizenzgebühren für die Verwendung der Musik ihrer Mitglieder zu verlangen. Die waren von dieser Idee allerdings wenig begeistert. Trotz erster Werbeeinnahmen war die finanzielle Lage vieler Betreiber alles andere als rosig. ASCAP wählte sich deshalb geschickt AT&T als erstes Ziel ihrer Forderungen. Die Firma versuchte damals, von anderen Radiobetreibern Patentgebühren für die Verwendung ihrer Technologie einzutreiben, konnte also schlecht als Brecher von Urheberrechten dastehen. Schnell einigte man sich auf eine erste jährliche Zahlung von 500 Dollar für eine AT&T-Radiostation.

Viele Hobby-Broadcaster hatten Probleme, den Forderungen der ASCAP zu entsprechen. Doch wer nicht zahlen wollte, wurde per Gericht dazu verpflichtet – oder musste seinen Betrieb einstellen. So schmerzlich dieser Prozess für die Amateur-Radio-Szene war, so wichtig war er für Musiker. Musik war nicht mehr an Präsenz gebunden, Entertainment ließ sich nicht mehr mit den Füßen kontrollieren. Noch mehr als der Phonograph änderte das Radio damit die Welt der Musik. Aus einer auf Opernhäusern, Cafés und Hausmusik aufbauenden Branche wurde innerhalb von wenigen Jahren eine Massenmedien-Industrie. Eine Industrie, die sehr bald Millionen über Millionen umsetzen würde. Und es war nur fair, dass Musiker daran beteiligt wurden.

Die Lösung: Piraterie legalisieren?

Glaubt man John Griffin, dann können wir seit einigen Jahren mit der beginnenden Digitalisierung Ähnliches beobachten. Wieder ändert ein Medium innerhalb von wenigen Jahren eine Industrie komplett. Abermals gibt es seiner Meinung nach die Möglichkeit, dass nach dem Wandel deutlich mehr Geld umgesetzt wird als zuvor. Und natürlich sollten auch diesmal die Musiker nicht leer ausgehen. Die Antwort auf die Frage, wie Kreative in Zukunft Geld verdienen sollen, ist demnach für ihn eine altbekannte: mit pauschalen Abgaben. »Radio, Fernsehen, Kabelnetze, Satelliten, Webcasting – die Geschichte hat all diese Medien auf die gleiche Weise adressiert: Wir zahlen Geld in einen Topf ein, und dann teilen wir es fair unter den Berechtigten auf.«

Verwertungsgesellschaften seien dafür nur ein Beispiel, erklärt Griffin und deutet auf die Straße vor dem Café. Dort stoppt gerade einer dieser typischen gelben US-Schulbusse. »Ich kann nicht verhindern, dass ein Auto auf diesen Schulbus auffährt. Ich kann den Fahrer auch nicht dafür bezahlen lassen, wenn er einen Unfall mit dem Bus voller Kinder baut. Aber ich kann einen Topf mit Versicherungsgeld schaffen und jeden Fahrer einen Grundbetrag zahlen lassen, der auf Risikokalkulationen basiert. Wenn er dann einen Unfall mit dem Bus baut, gibt's Geld aus dem Topf.«

Mittlerweile hat dieses Prinzip auch längst die Internet-Wirtschaft erreicht. »Früher kontrollierte beispielsweise AOL alles, was ihre Kunden taten«, so Griffin. »Was immer man machte, hatte einen Preis. Am Ende des Monats sah das aus wie eine Hotelrechnung. Und heute bieten sie dir eine Flatrate. Einen Topf mit Geld, eine faire Verteilungsformel. Wer das vor zehn Jahren wollte, war ein Pirat. Heute ist er ein gut zahlender Kunde.«

Griffin ist bereits seit einigen Jahren der Auffassung, dass das gleiche Prinzip auch für Online-Musik funktionieren könnte.[3] Sein Plan: Plattenfirmen sollten per Gesetz mit einer Art Zwangslizenz dazu gezwungen werden, ihre Musik für Online-Dienste, Tauschbörsen und Webforen freizugeben. Tauschbörsen-Piraterie würde damit praktisch legalisiert. Im Gegenzug würden all jene, die davon profitieren, zu gesetzlich festgelegten Lizenzzahlungen verpflichtet. Damit könnten beispielsweise kommerzielle Online-Abo-Dienste auf einen weit größeren Katalog zugreifen als bisher. Griffin sieht darin eine wichtige Vorbedingung für das Entstehen einer Musikwirtschaft, die ihr Heil nicht mehr im Verkauf von Produkten sucht, sondern sich auf Service-Angebote konzentriert.

Diese Idee hat in den letzten zwei Jahren großen Zuspruch von den verschiedensten Seiten bekommen. So forderte der Kazaa-Betreiber Sharman Networks im Frühjahr 2002, Plattenfirmen zur Freigabe ihrer Kataloge zu zwingen und im Gegenzug eine Nutzungsgebühr für geistiges Eigentum einzutreiben. Zur Kasse gebeten werden sollten demnach die Hersteller von Computern, Heimelektronik und Speichermedien, Telefon- und Internetprovider sowie Hersteller von Medienplayer-, Messaging- und eben auch Tauschbörsen-Software.

Zahlreiche Unterstützer findet die Idee auch in der Wissenschaftsgemeinde. Der Austiner Jura-Professor Neil Netanel verfasste Ende 2002 einen langen Aufsatz zu der Möglichkeit, Tauschbörsen durch eine Abgabe zu legalisieren.[4] Seine Variante der Abgabe sieht vor, jeglichen nichtkommerziellen Gebrauch abzudecken, also auch das Weiterverwenden von Teilen des Originals, etwa durch Sampling, Remixe oder Fan-Adaptationen. Damit würden nicht nur Parodien populärer Romane und Fernsehserien legal, sondern auch die in den letzten Jahren berühmt gewordenen Bootleg-Mixe, auch Mashups genannt: Tracks, in denen Wohnzimmer-Produzenten Christina Aguilera gemeinsam mit der Neorockband The Strokes auftreten lassen, oder TCL, Madonna und Britney Spears zu irrwitzigen Medleys zusammenmixen.[5]

Zahlen lassen will Netanel all jene, deren Produkte oder Services durch Tauschbörsen substanziell an Wert gewinnen würden. Im Gegenzug müssten sich Copyright-Inhaber damit abfinden, dass ihre Werke in diesen Netzen frei zirkulieren. Den Einsatz von Digital-Rights-Management-Technologien, die zum Unterbinden dieses freien Flusses dienen könnten, will er verbieten lassen. »Die Abgabe stellt einen Kompromiss zwischen dem Verzicht auf digitale Kontrolle und dem digitalen Wegschließen dar«, so Netanel.[6]

Eine lächerliche Idee?

Das Lager der Rechteinhaber zeigt sich erwartungsgemäß bisher wenig begeistert von derartigen Vorschlägen. Hillary Rosen von der Recording Industry Association of America (RIAA) erklärte, die Idee einer Pauschalabgabe sei lächerlich. Unterstützung bekommt sie dabei auch von den US-Verwertungsgesellschaften. So erklärte etwa Richard Conlon von der BMI: »Solche Lizenzen setzen ein Scheitern des Marktes voraus, und dafür ist es bei weitem zu früh.« Auch sein Kollege Chris Amenita von der ASCAP ist überzeugt: »Derartige Lizenzen sollten nur als letzter Ausweg genutzt werden.«

Die Kritik an Griffins und Netanels Ideen ist oftmals nicht ganz uneigennützig. Die klassischen Verwertungsgesellschaften befürchten, dass beim Einführen einer solchen Lizenz ein mächtiger Konkurrent geschaffen werden könnte, der ihnen das lukrative Internet-Lizenzierungs-Geschäft abnimmt. Plattenfirmen, Verlage und Filmstudios stünden bei der Durchsetzung solcher Lizenzen vor der Aufgabe, ihre Geschäftsmodelle praktisch komplett umzukrempeln, sich im Netz noch einmal neu zu erfinden. All die teuren Investitionen in Rights-Management-Technologien wären mit einem Mal völlig wertlos. Die in den letzten Monaten zaghaft gepflegten Online-Distributions-Plattformen sähen sich plötzlich einer legalen, kostenlosen Konkurrenz gegenüber. Nicht zuletzt würde das Aufgeben der Kontrolle über die kostenlose Nutzung ihrer Inhalte eine völlige ideologische Kehrtwendung verlangen. All die lieb gewonnenen Feindbilder von den bösen Piraten da draußen in den Datenmeeren wären plötzlich hinfällig. Und wer verabschiedet sich schon gerne von seinen Lieblingsmetaphern?

»Das Internet braucht keine Pauschalabgaben!«

Wenige Freunde hat Griffin mit seinem Plan bisher auch im Lager der Gerätehersteller und Telekom-Anbieter gefunden. Von diesen wird die Idee natürlich vor allen Dingen wegen der damit verbundenen Gebühren abgelehnt. Der Konkurrenzkampf um das Geld des Kunden sei mittlerweile so hoch, dass man sich keine höheren Preise leiste könne, heißt es dazu einhellig von Branchenvertretern. Geringere Gewinnmargen seien erst recht nicht möglich. Besonders groß ist dieser Widerstand gegen Urheberrechtsabgaben in Deutschland. Hierzulande gibt es bereits verschiedene Abgaben auf Leermedien und Vervielfältigungsgeräte. Anders als in den USA gehören dazu auch Scanner, CD-Brenner und mittlerweile sogar ganze Computer.[7]

Diese Abgaben sollen die Urheber für die private Vervielfältigung ihrer Werke entschädigen. Im Gegensatz zu Griffins Plan werden damit aber Tauschnetzwerke nicht legalisiert. Zumindest das Anbieten von MP3s über Gnutella & Co. bleibt weiterhin strafbar und gilt nicht als private Vervielfältigung.[8] Trotzdem gehen den Herstellern die Vergütungen bereits jetzt deutlich zu weit. »Das Internet braucht keine Pauschalabgaben«, heißt es dazu etwa beim Branchenverband Bitkom, in dem Computerhersteller und Telekommunikationsunternehmen organisiert sind.[9] Verbandsvizepräsident Jörg Menno weiß auch, warum: »Wir leben nicht mehr in der alten analogen Welt, in der mangels Kontrollmöglichkeiten pauschale Abgaben für die legale Nutzung von geschützten Werken bezahlt werden müssen.«[10]

Anders gesagt: Wer heute für die Nutzung seiner Werke vergütet werden will, der soll doch gefälligst Digital-Rights-Management-Technologien einsetzen. Mit Kopierschutztechnologie sei die individuelle Nutzung einzelner Werke genau kontrollierbar, abrechnen könne man dann ja per Micropayment. Und die Piraterie, ja die Piraterie, das sei eine Angelegenheit des Strafrechts. Dass dieses bisher gegen Millionen von Tauschbörsennutzern nichts unternehmen und Kopierschutzmaßnahmen auch noch niemanden vom Kopieren abhalten konnten, will die Bitkom nicht gelten lassen. Wenn Kopien mit den jetzigen Gesetzen nicht zu stoppen sind, dann braucht man eben neue Gesetze, so die Logik des Verbands. Hauptsache, die Hersteller werden nicht in die Verantwortung genommen.

Wollte man einen Verband wie die Bitkom dazu bringen, demnächst noch mehr Gebühren zu bezahlen und sich von dem lieb gewonnenen Kopierschutz schleunigst zu verabschieden, bräuchte es wohl mehr als nur ein bisschen Überzeugungsarbeit. Doch zum Glück sind nicht alle Industrievertreter so engstirnig wie die Spezies der Lobbyisten. Als die Betreiber der Tauschbörse Kazaa im Frühjahr 2002 ihren Vorschlag einer Pauschalabgabe vorstellten, bekamen sie dafür Unterstützung von ungewohnter Seite. Der US-amerikanische Telefon- und Internetanbieter

Verizon outete sich als Anhänger einer solchen Abgabe, wenn gleichzeitig die Plattenfirmen zur Freigabe ihrer Inhalte gezwungen würden. »Peer-to-Peer-Tauschbörsen wären damit legal, und die Copyright-Halter würden kompensiert«, erklärte damals Verizon-Vizechefin Sarah Deutsch. In Bezug auf Tauschbörsen erklärte sie zudem: »Es ist schwer, den Geist wieder zurück in die Flasche zu bekommen.«[11]

Deutsch erklärt zu dem damaligen Vorstoß heute, es habe sich eher um eine Abwehrmaßnahme gehandelt. Verizon sah sich Anfang 2001 mit einem Gesetzentwurf konfrontiert, der den Einbau von Kopierschutztechnologie in jedes Gerät – vom Handy bis zum Webserver – forderte.[12] Deutsch dazu: »Unsere Position war: Wir glauben nicht, dass es eine Lösung ist, die Industrie zu regulieren. Aber wenn die Industrie reguliert werden sollte, dann sollte jeder reguliert werden. Es sollte also auch eine entsprechende Verpflichtung für die Copyright-Inhaber geben, Inhalte ins Netz zu stellen. Warum sollten wir zum Schutz verpflichtet werden, wenn es keine Inhalte online gibt?«

Mittlerweile ist der umstrittene Gesetzentwurf erst einmal vom Tisch. Verizon steht daher nicht mehr hinter dem Konzept einer Pauschalabgabe. Sarah Deutsch möchte allerdings nicht völlig ausschließen, dass ihre Firma sich für die Forderung unter anderen Bedingungen wieder erwärmen könnte. »Diese Idee kommt immer wieder mal auf. Letztlich könnte es eine Lösung geben, die irgendeine Form einer verpflichtenden Lizenz einschließt. Aber wir sind derzeit nicht in einer Position, das zu unterstützen. Wir versuchen, eine freundlichere Beziehung zur Content-Community aufzubauen, um zu schauen, ob wir nicht gemeinsam etwas auf die Beine stellen können«, so Deutsch.

Wer verwertet hier was?

Überzeugungsarbeit müssen Griffin, Netanel und Co. auch im Lager der Musiker leisten. Zwar erklärte Beck- und No-Doubt-Manager Jim Guerinot zu Kazaas Vorstoß: »Jedes Modell, das Musikern beim Geldverdienen entgegenkommt, ist eine Prüfung wert.«[13] Doch viele Musiker reagieren erst einmal mit Skepsis auf einen solchen Vorschlag. Die Idee, dass ein riesiger Verwertungsapparat demnächst für ihr täglich Brot sorgen soll, erscheint ihnen allzu utopisch. Und das nicht zuletzt, weil sie oftmals nicht eben gute Erfahrungen mit den bisherigen Apparaten gemacht haben. Daran ist die Praxis der klassischen Verwertungsgesellschaften nicht ganz unschuld.

Kritische Stimmen zu deren Arbeit hört man insbesondere immer wieder aus Deutschland. Anders als in den USA gibt es hierzulande keinen Wettbewerb unter den Verwertungsgesellschaften. Die GEMA steht praktisch allein auf weiter Flur.[14] Aus der 1903 gegründeten Gesellschaft ist dabei in den Augen ihrer Kritiker ein bürokratischer, altbackener Riese geworden. Jährlich setzt die GEMA rund 800 Millionen Euro um, zweigt davon aber bis zu 110 Millionen zur Abdeckung eigener Kosten ab. Im Zentrum der Kritik steht neben dem hohen Kostenapparat insbesondere die Verteilung der eingenommenen Gelder an die Musiker.

Entscheidend ist hierbei nicht allein, wie oft ein bestimmter Titel gespielt wurde. Dies würde auch gar keinen Sinn machen, da die GEMA schlecht jeden Kneipenbesitzer zu einem genauen Protokoll aller verwendeten CDs zwingen kann. Deshalb hat die GEMA ein komplexes Aufschlüsselungssystem entwickelt, um Verteilungsgerechtigkeit auch ohne solche absoluten Gewissheiten zu gewährleisten. Entscheidend ist dabei aber auch, welcher musikalischen Gattung die GEMA die Werke eines Musikers zuordnet. So bekommen »ernsthafte« Musiker rund acht Mal so viel Geld pro gespieltem Stück wie ihre Kollegen aus dem Bereich der Unterhaltungsmusik.[15]

Ein weiteres Problem: Kleinere Radio- und Fernsehsender zahlen der GEMA lediglich Pauschalbeträge, anstatt genaue Listen mit allen gespielten Stücken einzureichen. Diese Pauschalbeträge werden dann anteilig an die bereits bekannten Urheber ausgeschüttet. Anders gesagt: Wer auf großen Radiostationen viel gespielt wird, bekommt auch das Geld der kleinen Sender, selbst wenn diese sich eher musikalischen Nischen widmen sollten. Doch zumindest dieses Problem ließe sich online leicht lösen. Sind Inhalte erst einmal digitalisiert, dann lässt sich auch relativ einfach darüber Buch führen, wann sie wo und wie oft getauscht, gestreamt oder heruntergeladen werden. Sharman-Lobbyist Phillip Corwin dazu: »Mit Tracking-Technologie wie etwa Audio-Fingerprinting ließen sich sehr genaue Daten über Medientausch und CD-Brennen zusammenstellen. So könnten angemessene Tantiemenzahlungen an die Rechteinhaber zurückfließen. Diese Daten sollten jedoch nicht persönlich identifizierbar sein, so dass die Privatsphäre der Nutzer gewahrt bliebe.«

Wer soll das bezahlen?

Einer der populärsten Einwände gegen eine Nutzungsabgabe lautet: Das bringt nicht genug Geld. Verwiesen wird dann gerne auf den Audio Home Recording Act, ein US-Gesetz aus dem Jahr 1992. Die Consumer-Electronics-Industrie wurde damit verpflichtet, Abgaben für digitale Audiorecorder und Audio-Leermedien abzuführen. Diese werden an Musiker, Songwriter und Plattenfirmen weitergeleitet. Von 1992 bis 2001 wurden dabei jedoch insgesamt lediglich rund 12 Millionen Dollar eingenommen – Peanuts für eine Milliarden-Dollar-Industrie.

Der Grund für das Scheitern dieser Einnahme liegt aber nicht zuletzt darin, dass der Markt für solche Geräte Anfang der Neunziger völlig falsch eingeschätzt wurde. Die Gerätehersteller erwarteten damals, dass sich hunderttausende von Konsumenten einen DAT-Recorder zulegen würden. Doch aus DAT wurde nicht mehr als ein Nischenprodukt für Aufnahmestudios. Auch Sonys Minidisk-Format konnte sich über Jahre kaum auf dem Markt behaupten. Und die teuren Audio-CD-Brenner wurden obsolet, als billige CD-Brenn-Laufwerke für den heimischen Computer den Markt überschwemmten. Damit verschwand auch der Bedarf für die deutlich teurer gehandelten Audio-CD-Rohlinge, auf die eine Abgabe entrichtet wird. Diese machen nach Schätzungen des Magnetic Media Information Services gerade einmal fünf Prozent aller in den USA verkauften CD-Rohlinge aus.[16] Computer hatte der Gesetzgeber damals ausgeklammert – die in die Verhandlungen einbezogenen Plattenfirmen befürchteten, dass die mächtige PC-Industrie das Gesetz sonst blockiert hätte.

Neil Netanel ist auch gar nicht der Überzeugung, dass sein Abgaben-Vorschlag die Milliarden-Profite der Musikindustrie komplett ersetzen kann. Nach seinen Rechnungen ist es mit einer Abgabe in Höhe von fünfeinhalb Prozent auf Dienstleistungen und Produkte – vom Internet-Zugang bis zum CD-Rohling – möglich, auf Einnahmen von bis zu drei Milliarden Dollar pro Jahr zu kommen. Dabei sei davon auszugehen, dass diese in Zukunft noch weiter ansteigen, da die legale und unkomplizierte Verfügbarkeit von Musik beispielsweise ein gutes Verkaufsargument für Breitband-Internetzugänge sei.

Die eigene Karriere als Mischkalkulation

Letztlich haben die Kritiker der Pauschalabgabe jedoch Recht, wenn es ums Geld geht. Es wird nicht ausreichen. Zumindest nicht, wenn man davon ausgeht, eine Milliarden-Industrie mit all ihren Umsätzen komplett ersetzen zu wollen. Doch niemand kann der Musikbranche heute garantieren, dass sie morgen noch in dieser Form existieren wird, dass alle Firmen den Sprung vom elektrischen zum digitalen Zeitalter schaffen.

Und die Musiker? Wird es für sie ausreichen? Nein, sicher ist auch das nicht. Nicht, um ihr komplettes Einkommen zu sichern. Doch auch in der Welt des klassischen Musikgeschäfts gibt es nicht die eine Einnahmequelle für Bands. Musiker zu sein, hat schon immer geheißen, sich einen persönlichen Geschäftsplan zusammenzuzimmern. Für Rockbands besteht der bisher möglicherweise aus Tourgagen, Plattenverkäufen, Merchandising und GEMA-Einkünften. Produzenten elektronischer Musik verdienen sich dagegen oft ein Zubrot mit DJing – beziehungsweise DJs machen sich nebenbei einen Namen, indem sie Platten produzieren. Die Band bringt möglicherweise alle 18 Monate ein Album heraus, der Techno-Produzent alle acht Wochen eine Maxi. Auch in Zukunft werden sich Musiker so von Fall zu Fall kreativ eine Karriere zusammenbasteln müssen, daran wird auch das Netz nichts ändern. Wahrscheinlich werden noch weniger Musiker von den Tantiemen ihrer Plattenfirmen leben können. Pauschalabgaben sind ein Modell, diese Ausfälle abzufedern. Nicht mehr, aber eben auch nicht weniger.

Doch bis sie sich tatsächlich durchsetzen lassen, wird noch einige Zeit vergehen. Letztlich wird sich nicht für alles ein Konsens finden lassen, das weiß auch Jim Griffin: »Nehmen wir einmal an, die Plattenfirmen wollen morgen Pauschalgebühren einführen. Sie könnten es nicht, da sie die Zustimmung der Musikverlage bräuchten. Nehmen wir an, Musikverlage und Plattenfirmen würden sich einig. Nun, sie bräuchten immer noch die Musiker und deren Manager und Rechtsanwälte. Und selbst wenn diese sich alle einig werden könnten, gäbe es immer noch jemanden, den man überzeugen muss. Den Plattenladen, oder wen auch immer.« Deswegen brauche man letztendlich neue Gesetze, um pauschale Abgaben durchzusetzen und Tauschbörsen zu legalisieren.

Dennoch ist er optimistisch. Der Umdenkensprozess habe längst begonnen, so Griffin. »Die Plattenfirmen bringen genau jene servicebasierten Modelle auf den Markt, von denen ich rede. Natürlich sind diese nicht ausgereift. Natürlich will niemand Pressplay benutzen. Aber Musicnet und Pressplay – das sind nur erste Inkarnationen. Es ist, als würde man einem Teenager-Pärchen beim ersten Schmusen zugucken. Doch es bedeutet nicht, dass sie nicht eines Tages heiraten und Kinder haben werden. Sie lernen bloß noch.«

Anmerkungen

[1] Siehe dazu Kapitel 7: Das Nudelsuppen-Netzwerk.
[2] Radio News, Oktober 1920, S. 258, online unter: http://earlyradiohistory.us/19202XJ.htm.
[3] Mehr dazu auch in Jim Griffin: At Impasse: Technology, Popular Demand, and Today's Copyright Regime, White paper for the Senate Judicary Committee, April 2001, online unter: http://www.62chevy.com/at_impasse.htm.
[4] Neil W. Netanel: Impose a Noncommercial Use Levy to Allow Free P2P File-Swapping and Remixing, November 2002 Draft #2. Netanel begreift seinen Vorschlag als Work in progress, die jeweils aktuellste Version des Aufsatzes gibt es online unter http://www.utexas.edu/law/faculty/nnetanel/Levies_chapter.pdf.
[5] Zur Relevanz der P2P-Netzwerke für diese Mashup-Kultur siehe auch Kapitel 9.
[6] Netanel, a. a. O., S. 29.
[7] Kurz vor Redaktionsschluss dieses Buchs entschied die Schiedsstelle des Deutschen Patent- und Markenamts, dass Computerhersteller in Zukunft 12 Euro pro verkauften PC an die Verwertungsgesellschaften abführen müssen. Ob der Betrag in dieser Form endgültig Bestand haben wird, bleibt abzuwarten. Die Computerhersteller haben bereits angekündigt, gegen die Entscheidung Revision einzulegen.
[8] Mit Bestimmtheit lässt sich der legale Status der Nutzung von Tauschbörsen in Deutschland allerdings bisher nicht feststellen. Bis zum Redaktionsschluss dieses Buchs gab es noch keine einzige Verurteilung wegen der Nutzung einer Tauschbörse zum Herunterladen oder Anbieten von MP3s. Und natürlich gibt es auch in Deutschland Rechtsanwälte, die an der Strafbarkeit solchen Tuns zweifeln. Siehe dazu zum Beispiel: Till Kreutzer: Tauschbörsen wie Napster oder Gnutella verletzen nicht das Urheberrecht, Telepolis, 7.2.2001, online unter: http://www.heise.de/tp/deutsch/inhalt/te/4857/1.html.
[9] Bitkom-Presseerklärung: Das Internet braucht keine Pauschalabgaben, 14.11.2002, online abrufbar unter http://www.bitkom.org.

[10] Zitiert nach: Bitkom bekräftigt Forderung nach individuellen Vergütungsverfahren für digitale Medien, heise.de, 15.3.2003, online unter: http://www.heise.de/newsticker/data/anw-15.03.02-002/.

[11] Kazaa, Verizon propose to pay artists directly, USA Today, 13.5.2002, online unter: http://www.usatoday.com/tech/news/2002/05/14/music-kazaa.htm.

[12] Gemeint ist hier das Hollings-Gesetz, mehr dazu in Kapitel 4.

[13] USA Today, a. a. O.

[14] Eine Ausnahme: Die European Copyright Collection, die die Verwertung einzelner Rechte ohne die GEMA erlaubt. Siehe dazu: http://www.freibank.com.

[15] Siehe dazu auch: Peter Riedlberger: Urheberrechtsausgleich oder Subventionssteuer? Wie die Verwertungsgesellschaften ihre Einnahmen verteilen, Telepolis, 9.5.2001, online unter: http://www.heise.de/tp/deutsch/inhalt/musik/7586/1.html.
Die Unterscheidung zwischen U- und E-, also Unterhaltungs- und »ernster« Musik macht schon deshalb immer weniger Sinn, da mittlerweile Musiker aus beiden Gattungen vielfach auf die gleichen Produktionsmittel setzen. Doch selbst wenn zwei Musiker beide auf die gleiche Klangsynthese-Software setzen, um ähnlich klingende Musik zu erzeugen, gilt bisweilen einer von ihnen der GEMA als »ernsthaft«, der andere macht lediglich »elektronisch erzeugte Unterhaltungsmusik«. Klingt das Beispiel zu sehr aus der Luft gegriffen? Dann empfehle ich den Erwerb einiger Alben elektronisch erzeugter Unterhaltungsmusik des großartigen Frankfurter Labels Force Inc.: http://www.force-inc.com.

[16] Consumer Electronics Daily, 4.11.2002. Siehe dazu auch: 10 years later, AHRA is hailed more for symbolism than substance, Consumer Electronics Daily, 28.10.2002, sowie Kapitel 4: Ade, CD!

Dies ist erst der Anfang

Der Untergang der Musikindustrie als Vorbote einer anderen Wissensgesellschaft

Musik gilt als so etwas wie der Seismograph der Entertainment-Wirtschaft. Je ernster die Lage dank Napsters Nachfolgern für EMI, BMG und Co. wird, desto düsterer wird auch die Stimmung bei Filmwirtschaft und Fernsehnetzwerken, Buchverlagen und Software-Herstellern. Tatsächlich finden sich längst tausende von Filmen, Büchern und Computerspielen im Netz – manchmal mit, meist jedoch ohne Genehmigung der Rechteinhaber. Die Consulting-Firma Viant erklärte dazu im Mai 2002, dass täglich 400.000 bis 600.000 Hollywood-Streifen über Tauschbörsen aus dem Netz geladen werden. Zahlreiche Blockbuster tauchen sogar vor ihrem offiziellen Erscheinungstermin online auf. P2P-Fans schmuggeln dazu Digitalkameras in Vorab-Vorführungen, besorgen sich Kopien chinesischer Bootleg-DVDs oder vertrauen auf die Mitarbeit unzufriedener Angestellter der Filmstudios. All das ähnelt den Methoden, mit denen sich Musikfans Alben Monate vor ihrer Veröffentlichung besorgen.

Auch vor dem analogsten aller Medien, dem Buch, macht dieser Trend nicht halt. Über Tauschbörsen lassen sich zahllose Comics, Fachbücher und Romane im Text- und PDF-Format aufspüren. Dazu gibt es unzählige Websites, die Wissensdurstigen den kostenlosen Download von Druckwerken ermöglichen. Auf einer dieser Websites heißt es dazu in einer Art Manifest: »Die Zukunft des Online-Publishing steht neben deinem Computer: Ein 50-Dollar-Scanner und ein 50-Dollar-Drucker, beide verbunden mit dem Internet. Wir sind das »&« in Copy & Paste, und ASCII ist immer noch das Format unserer Wahl. Man sollte kein Plug-In dafür benötigen, Bücher im Netz zu lesen, ebenso wenig wie eine Kreditkarte. Die Text-Industrie ist ein Papiertiger. Zusammen mit der massenhaften Aushöhlung ihrer Besitzrechte verschwinden ihre digitalen Wasserzeichen. Heute verpackt, morgen gecrackt. Welche elektronischen Gadgets sie sich auch immer ausdenken werden – sie werden alle bereits am Erscheinungstag tote Medien sein. Vergiss deine neue Kafka-DVD. Ich hab sie bereits als SMS.«[1]

Droht damit Film- und Buchwirtschaft das gleiche Schicksal wie der Musikindustrie? Diese Frage lässt sich so einfach nicht beantworten. Jedes Medium besitzt seine spezifischen Eigenheiten, die es mehr oder weniger Netz-kompatibel machen. Musik und Film sind dank CD und DVD heute schon weitestgehend in digitaler Form verbreitet, das Übertragen auf die heimische Computer-Festplatte ist da nur noch ein kleiner Sprung. Bücher dagegen liegen zumeist allein als analoge Druckwerke vor. E-Books haben sich entgegen aller Prophezeiungen bisher nicht weitflächig durchgesetzt. Musik und Texte wiederum lassen sich relativ schnell übers Netz übertragen. Filme dagegen nehmen sehr viel Bandbreite und Geduld in Anspruch. Musik lebt vom Ereigniswert eines Live-Konzerts wie auch vom Cover eines gut gestalteten Albums, Film vom Kino, Text vom haptischen Erlebnis eines guten Buchs.

Dennoch scheinen bei der anstehenden Digitalisierung alle die gleichen Fehler zu machen. Die Filmwirtschaft ist schon mehrfach in Allianz mit der Musikindustrie gegen Tauschbörsen vorgegangen – nur um dann festzustellen, dass diese Klagen den kostenlosen Konkurrenten aus dem Netz noch mehr Aufmerksamkeit verschaffen. Kurz nachdem die Musikindustrie mit ihrem als SDMI bekannt gewordenen Versuch gescheitert war, ihre Inhalte mit einem industrieweiten Wasserzeichen abzusichern, plante die Filmwirtschaft ähnliche Maßnahmen. Die Softwarefirma Adobe sorgte im Juli 2001 dafür, dass der russische Hacker Dmitri Skljarov verhaftet wurde, weil er ein Programm zum Knacken von Adobes Ebook-Format entwickelt hatte. Wenig später sah sich die Firma weltweiten Protesten und Boykottaufrufen gegenüber. Das fragliche Programm verbreitete sich natürlich trotzdem im Netz.[2]

Nun gibt es auch im Bereich des Films und des Verlagswesens mehr als nur eine Art des Wirtschaftens. Die aggressiven Botschaften der tonangebenden Lobbyverbände sollten deshalb nicht darüber hinwegtäuschen, dass auch hier längst kreative Lösungen erarbeitet werden, die aus der Piraterie-Falle hinausführen. Wie so häufig sind dabei gerade die kreativen Underdogs an vorderster Front, wenn es um die Nutzung neuer Technologien geht. So gründete der Programmierer der unter Filmfans besonders beliebten Tauschbörsen Edonkey 2000 und Overnet im

August 2002 eine Plattform zum legalen Vertrieb von Indie-Filmen über P2P-Netzwerke. Transmissionfilms.com ermöglicht für rund zwei Dollar pro Film das Ausleihen klassischer B-Movies und aktueller Underground-Streifen über das Overnet-Netzwerk.

Ein Seismograph gesellschaftlichen Reichtums

Doch letztlich geht es um mehr als nur Vertriebsmodelle. Musik ist nicht nur ein Seismograph für den Umgang einiger Industrien mit ihren Gütern. Musik ist ein Gradmesser dafür, wie unsere Gesellschaft mit geistigem Eigentum umgeht. »Es geht nicht nur darum, dass du dir einen Song anhören kannst«, meint dazu Jim Griffin, der Nudelsuppen-Fan und Verfechter einer Pauschalabgabe. »Unglücklicherweise wird dies oft so verstanden. Aber es geht auch darum, dass ein Gefangener Zugang zu einem Jura-Fachbuch bekommt, dass ihm die Freiheit ermöglichen könnte. Dass ein Kind sich von Musik oder Literatur inspirieren lassen und dann neue Kunst schaffen kann. Dass wir neue Medizin entdecken können, die es ermöglicht, tausende oder gar Millionen von Leben zu retten. Es geht um die Verteilung von Wissen.«

Tatsächlich stellt die Diskussion um Digital Rights Management (DRM) zunehmend Institutionen der Verteilung von Wissen in Frage, die lange Zeit eine wichtige Rolle in unserer Gesellschaft gespielt haben. Wissenschaftliche Datenbanken etwa, oder auch die gute, alte Bibliothek. Sie ermöglichte uns als Kind den Zugriff auf tausende von Büchern zum Nulltarif, war für uns als Studenten oft die einzige Möglichkeit, Einblick in teure wissenschaftliche Werke zu haben. Mit der zunehmenden Begrenzung von Nutzungsrechten, mit Pay-per-play-Abrechnungen und Micropayments wird solchen öffentlichen Stätten des Wissens zunehmend die Grundlage ihrer Existenz genommen. Eine ganze Generation von Medien kann nicht mehr ausgeliehen werden, da ihre Nutzung auf einen einzigen PC oder eine individuelle Kreditkartennummer beschränkt ist. Für Griffin ein verheerender Trend. »Das Schlimmste wäre, den Zugang zu Wissen davon abhängig zu machen, ob jemand dafür bezahlen kann. Oder ob seine Eltern dafür bezahlen können«, beklagt er. »Zu fordern, die Größe unseres Geldbeutels sollte über die Möglichkeiten bestimmen, unser Potenzial zu entdecken, ist furchtbar widerwärtig. Nicht nur gegenüber demjenigen, dem wir den Zugriff auf Kunst und Wissen verweigern. Sondern auch gegenüber der Gesellschaft als Ganzem, der wir die Kunst und das Wissen vorenthalten, das von jenem Menschen kommen würde, wenn er vollen Zugriff hätte.«

Heute geht es zudem längst nicht mehr nur um das Schicksal einzelner Menschen. Wie das Wissen selbst ist auch Urheberrecht zum Exportgut geworden, und mit ihm all seine Auswüchse der letzten Jahre. So versucht die World Intellectual Property Organization, weltweit Schutzstandards nach dem Vorbild des US-amerikanischen Digital Millennium Copyright Acts (DMCA) durchzusetzen. Das Umgehen von Kopierschutzmaßnahmen wäre damit verboten, wie es jetzt auch in Deutschland der Fall ist. Doch dies betrifft nicht allein ein paar Kids, die den Kopierschutz einer Grönemeyer-CD knacken wollen. Solche Verbote machen in zunehmendem Maße ganze Kontinente von europäischen und US-amerikanischen Technologien und Zugangsbeschränkungen abhängig.

Im Herbst 2002 legte die von der britischen Regierung beauftragte »Commission on Intellectual Property Rights« einen Bericht zum Einfluss des Urheberrechts auf Entwicklungsländer vor. Dessen Fazit: Gesetze zum Schutz geistigen Eigentums sind für diese Länder mit erheblichen Risiken behaftet. Vielfach schützen sie lediglich die Interessen der entwickelten Welt und hemmen das Wachstum der Entwicklungsländer. Besonders hart gingen die Mitglieder der Kommission dabei mit DRM und anderen Nutzungsbeschränkungen ins Gericht. Diese könnten die Teilnahme solcher Länder an der globalen Wissensgesellschaft verhindern, heißt es dazu in ihrem Abschlussbericht. Auch vor dem vorschnellen Verdammen der Piraterie in diesen Ländern warnen dessen Autoren: »Viele arme Menschen in den Entwicklungsländern haben allein durch unautorisierte Kopien, die zu einem Bruchteil des Preises der Originale verfügbar sind, Zugriff auf bestimmte urheberrechtlich geschützte Werke.«[3]

Urheberrechts-Lizenzen und das semantische Web

Auswege aus diesem Dilemma suchen eine Reihe von Wissenschaftlern und Netz-Aktivisten, die im Frühjahr 2002 die Non-Profit-Organisation Creative Commons gegründet haben. Creative Commons ist eine Lizenzierungsplattform für geistiges Eigentum und will Urheber dazu ermuntern, laxer mit ihren Rechten umzugehen. Musiker sollen so anderen Musikern die Möglichkeit geben, Samples aus ihren Werken als Grundlage eigener Songs zu nutzen. Autoren können ihre Texte zum kostenlosen Gebrauch freigeben, solange sie als Urheber genannt bleiben. Fotografen können Fans erlauben, ihre Fotos weiterzuverbreiten, so lange sie damit keinen Profit machen. Creative-Commons-Direktor Glenn Otis Brown dazu: »Wir versuchen, den Prozess des Klärens von Rechten effizienter zu gestalten. Die Idee ist, dass jemand ein Werk für sein eigenes Schaffen nutzen kann, ohne den Anwalt des Urhebers anzurufen. Einfach, weil die Erlaubnis bereits gegeben wurde. Der ehemalige Byrds-Frontmann Roger McGuinn hat dazu gesagt, Creative Commons formalisiere, was er schon immer für den Grundgedanken des Internets gehalten habe.«[4]

Dabei sind die Creative-Commons-Macher überzeugt, dass sich das Netz und Copyrights nicht grundsätzlich widersprechen. Allerdings verweisen sie gerne darauf, dass Urheberrechte nicht statisch sind und in den letzten Jahrzehnten zahlreiche Verschärfungen erfahren haben. Als im Jahr 1790 das erste Urheberrecht in der US-Verfassung verankert wurde, sah dies vor, dass Autoren lediglich 14 Jahre Anrecht auf ihre Werke hatten – mit einer einmaligen Option auf Verlängerung um weitere 14 Jahre. Danach gingen die Werke in den Allgemeinbesitz über. Diese Schutzfristen wurden in den letzten Jahrzehnten Stück für Stück auf Betreiben der Entertainment-Industrie verlängert. Heute bleibt ein Werk in den USA – wie auch in Deutschland und den meisten EU-Ländern – bis zu 70 Jahre nach dem Tod des Autors im Besitz der Rechteinhaber. Im Falle einer Auftragsarbeit können diese Ansprüche insgesamt 95 Jahre beim Auftraggeber verbleiben. Creative Commons erlaubt es Urhebern deshalb, ihre Werke unter dem so genannten »Founder's Copyright« zu veröffentlichen – damit gelten die Fristen der Gründerväter der USA aus dem Jahr 1790. Zu den ersten Nutzern dieser Lizenz gehört der Computerbuch-Verleger Tim O'Reilly.[5] Rund 400 Bücher des Verlags sind damit in spätestens 28 Jahren frei verfügbar.

Neben diesen eher symbolischen Gesten setzt Creative Commons auf neueste Technologien, um den Austausch geistigen Eigentums zu erleichtern. Alle Lizenzen der Plattform sind als Metadaten im XML-Format verfügbar. »Dies soll es Browsern und anderen Programmen ermöglichen, Werke auf der Grundlage der erlaubten Rechte zu erkennen«, erklärt Brown. So sei man beispielsweise mit Suchmaschinen-Entwicklern im Gespräch, um Lizenz-spezifische Suchen zu erleichtern. »Außerdem haben wir bereits Gespräche mit Firmen aufgenommen, die Software zum Erstellen von Inhalten anbieten. Adobe, Microsoft, Real Networks oder auch Macromedia«, berichtet Brown weiter. »Wir wollen sie dazu bewegen, unsere Lizenz-Auswahl zu einem Teil des Erstellungsprozesses zu machen. Damit würde die Lizenz direkt in eine Datei implementiert, wenn man diese erstellt. Wirklich nützen wird dies Angeboten, die nicht Web-basiert sind. Peer-to-Peer-Netzwerken zum Beispiel, in denen die Copyright-Informationen einer Datei dann mit der Datei reisen.«

Theoretisch ließe sich all das auch mit einem riesigen Verzeichnis aller Werke mit Creative-Commons-Lizenz lösen. Einer Art MP3.com für Werke mit harmonischen Copyright-Bedingungen. Doch solch ein Ansatz widerspreche der Philosophie des Projekts, so Brown. »Wir wollten nicht zur Kontrollinstanz für diese Informationen werden. Es würde zu sehr dem Ethos der Open-Source-Bewegung und der Idee des semantischen Webs widersprechen – der Idee, das Browser und Maschinen interagieren und diese Informationen austauschen können.«[6] Dabei habe man gar nichts dagegen, wenn andere derartige Kataloge und Indices aufbauen wollen. Ganz im Gegenteil: »Wir wollen, dass jeder solche Datenbanken im Handumdrehen bauen kann«, so Brown. Der Grundgedanke der freien Verfügbarkeit von Informationen ist damit bereits in der technischen Struktur des Projekts verankert.

Ein Pessimist mit Visionen

Mitbegründer und Vorsitzender von Creative Commons ist übrigens niemand anderes als Lawrence Lessig. Lessig ist Jura-Professor der Universität Stanford und hat sich im Netz einen Namen als Coypright-Experte gemacht. So kämpfte er als Anwalt vor dem Obersten Gerichtshof der USA gegen die derzeit gültigen Copyright-Schutzfristen. Zudem ist er Autor zweier Bücher zum geistigen Eigentum im Zeitalter der Digitalisierung und gilt nicht zuletzt wegen dieser Werke als ausgemachter Pessimist. So prophezeit er in seinem Buch »The Future of Ideas«, dass große Medienkonzerne die ursprüngliche dezentrale und kontrollfreie Struktur des Internets ihren Regeln unterwerfen werden. Bisher ist das Netz nach Lessig dadurch gekennzeichnet, dass niemand um Erlaubnis gefragt werden muss, wenn man ein neues Programm oder ein neues Angebot entwickelt. Glaubt man Lessig, dann könnte es damit jedoch bald vorbei sein. Innovationen wären dann gar nicht erst möglich, ohne vorher Rechte zu klären und Erlaubnisse einzuholen.

Lessig beschreibt diesen Prozess des Übergangs vom kontrollfreien Netz zum Flickwerk kontrollierter Teilbereiche – Regierungen regulieren das Funkspektrum, Kabelanbieter das Verhalten ihrer Endnutzer – mit zahlreichen Beispielen. Einige davon finden auch in diesem Buch Erwähnung, und sie können sicher als Zeichen einer aufkommenden Netz-Kontrollgesellschaft gelesen werden. Die Gerichtsentscheidungen in den Verfahren gegen Napster und MP3.com etwa oder auch die Copyright-Bots, mit denen Plattenfirmen und Filmstudios auf automatisierte Jagd nach angeblichen Urheberrechtsverletzungen gehen. Lessig begibt sich mit seiner pessimistischen Analyse jedoch in eine bemerkenswerte Doppelrolle. Einerseits präsentiert er uns ein düsteres Bild einer innovationsfeindlichen Zukunft. Andererseits zeigt er uns mit Creative Commons ganz praktisch, dass es auch anders gehen kann – und legt damit den Grundstein für eine Zukunft, in der die alten Medienriesen eben nicht das Schicksal der neuen Medien kontrollieren.

Das Motiv seines Pessimismus ist klar: Lessig will Netznutzer davor warnen, dass es trotz aller bereits vorhandenen Freuden des digitalen Zeitalters auch anders kommen kann. Will ihnen vor Augen führen, dass noch nichts entschieden ist. Wiederholt hat er sein Unbehagen darüber ausgedrückt, dass er zwar fast überall auf große Zustimmung stößt, aber kaum ein Netznutzer bereit ist, politisch aktiv zu werden. Tatsächlich birgt die Zukunft Gefahren, die sich nur durch aktive Einmischung, durch politische Interventionen verhindern lassen. Manches wird sich möglicherweise auch gar nicht vermeiden lassen. Immer wieder haben Plattenfirmen und Filmstudios dafür geworben, Kopierschutzmaßnahmen gesetzlich vorzuschreiben und ihr Umgehen zu verbieten. In einigen Fällen erzielten sie dabei Erfolge, wie etwa bei der Verschärfung des deutschen Urheberrechts. Andere Restriktionen werden womöglich noch folgen.

Doch für jede Technologie, die verboten wird, entsteht eine neue. Für jede Firma, die im Inland ihre Pforten schließen muss, gibt es bald einen Ersatz im Ausland, das im Netz nur einen Mausklick weit entfernt liegt. Millionen von Netznutzern haben sich bereits entschieden, auf welcher Seite des Konflikts sie stehen, indem sie die herrschenden Regeln ganz einfach ignorieren und fleißig in Tausch-Netzwerken aktiv sind. Sie alle tragen dazu bei, dass die Musikwirtschaft wie wir sie kennen am Ende ist. Dass auch andere Industrien des geistigen Eigentums zu radikalen Richtungswechseln gezwungen werden, wenn sie nicht das gleiche Schicksal erleiden wollen. Napster mag als Firma und Geschäftsidee gescheitert sein, doch als Stein des Anstoßes war es unglaublich erfolgreich. Ohne Napster gäbe es heute keine Abo-Systeme und Downloadplattformen, kein Pressplay und keinen Apple Music Store.

Wir befinden uns inmitten eines gigantischen Umwälzungsprozesses. Dabei geht es längst nicht mehr nur um technische Innovationen und ihre legalen Implikationen. Es geht darum, nach welchen Regeln unsere Gesellschaft die Ressourcen des 21. Jahrhunderts aufteilt. Zur Disposition stehen dabei ganze Industrien, die sich nun in einem verzweifelten Kampf gegen ihren Untergang wehren. Die größten Konflikte stehen uns dabei wohl erst noch bevor, und sie werden einige Opfer fordern, sowohl auf Seiten der Nutzer wie auch der Urheber. Gut möglich, dass bald tatsächlich Tauschbörsen-Nutzer vor Gericht landen werden. Kaum vermeidbar auch, dass vertraglich an alte Distributionssysteme gebundene Musiker unter den neuen Systemen zu leiden haben. Je schneller und unblutiger dieser Umwälzungsprozess vonstatten geht, desto besser ist es für alle Beteiligten. Doch um den Prozess zu beschleunigen, braucht es Aktivisten. Programmierer, Musiker, aktive Nutzer. Lobbyisten, Anwälte, Politiker. Und eben auch Pessimisten wie Lawrence Lessig.

Natürlich hat sich auch Lessig seine Gedanken dazu gemacht, wie denn Musiker in einer nicht ganz so düsteren Zukunft ihr Einkommen bestreiten könnten. Sein Rezept ist den Lesern dieses Buchs mittlerweile wohl bekannt: »Der Gesetzgeber sollte Tauschbörsen durch ein System von Pauschalabgaben legalisieren. Diese Abgaben sollten nicht durch eine Industrie festgelegt werden, die das neue Distributionsmodell scheitern lassen will. Sie sollten von einem Politiker festgelegt werden, der darum bemüht ist, einen Ausgleich zu erreichen.«[7] Womit wir wieder bei Jim Griffin wären. Der ist im Gegensatz zu Lawrence Lessig ein ausgemachter Optimist. Doch auch Griffin weiß, dass es auf dem Weg zu einer alternativen Musikindustrie vor allen Dingen noch eines braucht: »Zeit. Ich meine, ich will niemanden zur Geduld ermahnen. Veränderungen gibt es nur durch Leute, die ungeduldig sind«, so Griffin. »Und ich rate niemandem, nicht aktiv zu werden. Veränderungen gibt es nur durch Leute, die kämpfen. Aber sie sollen wissen, dass sie siegen werden.«

Anmerkungen

[1] A. S. Ambulanzen: Napster was only the beginning. An introduction to Textz.com, online unter: http://www.textz.com.

[2] Adobe zog sich schnell aus dem Verfahren zurück, doch der Prozess gegen Skljarov und seinen Arbeitgeber Elcomsoft ging auf Betreiben des US-Justizministeriums dennoch weiter. Im Dezember 2002 endete das Verfahren schließlich mit einem Freispruch.

[3] Commission on Intellectual Property Rights: Integrating Intellectual Property Rights and Development Policy, London 2002, S. 101, online unter: http://www.iprcommission.org/papers/pdfs/final_report/CIPRfullfinal.pdf.

[4] Roger McGuinn hat mehr als sechzig seiner Songs unter verschiedene Creative-Commons-Lizenzen gestellt. Mehr dazu unter: http://www.creativecommons.org.

[5] O'Reilly will insgesamt rund 560 Bücher unter verschiedenen Creative-Commons-Lizenzen zur Verfügung stellen. Siehe auch das Interview mit Tim O'Reilly in Kapitel 12: Club der Visionäre.

[6] Eine gute Einführung in das semantische Web gibt Tim Berners-Lee, James Hendler and Ora Lassila: The Semantic Web, Scientific American Mai 2001, online unter: http://www.scientificamerican.com/article.cfm?articleID=00048144-10D2-1C70-84A9809EC588EF21.

[7] Lawrence Lessig: The Future of Ideas. The Fate of The Commons in a Connected World, (Random House) New York 2001, S. 255.

Club der Visionäre

Über nichts lässt sich besser streiten als die Zukunft

Einem Buch, dass den Untergang der Musikindustrie bereits im Titel prophezeit, lässt sich leicht Einseitigkeit vorwerfen. Und das zu Recht: Wer über die Digitalisierung der Entertainment-Wirtschaft schreiben will, kommt gar nicht daran vorbei, Prognosen aufzustellen, Partei zu ergreifen und sich bisweilen von seiner eigenen Meinung leiten zu lassen. Alles andere hieße, sich auf das Zitieren altbekannter Fakten zu beschränken. Das Ergebnis wäre nicht nur langweilig, sondern zwangsläufig auch voller Lücken.

Doch es wäre falsch, deshalb nicht auch andere Positionen zu Wort kommen zu lassen. Über nichts lässt sich besser streiten als die Zukunft, und zu kaum einem Thema ist ein ordentlicher Streit wichtiger als zur Zukunft unser aller kultureller Produktion. Deshalb endet dieses Buch mit einem vielstimmigen Ausblick auf das, was uns da in den nächsten Jahren blühen könnte. Im Rahmen einer kleinen Umfrage lassen uns führende Denker der Musikindustrie und ihrer Kritiker, der Dotcom- und der klassischen Medienwirtschaft wissen, was uns in ihren Augen erwartet.

Diese Interviews entstanden im Frühjahr 2003 teils durch schriftlichen, teils durch direkten Austausch. Teilgenommen haben daran so unterschiedliche Menschen wie der Hip-Hop-Musiker Smudo, der Internet-Milliardär Mark Cuban, Gerd Gebhardt als Vorsitzender der deutschen Phonoverbände und der Tauschbörsen-Entwickler Ian Clarke. Sie alle haben höchst unterschiedliche Erfahrungen mit dem Netz gemacht und grundverschiedene Auffassungen dazu, wer denn nun eigentlich wem womit schadet.

Selbstredend wird die Diskussion um die Zukunft der Entertainment-Wirtschaft nicht mit dem Schluss dieses Buchs enden. Weitergehen wird sie zum Beispiel auch auf der Buch-Website http://www.mixburnrip.de.

Etwa mit weiteren Interviews, die hier aus Platzgründen nicht mehr erscheinen konnten. Außerdem sind alle Leser herzlich eingeladen, sich dort direkt an der Diskussion zu beteiligen.

Tim O'Reilly:
Bleibt offen

FRAGE: Wie wird die Musikwirtschaft Ihrer Meinung nach in 20 Jahren aussehen?

TIM O'REILLY: Es wird eine Gruppe großer Firmen geben, deren Geschäft das Aufspüren, Promoten, Vertreiben und Verkaufen talentierter Musiker ist. Diese Aufgaben werden genauso wenig verschwinden wie der Job, Leute von einem Ort zum anderen zu bringen, als die Pferdewagen dem Automobil Platz machten. Es wird außerdem eine Menge kleinerer Firmen geben, und viele selbst-verlegte Künstler, die ihre eigenen Werke promoten – ganz, wie es diese jetzt schon gibt. Die Frage ist, ob die Firmen die existierenden Plattenlabels sein werden, die sich für das neue Medium neu erfunden haben, oder ob es neue Firmen geben wird, die den Paradigmenwechsel ausnutzen, um ein neues Geschäftsfeld zu erschließen. Ich schätze, das es eine Kombination von beidem sein wird.

Hinsichtlich des Business-Modells wage ich vorauszusagen, dass Abonnements »Pay per view« schlagen werden, ganz so, wie es im Kabelfernsehen geschehen ist. Inhalte werden zu Abo-Paketen zusammengeschnürt, so wie du das Sport-Paket oder das Film-Paket zusätzlich zu deinem Kabel-Grundabonnement bekommst. Aber es wird nicht nur eine Antwort, ein Geschäftsmodell geben, sondern eine Vielzahl. Und viele interessante Aktivitäten an den Rändern, selbst wenn die Mehrheit sich auf ein Modell eingeschworen hat.

FRAGE: Wer ist schuld am jetzigen Zustand der Branche?

O'REILLY: Niemand, das ist ein ganz natürlicher Prozess. Ich lese gerade ein großartiges Buch – »Technological revolutions and Financial Capital« von Carlota Perez – das die Parallelen zwischen den letzten fünf großen technologischen Revolutionen nachzeichnet. Alle besaßen eine Luftblase, gefolgt von großen Erschütterungen, bevor das richtige Gleichgewicht für eine Periode stabiler Expansion und echten Wohlstands gefunden wurde.

FRAGE: Sie sind ein erfolgreicher Verleger, der die Open-Source-Bewegung unterstützt und mit Gruppen wie Creative Commons zusammenarbeitet. Was können Plattenfirmen von Ihrer Art zu wirtschaften lernen?

O'REILLY: Begrüßt die Zukunft. Dient euren Kunden und euren Musikern, und versucht nicht, einen unverhältnismäßigen Teil des Kuchens zu bekommen. Realisiert, dass sich möglicherweise eure alten Rahmenbedingungen und Geschäftsmodelle nicht mehr halten lassen und dass der Weg zu einem neuen Geschäftsmodell schmerzhaft sein kann. Aber denkt nicht, dass euch beim Zusammenbruch des alten Geschäftsmodells der Himmel auf den Kopf fällt, und dass es kein neues Geschäftsmodell geben wird.

FRAGE: Und was kann die Welt der Buchverleger von der Musikindustrie lernen?

O'REILLY: Erzieht eure Kunden nicht zu Verspöttern des Gesetzes, indem ihr zu lange damit wartet, ihnen das zu geben, was sie wollen. Hätte die Musikindustrie die digitale Zukunft frühzeitig willkommen geheißen, alle Inhalte zu einem vernünftigen Preis zur Verfügung gestellt, dann hätte es Napster und Kazaa nie gegeben.

FRAGE: Was finden Sie am interessantesten am jetzigen Aufbruch der Musikwelt ins Netz?

O'REILLY: Er gibt uns einen ersten Vorgeschmack darauf, was das Internet uns bieten wird, wenn jeder es als selbstverständlich ansehen wird. Stell dir vor, wie es sein wird, wenn du nicht nur Webseiten bei Google suchen kannst, sondern auch kommerzielle Inhalte in allen Formen, und sie mit einem Klick kaufen kannst – oder sie bereits Teil des Premium-Pakets sind, das du über deinen Provider abonniert hast.

FRAGE: Worin sehen Sie die größte Gefahr?

O'REILLY: In kurzsichtigen Gesetzen und Regulierungen, die die Zukunft opfern, um die Vergangenheit zu beschützen.

FRAGE: Was sollten wir tun, um uns auf die digitale Zukunft vorzubereiten?

O'REILLY: Bleibt offen. Beobachtet Alpha-Geeks und andere Trendsetter. Sie werden uns sagen, in welche Richtung sich die Technologie entwickeln wird. Napster war das Spielzeug von College-Studenten, sein Nachfolger wird in jedem Wohnzimmer sein.

Tim O'Reilly ist der Gründer von O'Reilly & Associates, einem der bekanntesten US-Verlagshäuser für Computer-Fachbücher.

Ted Cohen:
Ein Problem beider Seiten

FRAGE: Wie wird die Musikwirtschaft ihrer Meinung nach in 20 Jahren aussehen?

TED COHEN: Höchstwahrscheinlich wird es eher ein Service-Produkt sein als ein physisches. Ich glaube, dass der Pfad, den Microsoft mit seiner Dot-Net-Passport-Strategie beschritten hat, keine schlechte Idee ist – abgesehen davon, dass es von Microsoft kommt. Das Konzept, eine Identität zu haben, die mit dir reist und sagt, welche Zugriffsrechte du hast, das ist keine schlechte Sache.

1993 war ich auf einem Panel, wo ich gesagt habe: Ich reise nach New York nächste Woche. Ich werde zehn CDs einpacken, die ich mit auf diese Reise nehmen werde. Dabei würde ich viel lieber in New York ins Hotel gehen, eine Chipkarte in einen Schlitz schieben und begrüßt werden mit: Hi Ted, hier sind deine Inhalte – und mir im Grunde Zugriff auf meine Medienbibliothek geben lassen. Ich denke, wir nähern uns dieser Möglichkeit an. Hinsichtlich der Technologie sind wir bereits da. Hinsichtlich der Rechte mag es noch eine Weile dauern.

FRAGE: Das Album als physisches Produkt wird also verschwinden?

COHEN: Leute werden es immer noch aus bestimmten Gründen haben. In meiner Garage habe ich zum Beispiel einen Haufen Alben, von denen ich mich nicht trennen kann. Ich muss einfach das Led-Zeppelin-Album mit dem Rad aufheben. Aber wenn ich Led Zeppelin höre, dann von meiner Festplatte oder als Stream von irgendwoher. Ich greife kaum noch nach der Platte. Sie ist mehr zu einem Sammlerstück geworden. Ich denke, wir entfernen uns vom physischen Produkt.

FRAGE: Wer ist schuld am jetzigen Zustand der Branche?

COHEN: Ich glaube es ist ein Problem beider Seiten. Niemand will sich mit den Grauzonen abgeben. Die Plattenfirmen sehen sich im Recht, und Napster sah sich anfangs im Recht und dachte, es sei idiotisch, dass die Plattenfirmen nicht alle Inhalte verfügbar machten. Ich verwende viel Zeit darauf, einen für jeden akzeptierbaren Kompromiss zu finden. Aber beide Seiten kämpfen verbissen. Leute wie Richard Stallman und die Free Software Foundation auf der einen Seite und die

RIAA und die MPAA auf der anderen Seite. Jeder glaubt, komplett im Recht zu sein. Ich glaube nicht, dass irgendjemand seine Hände in dieser Angelegenheit in Unschuld waschen kann.

Persönlich war ich irgendwann an einer Gabelung meiner Karriere angekommen, wo ich mich entscheiden musste, entweder zu Napster zu gehen oder diesen Job anzunehmen. Ich frage mich, ob ich beide Seiten dazu hätte bewegen können, etwas netter miteinander umzugehen, wenn ich bei Napster geblieben wäre.

FRAGE: Zuvor arbeiteten Sie als Consultant für Napster, richtig?

COHEN: Ja, aber dann boten sie mir den Posten des CEO an, anstelle von Hank Barry. Sie boten mir die Chance, die Firma zu leiten.

FRAGE: Warum haben Sie es nicht gemacht?

COHEN: Eileen Richardson und Bill Bailes, die damals CEO und COO waren, hatten die falsche Herangehensweise gewählt. Sie dachten nicht: Wir müssen uns mit den Labels zusammensetzen und einen Kompromiss erarbeiten. Ihr Gedanke war: Wenn 20 Millionen Kids sagen, dass Musik umsonst ist, wird Musik umsonst sein. Ich erklärte ihnen immer wieder, dass dies nicht die richtige Methode ist. Sie waren anderer Auffassung. Das war Teil meiner Entscheidung, einen anderen Weg zu wählen.

FRAGE: Was finden Sie am interessantesten am jetzigen Aufbruch der Musikwelt ins Netz?

COHEN: Ich finde Wifi wirklich spannend. Wireless Delivery, Hot Spots, das ist alles sehr aufregend. Aber auch dabei gibt es den gleichen Konflikt. Von der Seite des Schreibtischs, auf der ich jetzt sitze, ist es großartig, dass du zu Starbucks gehen und dort auf deinen Pressplay-Account oder deinen Rhapsody-Account mit Breitband-Raten zugreifen kannst, während du eine Tasse Kaffee trinkst. Ich glaube nicht, dass Starbucks diesen Hot Spot hat, damit du schneller auf Kazaa zugreifen kannst, weil du daheim keinen Breitband-Zugang hast.

FRAGE: Worin sehen Sie die größte Gefahr?

COHEN: Das Problem momentan ist diese Alles-oder-nichts-Mentalität. Die Leute wollen alle Musik für umsonst. Was bei denen, die Inhalte besitzen oder finanzieren, den Kreativen, dazu führt, dass sie sagen: Nein, ihr bekommt überhaupt nichts umsonst. Diese Polarisierung ist keine gute Sache.

Die Musikindustrie hat schon immer Musik verschenkt, um Musik zu promoten. Es gibt keinen Grund, nicht weiterhin einen gewissen Prozentsatz von Musik für umsonst verfügbar zu machen, um neue Musiker bekannter zu machen. Musik wegzuschließen und zu sagen: Du kannst es dir nicht anhören, bevor du nicht dafür bezahlt hast – das ist keine clevere Idee. Wir müssen Leute an Musik heranführen, wir müssen ihnen den freien Zugang erlauben.

Ich glaube auch, das CDs billiger sein könnten. Musik in digitaler Form könnte billiger sein, wenn wir wüssten, dass das Senken des Preises zu einem größeren Markt führen würde. Wenn die Mehrheit der Musik-konsumierenden Öffentlichkeit bereit wäre, einen vernünftigen Preis für den Zugang zu Musik zu bezahlen, dann könnte Musik billiger werden, und die Einnahmen der Entertainment-Industrie könnten dennoch steigen.

FRAGE: Was sollten wir tun, um uns auf die digitale Zukunft vorzubereiten?

COHEN: Ein bisschen offener sein und versuchen, die Leute auf der anderen Seite des Tischs zu verstehen. Das gilt für beide Seiten. Die Industrie muss besser darin werden, den Wert von Musik zu vermitteln. Und die andere Seite muss verstehen, dass es nicht funktioniert, alles den bösen Plattenfirmen anzuhängen. Ich bin auf beiden Seiten des Tischs gewesen. Es gibt einige Dinge, die an Plattenfirmen schlecht sind, und viele gute Dinge. Es gibt eine ganze Menge von Musik, die entsteht, weil Leute von Plattenfirmen Musiker in einem Club sehen und die Musik gerne groß herausbringen möchten.

Ich glaube einfach, wir machen momentan keinen Fortschritt, weil jeder so mit seiner eigenen Agenda beschäftigt ist. Wenn wir das ändern, werden wir es schaffen, all diese Probleme zu bewältigen.

Ted Cohen ist Vizepräsident für Neue Medien der EMI. Zuvor war er als Consultant für Napster und verschiedene Plattenfirmen tätig.

Smudo:
Eine Verkettung unglücklicher Umstände

FRAGE: Wie wird die Musikwirtschaft Ihrer Meinung nach in 20 Jahren aussehen?

SMUDO: Ich denke, es wird immer Leute geben, die andere Leute wegen ihres Lifestyles und ihrer in Musik verpackten Message bewundern und in einer Form an deren Welt und Weltanschauung teilnehmen wollen. Ich vermag aber nicht abzuschätzen, ob es in 20 Jahren noch Musik auf verkaufsfähigen Ton- oder Datenträgern geben wird. In düsteren Momenten kann ich mir gut vorstellen, dass Musik und ihr Träger als Promotool für eine andere Warenwelt dienen müssen. Konzertbesuche beispielsweise.

FRAGE: Wer ist schuld am jetzigen Zustand der Branche?

SMUDO: Die Lage ist vertrackt und man kann keinen einzelnen Schuldigen nennen – es ist wie ein Unfall, eine Verkettung einer Reihe unglücklicher Umstände. Natürlich ist das Hauptproblem, dass es für jedermann möglich ist, Musik umsonst zu organisieren. Dies ist der gegenwärtige Hauptgrund, dass Musiker und Musikwirtschaftler wirtschaftlich steil bergab fahren.

FRAGE: Welche Auswirkungen haben MP3-Tausch und CD-Brennerei derzeit ganz konkret auf Fourmusic?

SMUDO: Wir verkaufen über ein Drittel weniger Tonträger als vor vier Jahren. Das Verhältnis, was wir an Geld investieren müssen, um einen Künstler bei uns in die schwarzen Zahlen zu bringen, ist verzerrt. Wir können weniger in neue Bands investieren, müssen Leute entlassen, umschichten und so weiter.

FRAGE: Was finden Sie am interessantesten am jetzigen Aufbruch der Musikwelt ins Netz?

SMUDO: Dass jedes Ende einen neuen Anfang bringt.

FRAGE: Worin sehen Sie die größte Gefahr?

SMUDO: Dass es wirtschaftlich unmöglich werden könnte, neue Künstler zu entdecken und ins Licht der Öffentlichkeit zu rücken.

FRAGE: Was ist Ihre Message als Musiker an Fans, die sich ihre Musik aus dem Netz besorgen?

SMUDO: Was immer ich auf diese Frage antworten werde, wird nichts an der Situation ändern.

Smudo alias Michael Schmidt hat es mit den Fantastischen Vier geschafft, Hip Hop in Deutschland zum Durchbruch zu verhelfen. Er ist Mitarbeiter und Teilhaber des Labels Fourmusic.

Walter Gröbchen:
Ein MP3-File ist nur ein MP3-File

FRAGE: Wie wird die Musikwirtschaft Ihrer Meinung nach in 20 Jahren aussehen?

WALTER GRÖBCHEN: Leger gestellte Frage, schwierige Antwort. Komm' mir vor, als säße ich anno 1898 in der Zentrale der Berufsgenossenschaft der Pferdekutscher, und jemand würde mir eine Vision zur Zukunft des Automobils entlocken wollen. Ich denke, dass es in zwanzig Jahren immer noch CDs geben wird, so wie es heute ungebrochen Vinyl-Schallplatten gibt, oder Schellacks, in Sammlerkreisen. Es wird wohl auch noch die altbekannten Giganten Universal, Sony, Warner und Bertelsmann geben, aber auch Microsoft Music, Telekom Soundz, Dell Tunes und MacTracks. Eine immer größere Rolle werden die A&R-Spürnasen spielen. Sie werden aber auch begründen müssen, was und wen wir warum hören sollen. Um die Musik selbst muss man sich keine Sorgen machen.

FRAGE: Wer ist schuld am jetzigen Zustand der Branche?

GRÖBCHEN: Die älteren Herren, die sich ihre E-Mails immer noch von der Sekretärin ausdrucken lassen.

FRAGE: Warum haben die Major-Labels derzeit so ein schlechtes Image, und wie können sie es wieder loswerden?

GRÖBCHEN: Einerseits weil es bequem ist, mit dem auf andere gerichteten Zeigefinger sein eigenes latent schlechtes Gewissen beruhigen zu können. Die »bösen« Plattenfirmen verdienen sich eine goldene Nase, der Künstler kriegt eh fast nix, warum also sich überhaupt den Kopf drüber zerbrechen, wie letzterer für seine Arbeit, seine Imagination und sein Copyright zu entlohnen wäre? Natürlich ist das zu schlicht gedacht und stinkt zum Himmel. Besonders dann, wenn Journalisten geifern, die auch davon leben, Content verkaufen und auf Copyright-Schutz vertrauen zu können.

Aber Plattenfirmen haben über Jahre hinweg wenig dafür getan, die Vielfalt ihres Repertoires auszubreiten, ihre Strukturen und Interessen zu kommunizieren und glaubwürdige Zeichen der Erneuerungsfähigkeit zu setzen. Jetzt sind die Damen und Herren Manager, die vormals gern mit dem Klischee-Porsche vorfuhren, halt die Deppen und Prügelknaben der Nation. Loswerden kann man so etwas nur mit Geduld, Innovationsgeist, Willen zur Veränderung, Ernsthaftigkeit und Konsequenz.

FRAGE: Was finden Sie am interessantesten am jetzigen Aufbruch der Musikwelt ins Netz?

GRÖBCHEN: Es ist ein absoluter Paradigmen-Wandel. Die Auflösung und Transformation der Welt, wie wir sie kennen, in ein digitales Ebenbild aus kleinsten Informations-Bits und Bytes. Musik wird immer mehr zum Fluidum, in das wir allerorten und jederzeit eintauchen können. Und zwar jene Musik, die wir hören wollen, keine beliebige Hintergrund-Berieselung. Wenn ich Spaß dran habe, funkt mein iPod via UKW-Link aus dem Badezimmer-Radio. Wenn ich Spaß dran habe, dann bearbeite, remixe und verwurste ich meine MP3- und WAV-Dateien, als wär' ich Kruder und Dorfmeister in einer Person. Wenn ich Spaß dran habe, dudelts und tönts aus meinem Handy, meinem Laptop oder meinem USB-Feuerzeug. Wenn ich Spaß dran habe, kann ich die CD- und Plattensammlung, die ich mir in Jahren und Jahrzehnten zusammengetragen habe, in Form einer handlichen Festplatte an meine Tochter weitergeben. Die Originale mit ihrer analogen Patina bleiben bei mir im Regal.

FRAGE: Worin sehen Sie die größte Gefahr?

GRÖBCHEN: Was momentan drastisch kippt, ist das herkömmliche Business-Modell: »Ringe einem Künstler ein paar Musikstücke ab, presse sie auf eine silbern glänzende Disc, packe sie in eine Plastikschachtel, karre sie palettenweise durch die Republik und warte drauf, dass die Fans die Supermärkte stürmen und sie nach Hause tragen.« Nun deuten die Vordenker von Universal, Sony, EMI & Co. schon an, dieses traditionelle Modell überarbeiten und erweitern zu wollen in Richtung einer umfassenden Auswertung aller Künstlerrechte. Es kündigt sich an, dass Musik nur mehr ein Aspekt der Entertainment-Maschinerie werden wird. Der Künstler als Sklave im goldenen Käfig der Marketingabteilung seiner Plattenfirma – tatsächlich eine erschreckende Vision. Aber Künstler werden immer Mittel und Wege finden, um derlei Negativ-Utopien zu entkommen. Deswegen sind sie Künstler.

FRAGE: Der MP3-brennende Tauschbörsen-Nutzer wurmt Sie nicht?

GRÖBCHEN: Der soll hören, sammeln, tauschen, horten – ganz nach Belieben. Ein MP3-File ist nur ein MP3-File, eine Kette von Nullen und Einsen, ein Mittel zum Zweck. Es gibt Milliarden davon, man kann Terabyte-Festplatten damit vollmüllen, und augenscheinlich haben diese Files real zur Zeit keinen Wert. Dabei kostet es Mühe, Zeit, Wissen, Geschmack und Geld, die richtigen zu finden. Kazaa und Co. leisten in Sachen Geschmacksbildung deutlich mehr als die unsäglichen »Die größten Hits der Achtziger, Neunziger und von heute«-Formatradios.

Letztlich geht es um eine wunderbare Welt zwischen und hinter den Nullen und Einsen, jenseits vollgepackter Festplatten und wundersamer Download-Shangri-Las. Es geht um eine höhere Sprache, um Lifestyle, Kunst und Kultur, um den Soundtrack zum eigenen Leben. Es geht um Musik. Wenn du als Hörer und Mensch herausgefunden hast, wer und was dir gefällt, dann sollte man dem Künstler, der einem etwas gibt, etwas zurückgeben. Klingt nach Moral, ist es auch. Ich bin im Fall des Falles allemal gern bereit, die teure, aber fein aufgemachte CD mit allerbester Surround-Sound-Qualität zu erstehen. Oder ein Konzertticket zu kaufen. Oder eine DVD zu erwerben.

FRAGE: Was sollten wir tun, um uns auf die digitale Zukunft vorzubereiten?

GRÖBCHEN: Zukunft? Digitale Gegenwart, würde ich sagen. Denn wir stecken mittendrin, seit Jahren. Wir bereiten uns nicht mehr vor, wir leben sie. It's learning by doing. Und genau das empfehle ich: den Spaß- und Nutzwert der Technologie und den Unterschied zur analogen alten Welt spielerisch zu erkunden. Ohne Berührungsängste, ohne High-Tech-Scheu, gern auch ohne Bedienungsanleitung.

Walter Gröbchen ist ehemaliger Rundfunk-Moderator, freier Journalist und A&R-Berater für Universal Music Publishing und Warner Music/Eastwest. Zudem betreibt er seine eigene Kommunikationsagentur monkey (www.monkeymusic.de).

Mark Cuban:
Technologie und Veränderungen sind Chancen

FRAGE: Wie wird die Musikwirtschaft Ihrer Meinung nach in 20 Jahren aussehen?

MARK CUBAN: Ich habe keine Ahnung. Jeder, der versucht, 20 Jahre vorauszublicken, ist ein Dummkopf. Niemand weiß das heute.

FRAGE: Wer ist schuld am jetzigen Zustand der Branche?

CUBAN: Die Industrie selbst. Wenn du deine Zeit damit verschwendest, dich nach Sündenböcken umzuschauen, lenkst du dich von deinen eigenen Chancen ab.

FRAGE: Stellen Sie sich einmal vor, Sie wären der Chef eines großen Plattenlabels. Was würden Sie anders machen?

CUBAN: Ich würde das Geschäftsmodell neu überdenken, nach Mittelwegen suchen zwischen der Technologie und der Bereitschaft der Konsumenten, für die Distribution von Musik zu bezahlen.

FRAGE: Was können Fernsehsender von den Schwierigkeiten lernen, mit denen die Musikindustrie derzeit zu kämpfen hat?

CUBAN: Konzentrier' dich auf deine Kernkompetenzen und hör auf, nach Gründen zu suchen, kein Business zu betreiben. Technologie und Veränderungen sind Chancen, nicht Bedrohungen.

FRAGE: Was finden Sie am interessantesten am jetzigen Aufbruch der Musikwelt ins Netz?

CUBAN: Die Tatsache, dass die Computerspiel-Branche floriert, obwohl ihre Produkte für 40 Dollar über den Ladentisch gehen und genau so einfach kopiert und weiterverbreitet werden können wie Musik. Das interessanteste daran ist, dass die Musikindustrie nicht begriffen hat, dass die Spielehersteller ihnen die Kunden weggenommen haben und nicht etwa die Technologie.

FRAGE: Worin sehen Sie die größte Gefahr?

CUBAN: Ignoranz und das Verstecken hinter Technologie als Grund dafür, selbst nicht aktiv zu werden.

FRAGE: Was sollten wir tun, um uns auf die digitale Zukunft vorzubereiten?

CUBAN: Nichts. Lehn dich zurück und lass es passieren.

Mark Cuban gründete mit Broadcast.com eine der ersten kommerziellen Internet-Radioplattformen. Im April 1999 verkaufte er die Site für knapp sechs Milliarden Dollar an Yahoo.com. Heute besitzt Cuban mit den Dallas Mavericks sein eigenes Basketball-Team und mit HDNet das erste Digital-TV-Netzwerk der USA.

Ian Clarke:
Das Internet ist P2P

FRAGE: Wie wird die Musikwirtschaft Ihrer Meinung nach in 20 Jahren aussehen?

IAN CLARKE: Ich glaube, niemand kann das mit vollkommener Gewissheit voraussagen. Entweder wird die jetzige Musikindustrie ihre Herrschaft verfestigen, was zu einer weiteren Kommerzialisierung und Homogenisierung unserer Musikkultur führen würde. Oder diese Herrschaft wird vertrieben, was zu einer Dezentralisierung von Musik führen würde, die ich für gut für unsere Kultur halte.

FRAGE: Wer ist schuld am jetzigen Zustand der Branche?

CLARKE: Ich denke nicht, dass man dies irgendjemandem anlasten kann. Aber ich glaube, dass das Copyright, das bis vor kurzem noch ganz effektiv war, mit den heutigen Kommunikationstechnologien nicht überleben kann.

FRAGE: Was könnten Plattenfirmen von einem Projekt wie Freenet lernen?

CLARKE: Ich bin mir nicht sicher, dass sie davon irgendetwas lernen können – außer möglicherweise, dass der Versuch, Copyright-Gesetze im Internet durchzusetzen, nutzlos ist.

FRAGE: Welchen Einfluss wird Peer-to-Peer-Technologie auf die Zukunft des Internets haben?

CLARKE: Meiner Meinung nach ist das Internet Peer-to-Peer-Technologie.

FRAGE: Worin sehen Sie die größte Gefahr beim jetzigen Aufbruch der Musikwelt ins Netz?

CLARKE: Die Gefahr für unsere Gesellschaft ist, dass potenziell wertvolle neue Technologien beim Versuch, Copyright-Gesetze weiterhin durchzusetzen, im Keim erstickt werden und es damit schwieriger wird, frei zu kommunizieren.

FRAGE: Was sollten wir tun, um uns auf die digitale Zukunft vorzubereiten?

CLARKE: Offen bleiben und keine voreiligen Schlüsse auf der Basis kurzzeitiger Ängste oder Interessen ziehen, die den Fortschritt auf lange Sicht behindern könnten.

Ian Clarke ist Erfinder des dezentralen, anonymen Peer-to-Peer-Systems Freenet (http://www.freenetproject.org).

Gerd Gebhardt:
Wer das Gesetz bricht, muss mit Folgen rechnen

FRAGE: Wie wird die Musikwirtschaft Ihrer Meinung nach in 20 Jahren aussehen?

GERD GEBHARDT: Die Attraktivität von Musik ist ungebrochen, und das wird auch langfristig so bleiben. Musik gehört zum Leben sehr vieler Menschen selbstverständlich und unverzichtbar dazu. Deswegen wird es auch immer eine Musikwirtschaft geben, wie auch immer sie strukturiert ist.

Ich denke auch, dass wir langfristig im Wesentlichen einen Tonträgermarkt haben werden. Speichermedien werden den größeren Teil des Musikabsatzes ausmachen. Daneben werden Formen des Online-Musikkaufs treten, und das hat ja längst begonnen.

FRAGE: Wer ist schuld am jetzigen Zustand der Branche?

GEBHARDT: Wieso schuld? Wir arbeiten mit großem Engagement an der Entwicklung heutiger und künftiger Künstler. Die Möglichkeit, sich in kurzer Zeit digitale Kopien zu erstellen, die den Musikkauf immer häufiger ersetzen, ist das dominierende Problem der Musikwirtschaft international und auch in Deutschland. Das ist aber keine Frage von Schuld, sondern entscheidend ist es, die Situation über die Steuerung der Rahmenbedingungen im Griff zu behalten. Die Novellierung des Urheberrechtsgesetzes, das die Umgehung von Kopierschutzsystemen verbietet, ist ein guter erster Schritt, dem weitere notwendig folgen müssen.

FRAGE: Die Musikwirtschaft hat heute ein eindeutiges Image-Problem. Wie kann dies Ihrer Meinung nach überwunden werden?

GEBHARDT: Die Musikbranche steht in dem Ruf, wie ein Parasit auf erfolgreichen Künstlern zu sitzen und von deren Erfolg zu leben. Dabei ist die Wahrheit viel komplexer: Ohne das Engagement unserer Firmen in viele junge Künstler hätten wir eine verarmte Musikkultur. Durch uns wird die musikalische Vielfalt erst verbreitet. Die Musikwirtschaft ist der stärkste Investor in musikalische Kreativität. Das gilt es stärker ins Bewusstsein zu heben – ohne unser Engagement gäbe es wesentlich weniger neue Künstler.

FRAGE: In den USA zeigt die RIAA erste Ansätze, gegen Tauschbörsen-Nutzer vor Gericht vorzugehen. Halten sie so ein Vorgehen auch in Deutschland für wünschenswert?

GEBHARDT: Wer illegale Musikangebote macht und damit das Gesetz bricht, muss auch mit Folgen rechnen. Wir haben im April 2003 eine so genannte Tauschbörse mit Millionen illegaler Musikangebote ausgehoben, die Polizei hat die Computer beschlagnahmt, das Strafverfahren läuft. Wer das vermeiden will, sollte sich am besten rechtskonform verhalten.

FRAGE: Was finden Sie am interessantesten am jetzigen Aufbruch der Musikwelt ins Netz?

GEBHARDT: Der Aufbruch ist schon längst gestartet, schließlich hat der Bundesverband der Phonographischen Wirtschaft bereits 1997 das weltweit erste Download-Angebot für Musik aus der Taufe gehoben. Wichtig ist: Es gibt viele Menschen, die Musik am PC hören und sich die Musik im Internet kaufen möchten – diesen Wünschen kommen wir nach.

FRAGE: Worin sehen Sie die größte Gefahr?

GEBHARDT: Alle digitalen Werke sind grundsätzlich einfach kopierbar. Intelligente Schutzsysteme, die Künstlern und Verwertern die ihnen zustehenden Vergütungen ermöglichen und unautorisierte Massenkopien vermeiden, sind die notwendigen Gegenmaßnahmen. Hier sind wir schon ordentlich vorangekommen.

FRAGE: Was sollten wir tun, um uns auf die digitale Zukunft vorzubereiten?

GEBHARDT: Den PC aufrüsten – und nicht vergessen, dass er das Denken nicht ersetzt.

Gerd Gebhardt ist Vorsitzender des Bundesverbandes der Phonographischen Wirtschaft, der deutschen Landesgruppe der International Federation of the Phonographic Industry (IFPI) sowie der deutschen Phono-Akademie. Im Internet sind diese Verbände unter http://www.phono.de zu erreichen.

Matt Black:
Mach es selbst

FRAGE: Wie wird die Musikwirtschaft Ihrer Meinung nach in 20 Jahren aussehen?

MATT BLACK: Es wird eine desolate Landschaft gigantischer Dinosaurierknochen und einen fruchtbaren Dschungel mit schnellen, scharfsinnigen Primaten-Stämmen geben.

FRAGE: Wer ist schuld am jetzigen Zustand der Branche?

BLACK: Gierige McMusik-Verkäufer mit ihrem faustischen Handel von Seelen gegen Techknowledge-E.

FRAGE: Welche Auswirkungen haben CD-Brennerei und Downloads auf Ninja Tune?

BLACK: Wir haben Umsatzeinbußen, aber wir denken, dass die zusätzliche Promotion überwiegt. Ninja-Fans wissen, dass wir Verkäufe brauchen, um zu überleben.

FRAGE: Was ist heutzutage Ihr Tipp für junge Musiker ohne Plattenvertrag?

BLACK: Wie Ian Dury gesagt hat: »Mach es selbst, das ist billiger und macht mehr Spaß.« Das Netz und MP3s geben neue Möglichkeiten für Vertrieb und Promotion, vorbei am Würgegriff, in dem das Konglomerat die Luftröhre der globalen Kultur hat.

FRAGE: Was finden Sie am interessantesten am jetzigen Aufbruch der Musikwelt ins Netz?

BLACK: Bei Musik ging es einmal um den Live-Auftritt. Mit der Aufnahmetechnologie kam dann die Möglichkeit, seinen Lebensunterhalt mit dem Verkauf von Kopien solcher Auftritte zu machen. Da die Kosten des Erstellens und Vertreibens einer Kopie dieses Auftritts im digitalen Raum bei null liegt, mag das Geschäft mit dem Verkauf physischer Kopien vorbei sein. Möglicherweise gibt es eine Rückkehr zu Musik als Live-Aktivität.

FRAGE: Was ist die größte Gefahr?

BLACK: Eine Gefahr ist, dass Plattenfirmen nicht überleben könnten. Dies könnte Musiker der Möglichkeit berauben, genug Zeit für eine Aufnahme zu haben, die vollendet, deep und gut produziert ist.

FRAGE: Was sollten wir tun, um uns auf die digitale Zukunft vorzubereiten?

BLACK: Besorgt euch einen Computer und lernt damit umzugehen. Entwickelt gleichzeitig menschliche Fähigkeiten, die Maschinen nicht haben. Bringt der Jugend bei, dass Kunst die Waffe der Zukunft ist.

Matt Black ist ein Teil des britischen Dance-Duos Coldcut und Mitgründer des Londoner Labels Ninja Tune.

Hubert Gertis:
DRM klingt nach Walter Ulbricht

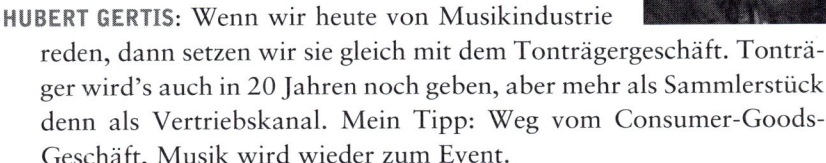

FRAGE: Wie wird die Musikwirtschaft Ihrer Meinung nach in 20 Jahren aussehen?

HUBERT GERTIS: Wenn wir heute von Musikindustrie reden, dann setzen wir sie gleich mit dem Tonträgergeschäft. Tonträger wird's auch in 20 Jahren noch geben, aber mehr als Sammlerstück denn als Vertriebskanal. Mein Tipp: Weg vom Consumer-Goods-Geschäft, Musik wird wieder zum Event.

FRAGE: Was raten Sie Musikern, die das Internet für sich nutzen möchten?

GERTIS: Erstens: Denk an dein Publikum und nicht an dein Label. Zweitens: Wer nicht kommuniziert, stirbt. Drittens: Probieren geht über studieren, und kopieren geht noch schneller.

FRAGE: Was finden Sie am interessantesten am jetzigen Aufbruch der Musikwelt ins Netz?

GERTIS: Das Publikum hat die Branche rechts und links überholt. Die Wertigkeit des Künstlers in der Wertschöpfung definiert sich neu. Die seit Jahren steigende Granularität, das immer differenziertere und kleinteiligere Angebot, findet endlich ein Ventil.

FRAGE: Worin sehen Sie die größte Gefahr?

GERTIS: Dass wir, um ein Geschäftsmodell aus dem 20. Jahrhundert zu schützen, uns den Weg ins 21. Jahrhundert verbauen und zu diesem Zwecke auch noch eine Art digitalen Big Brother installieren.

FRAGE: Was sollten wir tun, um uns auf die digitale Zukunft vorzubereiten?

GERTIS: Die digitale Zukunft hat mit der Auslieferung der ersten CD begonnen. Digital heißt nun einmal unendlich vervielfachbar ohne Qualitätsverlust. DRM als sichere Mauer zwischen Musik und Publikum? Das klingt nach Walter Ulbricht, ist nur nicht ganz so nachhaltig – noch gibt es keinen Schießbefehl. Mehr als eine Art Gartenzaun kann benutzerfreundliches DRM nicht bieten: Drüberklettern ist leicht, aber gesellschaftlich verpönt. Also, zurück zur digitalen Zukunft: Don't sue the ocean – surf the waves.

Hubert Gertis, Mitgründer von AX6, der Plattform für interaktives Audience Relationship Management, lebt und arbeitet in Berlin. Seine Website: http://www.gertismedia.com.

Don Joyce:
Copyright macht Kunst nutzlos

FRAGE: Wie wird die Musikwirtschaft Ihrer Meinung nach in 20 Jahren aussehen?

DON JOYCE: Wenn mich das jemand vor 20 Jahren gefragt hätte, hätte ich mir niemals all die Sachen einfallen lassen können, die so viel in dieser Zeit verändert haben – den Sampler, das Internet und so weiter. Aber ich hätte auch nie gedacht, dass Vinyl und Plattenspieler nicht nur so

Don Joyces Band »Negativland« zusammen mit ihrem Anwalt

lange eine Marktnische bewahren, sondern zu einer Quelle für neue Sounds und Kunst werden würden.

Aber nun gut: Wir werden wahrscheinlich Music on Demand durch eine ganze Reihe von heute unvorstellbaren Übertragungsgeräten haben. Vielleicht werden wir im Reich des Digitalen zudem eine Art von Kompensation haben, bei der Musiker und Rechteinhaber durch eine Verbindungsgebühr bezahlt werden, die pauschal von allen Internetnutzern entrichtet und dann unter allen Musikern aufgeteilt wird.

FRAGE: Wer ist schuld am jetzigen Zustand der Branche?

JOYCE: Die Hardware- und Software-Hersteller haben alles verändert. All diese neue digitale Audio-Bearbeitungs-Technologie und die neuen Vertriebskanäle sind zu dem einzigen Gebiet der Musikwelt geworden, das nicht nur den Konsumenten gibt, was sie wollen, sondern auch Ideen dazu entwickelt, was sich mit Musik außerhalb der traditionellen Begrenzungen der Musikdistribution und des -konsums anstellen lässt. Das reicht von der Idee, Musik umsonst zu bekommen, bis zum Gebrauch existierender Musik für die Produktion neuer Musik. Ironischerweise besitzen die Hardware-Hersteller dafür das gleiche Motiv wie die Musikindustrie: Profit.

FRAGE: Welchen Einfluss haben die neuen Technologien auf Ihre Arbeit als Musiker?

JOYCE: Zufälligerweise ist es gerade 20 Jahre her, dass ich angefangen habe, Musik zu machen. Damals war alles analog, aber meine spezielle ästhetische Ausrichtung hat sich immer um das Weiterverwenden gefundener Klänge, um das Sampeln meiner Umwelt gedreht. In diesen 20 Jahren kamen alle möglichen digitalen Technologien auf den Markt, aber sie scheinen alle perfekt dazu geeignet, mir bei bei meinem Kurs zu helfen. Digitale Musiktechnologien haben mich nur bestätigt und ermuntert, aufzunehmen und weiterzuverwenden, was immer mich interessiert.

Bevor ich mich mit Musik beschäftigte, war ich Maler mit einem Interesse an Collagen. Nun, da ich Musik mache, interessieren mich immer noch Collagen am meisten. Im Bereich der Malerei war das nichts Anstößiges – das Mittel der Collage war und ist dort willkommen. Im Bereich der Musik kannst du dafür als Krimineller beschimpft und ganz schnell verklagt werden. Dieser kategorische Unterschied ist völlig unbegründet, abgesehen von der Tatsache, dass

Musik als Massenware komplett von Vermarktern besessen und kontrolliert wird, die weit mehr an Geld interessiert sind als an der Kunst an sich.

FRAGE: In welcher Form haben die neuen Technologien unseren Begriff des geistigen Eigentums verändert?

JOYCE: Sicherlich haben sie alles in Frage gestellt. Das ist gut, da unsere nun alternden Copyright-Einschränkungen viele Aspekte besitzen, die hinterfragt werden sollten. Profitiert unsere Gesellschaft wirklich davon, all ihre Kreativität im privaten Besitz und Vertrieb zu haben? Ist es gut, den Wert geistigen Eigentums allein auf die kommerziellen Interessen des Urhebers zu reduzieren?

Private Kontrolle allen geistigen Eigentums beschränkt jeden auf die Rolle des Beobachters von Kultur, ohne die Möglichkeit zur Teilnahme außerhalb des geschlossenen Kreises privater kultureller Produktion. Wir sind darauf abgerichtet worden, allein Konsumenten zu sein, Schwämme für Werbebotschaften, feststeckend in einer erzwungenen unidirektionalen Form kultureller Distribution, die abgesehen vom Applaus der Zielgruppe kein Interesse an direkten, partizipatorischen Rückmeldungen hat. Copyright sorgt für den Schutz der privaten Rechte des Urhebers und vergisst dabei völlig das kulturelle Recht anderer, das Werk für etwas anderes zu nutzen. Das ist eine unnatürliche und dumme Verfahrensweise für Kunst. Es macht Kunst nutzlos.

FRAGE: Was finden Sie am interessantesten am jetzigen Aufbruch der Musikwelt ins Netz?

JOYCE: Dass das Publikum alle Kultur verändern und weiterverbreiten kann. Private Rechte geistigen Eigentums haben immer auf der Möglichkeit des Urhebers basiert, komplette Kontrolle darüber auszuüben, was mit seinem Eigentum geschieht, nachdem es veröffentlicht wurde. Ob wir es mögen oder nicht: Das Internet hat dies auf den Kopf gestellt. Wenn der Vertrieb in der Hand der Nutzer ist, wird geistiges Eigentum zum Rohmaterial für alle möglichen kulturellen Befruchtungen, die zwar keinem Urheber Geld einbringen, aber nichtsdestotrotz wertvolle Prozesse der kulturellen Partizipation darstellen.

Das Internet war nie dafür ausgelegt, im Einklang mit dem Copyright zu funktionieren. Sein Entstehen war fast so etwas wie ein Unfall, in dieser Form nicht vorherzusehen, aber da es nun hier ist, würde ich gerne sehen, wie es zu unseren Gunsten oder Ungunsten funktioniert. Ich befürchte aber, die Wirtschaft ist überhaupt nicht an solchen kulturellen Experimenten interessiert, ist besessen von Ängsten um die nächste Quartalsbilanz und will das gesamte Netz so bald wie möglich in ein weiteres sicheres Einkaufszentrum verwandeln.

FRAGE: Worin sehen Sie die größte Gefahr?

JOYCE: Musiker könnten Probleme haben, für irgendetwas online bezahlt zu werden. Und wenn das Netz die Musikdistribution durch Filesharing übernimmt, könnten sie Probleme bekommen, ihre eigene Arbeit zu finanzieren, wenn das Netz zu ihrem einzigen Outlet wird.

FRAGE: Was sollten wir tun, um uns auf die digitale Zukunft vorzubereiten?

JOYCE: Nichts. Wahrscheinlich kann niemand von uns überhaupt etwas tun, um zu bestimmen, wie es sich entwickeln wird. Ich selbst bleibe strikt auf der Kunst-über-Profit-Seite des Konflikts und tue einfach weiterhin illegale Sachen – weil ich der Überzeugung bin, dass sie nicht illegal sein sollten.

Don Joyce ist Mitglied des für seine Copyright-Verletzungen berühmten Audio-Art-Kollektivs Negativland (http://www.negativland.com).

Armin Medosch · Janko Röttgers (Hrsg.)

Netzpiraten

Die Kultur des elektronischen Verbrechens

Hacker, Cracker und Raubkopierer, Virenprogrammierer und Cyber-Terroristen werden gerne als dunkle Seite des Netzes gehandelt. Politiker lassen sich von ihnen zu Law-and-Order-Parolen hinreißen, Strafverfolger und Geheimdienste begründen mit ihnen eine zunehmende Überwachung der neuen Kommunikationswege.

Was motiviert jemanden, einen Virus zu programmieren? Was hat es mit dem vielbeschworenen Info-Krieg auf sich? Wie organisieren sich Software-Raubkopierer? Der TELEPOLIS-Band »Netzpiraten« widmet sich diesen Fragen detailliert und stellt sie in den Kontext einer vorurteilsfreien Diskussion um Sicherheit und kulturelle Freiräume in den Datennetzen.

2001, 192 Seiten, Broschur
€ 15,– (D)
ISBN 3-88229-188-5
Verlag Heinz Heise

Zu beziehen bei dpunkt.verlag GmbH
Ringstraße 19 · 69115 Heidelberg
fon 0 62 21/14 83 40 · fax 0 62 21/14 83 99
e-mail hallo@dpunkt.de
http://www.dpunkt.de

Konrad Lischka

Spielplatz Computer

Kultur, Geschichte und Ästhetik des Computerspiels

Das Buch erzählt die bedeutendsten Ereignisse aus der jungen Geschichte der Computerspiele und beschreibt seine kulturelle Bedeutung sowie die Wechselbeziehung mit anderen Kunstformen. Behandelt werden u.a. die filmische Ästhetik im Computerspiel, Rückwirkungen auf das Kino und die Entstehung eigener Genres.

2002, 187 Seiten, Broschur
€ 15,– (D)
ISBN 3-88229-193-1
Verlag Heinz Heise

»Wirklich empfehlenswert - auch für Politiker.« (Computer Bild Spiele, Ausgabe 8, Juli 2002)

»Eine gelungene Übersicht über Entstehung und Entwicklung der Computerspiele. Eine umfangreiche Quellensammlung erleichtert Interessierten, die sich nicht von der Nabelschnur der Computerspiele lösen können, das Weiterlesen und -spielen.« (COMPUTERWORLD, 14.06.2002)

Zu beziehen bei dpunkt.verlag GmbH
Ringstraße 19 · 69115 Heidelberg
fon 0 62 21/14 83 40 · fax 0 62 21/14 83 99
e-mail hallo@dpunkt.de
http://www.dpunkt.de

2003, 303 Seiten, Broschur
€ 19,50 (D)
ISBN 3-936931-02-X
Verlag Heinz Heise

Hans-Dieter Burkhard
Hans-Arthur Marsiske

Endspiel 2050

Wie Roboter Fußball spielen lernen

Alljährlich ziehen die Weltmeisterschaften im Roboter-Fußball (RoboCup) Wissenschaftler aus aller Welt an und erfreuen sich auch bei den Zuschauern wachsender Beliebtheit. Hinter dem sportlichen Wettkampf der Maschinen und der ehrgeizigen Vision, bis zum Jahre 2050 mit einem Roboter-Team den Fußballweltmeister nach den Regeln der FIFA zu schlagen, verbirgt sich ernsthafte Forschung. Es geht um das Wesen von Intelligenz: Können wir Maschinen bauen, die in der Lage sind, selbstständig in unserer normalen Umwelt zu agieren? Werden diese Maschinen ein eigenes Bewusstsein haben? In diese und andere Fragen der Künstlichen Intelligenz und der Roboterforschung führt das Buch auf unterhaltsame Art ein. Neben den Autoren kommen dabei auch Experten des Roboterfußballs ausführlich zu Wort.

Zu beziehen bei dpunkt.verlag GmbH
Ringstraße 19 • 69115 Heidelberg
fon 0 62 21/14 83 40 · fax 0 62 21/14 83 99
e-mail hallo@dpunkt.de
http://www.dpunkt.de

2003, 191 Seiten, Broschur
€ 16,– (D)
ISBN 3-88229-271-7
Verlag Heinz Heise

»Neben der informierten und nach vielen hektischen Diskursen wohltuenden Unaufgeregtheit der meisten Beiträge sei noch die Vielfalt der Ansätze erwähnt. Das Rötzer-Buch glänzt mit einer sehr differenzierten Sicht, die dem Thema gerechter wird als einseitige Schuldzuweisungen.«
(Mitteldeutsche Zeitung, 14.12.2002)

Florian Rötzer (Hrsg.)

Virtuelle Welten – reale Gewalt

Computerspiele sind längst nicht mehr nur ein Zeitvertreib für ein paar Jugendliche, sondern ein einflussreiches Medium und ein großer und boomender Markt. Wie sehr bestimmte Spiele und exzessives Spielen die Menschen prägen, wurde nach dem Schulmassaker in Erfurt erneut heftig diskutiert. Die Auswirkungen sind vielfältig und vermutlich tiefgreifend, da Computerspiele – ähnlich wie Kino, Rundfunk, Fernsehen oder Video – die Wahrnehmung der Welt und die Erwartungen an die Lebenswelt verändern.

Das isolierte Herausgreifen des Gewaltaspekts ist nur eine verkürzte und verzerrte, allerdings wiederum mediengerechte Darstellung des in Computerspielen kulminierenden kulturellen Prozesses, das Leben als Spiel zu begreifen und zu bewältigen. Die Debatte über die (Mit)Schuld der Medien hantiert mit vielen, schon oft durchgespielten Versatzstücken kulturkritischer und philosophischer Herkunft.

Die Beiträge in diesem Band zeichnen einige der möglichen Zusammenhänge und Untiefen der neuen Spielwelten mit dem Thema der Gewalt nach. Sie machen vor allem deutlich, dass Medienwirkungen weitaus komplexer sind als die nach dem Massaker von Erfurt vielfach angebotenen Schablonen kurzschlüssiger Erklärungen. Und es sind paradoxerweise die auf Aufmerksamkeit schielenden Medien selbst, die plakative Thesen zur Medienwirkung erzeugen und weiter reichen. Komplizierte, daher schwieriger darzustellende und weniger spannende Überlegungen finden in aller Regel in ihnen keinen Platz.

Zu beziehen bei dpunkt.verlag GmbH
Ringstraße 19 · 69115 Heidelberg
fon 0 62 21/14 83 40 · fax 0 62 21/14 83 99
e-mail hallo@dpunkt.de
http://www.dpunkt.de

2003, 252 Seiten, Broschur
€ 18,– (D)
ISBN 3-936931-01-1
Verlag Heinz Heise

»Ein anregendes Buch für Neugierige, die über Ihren Tellerrand sehen wollen.« (Datenschutz und Datensicherheit 27 (2003) 5)

»Fazit: Das sauber aufgemachte Buch liefert zwar teilweise ›schwere Kost‹, bietet aber (zu einem günstigen Preis) einen spannenden Querschnitt an Privacy-relevanten Einzelthemen.« (Datenschutzberater 6/2003)

Ralf Grötker (Hrsg.)

Privat!

Kontrollierte Freiheit in einer vernetzten Welt

In diesem Telepolis-Band analysieren international bekannte Philosophen, Ökonomen, Rechtstheoretiker, Sozialwissenschaftler und Journalisten die Bedeutung von Privatheit in einer vernetzten Welt.

– Was ist überhaupt der »Wert des Privaten«?

– Ist »Big Brother« vielleicht nicht mehr als eine Geschichte?

– Sind es nicht gerade die vielfältigen Formen von Überwachung und Kontrolle, die das Bewusstsein für Privacy erst haben entstehen lassen?

– Was genau steht auf dem Spiel bei Systemen des »Ubiquitous Computing«, der Videoüberwachung oder der Rasterfahndung?

– Und: Lässt sich der Schutz des Privaten auch ökonomisch begründen

– oder Privacy gar als ein Produkt vermarkten?

Zu beziehen bei dpunkt.verlag GmbH
Ringstraße 19 · 69115 Heidelberg
fon 0 62 21/14 83 40 · fax 0 62 21/14 83 99
e-mail hallo@dpunkt.de
http://www.dpunkt.de

2002, 293 Seiten, Broschur
€ 19,50 (D)
ISBN 3-88229-199-0
Verlag Heinz Heise

Goedart Palm · Florian Rötzer (Hrsg.)

MedienTerrorKrieg

Zum Kriegsparadigma des
21. Jahrhunderts

Wie sieht das Kriegsdesign des 21. Jahrhunderts aus? Welche Rolle spielen klassische und digitale Medien, insbesondere das Internet, in der Frontbildung von Staaten gegen Terroristen? Dieser TELEPOLIS-Band beschäftigt sich intensiv mit diesen Fragen und beleuchtet reale und virtuelle Gefechtsfelder.

Übermäßige Aufrüstung, globale Aufmerksamkeitsschlachten und freiheitsgefährdende Antiterrorgesetzgebung jenseits des 11. Septembers 2001 werden eingehend erörtert und mit konkreten Ausblicken auf eine immer bedrohlichere Weltlage verbunden. Die Verheißungen eines ewigen Krieges gegen das »Böse« werden in diesem Band an ihren eigenen Paradoxien gemessen.

Zu beziehen bei dpunkt.verlag GmbH
Ringstraße 19 · 69115 Heidelberg
fon 0 62 21/14 83 40 · fax 0 62 21/14 83 99
e-mail hallo@dpunkt.de
http://www.dpunkt.de

2003, 192 Seiten, Broschur
€ 16,– (D)
ISBN 3-936931-00-3
Verlag Heinz Heise

Stanislaw Lem

Die Megabit-Bombe

Essays zum Hyperspace

Übersetzt aus dem Polnischen von Ryszard Krolicki und Johanna Chwat

Stanislaw Lems Essay-Band, der im Polnischen unter dem Titel »Bomba Megabitowa« veröffentlicht wurde, erscheint in der Telepolis-Reihe nun in deutscher Fassung. Lem setzt sich in seinen insgesamt 32 Essays vor allem mit den Schattenseiten der Informationstechnologie auseinander (»Zur Krisensituation im informationstechnologischen Bereich«; »Die Kehrseite des technologischen Fortschritts«) oder untersucht deren Auswirkungen auf unterschiedliche Bereiche der modernen Gesellschaft (»Das Internet und die Medizin«, »Der Infoterrorismus«).

Stets mit der unverkennbaren Portion Humor gewürzt, bietet er dem Leser einen ungewohnten Blickwinkel auf die Technologien, der ihn zum Nachdenken und – vielleicht – zu neuen Einsichten bringt.

Zu beziehen bei dpunkt.verlag GmbH
Ringstraße 19 • 69115 Heidelberg
fon 0 62 21/14 83 40 · fax 0 62 21/14 83 99
e-mail hallo@dpunkt.de
http://www.dpunkt.de